新时代高校立德树人
系统化实践论

蔡毅强　著

On the Systematic Practice of
Fostering Virtue
through Education in
Colleges and Universities for a New Era

社会科学文献出版社
SOCIAL SCIENCES ACADEMIC PRESS (CHINA)

　　本书是国家社科基金一般项目"新时代思想政治教育空间转向及国际话语表达创新研究"（编号：22BKS132）的阶段性成果。

　　本研究得到闽南师范大学学术著作专项经费资助。

序

　　高校立德树人本质上是一个以"人"为中心，围绕促进人的自由全面发展的主线而展开的教育实践。"新时代高校立德树人系统化实践"研究是在马克思社会空间思想视域下，运用马克思主义系统观对高校立德树人系统化实践的必然性、客观性和可行性的研究。为了更好地理解和回答我国高校立德树人"三问"——"为谁培养人、培养什么人、怎样培养人"，本研究抓住了这个领域中两个新的理论增长点，也是两个研究范畴，力图在从"培养什么人"到"为什么要系统性培养人"的研究，从"怎样培养人"到"怎样系统性地培养人"的研究这两个方面实现突破创新。因此，本研究的主旨一方面是运用马克思人学理论来解读高校立德树人中"人"的理论蕴涵；另一方面是运用马克思主义系统观来构建新时代高校立德树人系统化实践机制与评价体系。也就是要研究高校立德树人系统如何实现系统化运行，把落实立德树人根本任务向纵深推进。

　　本研究立足思想政治教育学科的本质要求，首先，坚持唯物史观方法论，运用马克思人学理论来解读立德树人中"人"的本质，准确、科学地把握研究立德树人系统化实践的逻辑起点，并把中国共产党"立德树人"教育思想的具体实践放在相应的历史时代去理解，阐明了中国共产党人对马克思人学理论的丰富和发展，从百年来的历史实践中总结出基本经验和方法，为新时代高校立德树人系统化实践提供根本遵循。其次，采用了文献研究法和归纳演绎法。通过查找收集大量的文献资料，对散见于众多著作、论文中的"立德树人"理论观点进行爬梳整理，归纳总结出高校立德树人实践的成效与普遍性问题；再从一般推导出个别，即从一般原则出发去思考具体情况，解决立德树人实践中的具体问题。再次，充分运用辩证唯物主义方法，系统地掌握高校立德树人系统化实践的基本理论、范畴、机理和原则，明晰高校立德树人系统化实践的方向性、整体性、非加和性、动态性；运用矛盾分析法，用矛盾的观点观察、分析立德树人系统内部的各个方面及其运行的状况。既对高校立德树人系统化实践机制的构成要素、结构等进行分析，以获得局部认识，又对系统构成的相互作用方式及如何构建系统化实践机制进行整体论述，从而获得整体性认识。最后，采用跨学科研究方法，注意运用马克思主义哲学、教育学、社会学、系统科学等多学科和知识进行交叉研究。在对高校"立德树人系统"本身的内在机理和结构分析基础上，运用马克思主义哲学中的系统观点，借鉴系统论理论和方法，以系统化思维方式统筹构建"多位一体"立德树人系统化的实践机制，以回应当前高校落实立德树人根本任务的迫切之问与紧要之需，即通过不断加强党的领导，建立完善高校育人主导机制，为高校立德树人系统化实践提供有力的政治保障。通过建立多元主体共同参与的全员育人机制、构建"连续性与非连续性"相结合的全程育人机制、建构多维空间的全方位育人机制等全方位渠道，最大化发挥了内部整合机制的作用，开辟了"融通"育人新路径。通过整合学校教育、家庭教育、社会教育的运作体系，充分发挥社会各方面资源要素的育人功能，提升"系统社会教育力"，构建和完善学校、家庭、社会共同实施的立德树人外部协同机制，实现家、校、社"强链接"，提升协同育人整体效应。通过运用"互联网+"思维，依托全媒体开展网络育人，构建"全媒体育人生态系统"，开拓了新时代高校立德树人系统化实践的新维度。通过建立健全高校立德树人评价机制，针对不同组织主体、不同对象和不同阶段，可以建立不同的评价体系，采用不同的评价方式、方法来实施多元融合的成效评价。

因此，本研究基于学科融合、方法创新的思想，将高校立德树人实践置于系统论视域中进行研究，提出了具有较强创新性的学术观点和重要结论。一是以马克思人学理论的主要观点来解读立德树人中"人"的本质，以之作为进一步研究高校立德树人系统化实践机制的前提性问题和逻辑起点，也可为今后学界深化"为什么要系统性培养人"研究提供一个全新的学术起点。二是借鉴教育学"教育力与教育关系的对立统一"观点，来阐明新时代高校立德树人系统化实践的机理，分析立德树人过程中各要素的内在工作方式以及在一定环境条件下相互联系、相互作用的运行规则与原理，阐明了"系统性培养人的依据是什么"。三是遵循这个"育人系统"本身的运行机理，运用马克思主义系统观来探寻"系统性地培养人"的途径，推动育人系统朝着同一目标对诸种教育力进行优化配置，协同各教育主体发力，发挥整体功能，从根本上回答了"怎样系统性培养人"之问。

目 录

绪　论

古代有三不朽，"立德、立功、立言"，这成为中国古代读书人的最高追求。孔子倡导"行有余力则以学文"，以君子人格为价值取向而引领了儒家思想的发展；王阳明创建了以"心即理""知行合一""致良知"为核心的心学。在中国第一个举起马克思主义旗帜、集中华民族传统美德与近现代先进思想于一身的李大钊，道出的"铁肩担道义，妙手著文章"正是对当时青年的最好写照。汪鸾翔先生为清华大学校歌赋句，"器识为先，文艺其从，立德立言，无问西东"。这些德与言都是对中华民族"修身、齐家、治国、平天下"宏愿的传承和弘扬。在中华民族面临倒悬之危之际，青年勇于扛起"为中华之崛起而读书"的大旗。一个浸润过"亢慕义斋"油墨香的政党在血与火淬炼的伟大征程中，用马克思主义信仰引领青年，培养一批又一批坚定、清醒的青年马克思主义者，为争取民族独立、人民解放和实现国家富强、人民幸福而贡献青春力量。时代各有不同，青春一脉相承。当代的中国青年以实现中华民族伟大复兴为己任，在青春的赛道上踔厉奋发、勇毅前进。引领青年、培养青年，使中国梦在一代代青年的接力奋斗中变为现实是时代赋予高校的重大任务。

一　研究缘起与意义

"为谁培养人、培养什么人、怎样培养人"始终是教育的根本问题。从党的十八大提出"把立德树人作为教育的根本任务"[①]，党的十九大、二十大明确强调，落实立德树人根本任务，培养德智体美劳全面发展的社会主

---

① 《十八大以来重要文献选编》（上），中央文献出版社，2014，第27页。

义建设者和接班人。① 立德树人根本任务连续被写入党的全国代表大会报告中，成为新时代我国高等教育发展的主题。习近平总书记一贯高度重视培养社会主义建设者和接班人，明确要求"要坚持社会主义办学方向，把立德树人作为教育的根本任务"②，提出"高校立身之本在于立德树人"③，"人无德不立，育人的根本在于立德。这是人才培养的辩证法。办学就要尊重这个规律，否则就办不好学"④。这些重要指示要求，鲜明地指出了为党育人、为国育才这一新时代高等教育的根本任务，也进一步揭示了党的青年工作的初心使命和新时代的实践要求。因此，研究如何"落实立德树人根本任务"、如何掌握"人才培养的辩证法"，探索立德树人系统化实践机制是一项具有时代意义的教育研究课题。

（一）研究缘起

《大学》开篇就点明："大学之道，在明明德，在亲民，在止于至善。""大学知与行"有"形而上""形而下"两方面问题，对知与行关系的讨论是为了解决人才培养"做什么"和"怎么做"的具体办学的实践问题。⑤大学的社会责任首先是培养和输送合格人才；大学的所有工作，包括教学、科研、后勤、思政、党建等都要围绕着培养合格和优秀人才来进行。⑥ 站在时代的视角，以"大学之道，在明明德，在亲民，在止于至善"为宗旨的中华传统教育理念有其可取之处。立德树人的最终的目的，在于培养道德完善又能推己及人，对社会道德建设有高度责任感的君子，而不仅仅是掌握生存技能的劳动者。

从教育规律和人的成长规律出发，立德树人是将一个人成长各个阶段所受教育和所处环境的方方面面进行叠加和融合，如果教育不是促进这种叠加

---

① 《习近平谈治国理政》（第 3 卷），外文出版社，2020，第 328 页；习近平：《高举中国特色社会主义伟大旗帜 为全面建设社会主义现代化国家而团结奋斗——在中国共产党第二十次全国代表大会上的报告》，人民出版社，2022，第 34 页。
② 习近平：《论把握新发展阶段、贯彻新发展理念、构建新发展格局》，中央文献出版社，2021，第 399 页。
③ 《习近平谈治国理政》（第二卷），外文出版社，2017，第 377 页。
④ 习近平：《在北京大学师生座谈会上的讲话》，人民出版社，2018，第 7 页。
⑤ 李建平：《大学开放天地新：一位百年学府校长的思考与探索》，社会科学文献出版社，2013，第 9 页。
⑥ 郑传芳：《大学的社会责任和教化功能》，《福建日报》2003 年 5 月 16 日，第 T01 版。

和融合，而是割裂和分散，那么实现人的全面发展是不可能的。因此，这需要我们从更深层次的意义上认识到，立德树人是一个整体性、系统性的任务。为了更好地落实立德树人这一根本任务，我们党和国家坚持从教育规律和学生的成长规律出发，在实现路径和机制上做出考量，进行系统性的设计，推动立德树人系统化实践，全方位发挥育人合力。2010 年，《国家中长期教育改革和发展规划纲要（2010—2020 年）》就提出了"树立系统培养观念，推进大中小学有机衔接，教学、科研、实践紧密结合，学校、家庭、社会密切配合，加强学校之间、校企之间、学校与科研机构之间合作以及中外合作等多种联合培养方式，形成体系开放、机制灵活、渠道互通、选择多样的人才培养体制"。2016 年，在全国高校思想政治工作会议上，习近平总书记强调："要坚持把立德树人作为中心环节，把思想政治工作贯穿教育教学全过程，实现全程育人、全方位育人。"① 2017 年，中共中央办公厅、国务院办公厅印发的《关于深化教育体制机制改革的意见》明确提出，"系统推进育人方式、办学模式、管理体制、保障机制改革，使各级各类教育更加符合教育规律、更加符合人才成长规律、更能促进人的全面发展，着力培育德智体美全面发展的社会主义建设者和接班人"，并强调要"健全立德树人系统化落实机制"。之后，教育部也多次下发文件强调，中国教育改革与发展要聚焦根本任务，系统推进立德树人。2018 年，在全国教育大会上，习近平总书记再次强调，"要深化教育体制改革，健全立德树人落实机制"，并指出，"办好教育事业，家庭、学校、政府、社会都有责任"。② 这里的"落实"意指下级部门贯彻上级的部署安排，而从高校本身的角度出发，应是整合内外育人要素，建立立德树人系统化实践机制，把落实立德树人根本任务向纵深推进。

"健全立德树人系统化实践机制"这一目标，成为新时代高校进行全员、全程、全方位落实立德树人根本任务的行动指南，也给新时代高校思想政治工作改革提出了新的要求。这就要求高校要坚持系统观念，把落实立德树人根本任务的历史、现实和未来发展贯通起来审视，把育人的近期、中期和远期目标统筹起来谋划，思考和研究现有思想政治工作体系的特点

---

① 《习近平：把思想政治工作贯穿教育教学全过程 开创我国高等教育事业发展新局面》，《人民日报》2016 年 12 月 9 日，第 1 版。

② 《习近平：坚持中国特色社会主义教育发展道路 培养德智体美劳全面发展的社会主义建设者和接班人》，《人民日报》2018 年 9 月 11 日，第 1 版。

和规律，利用这些特点和规律去管理、改造或创新体系，健全完善立德树人系统化落实机制、实践机制、运行机制，使它的存在与发展更加符合思想政治工作规律、教书育人规律、学生成长规律，使高校育人工作体系更加优化、更加有效。基于此，"高校立德树人系统化实践"的概念被提出，"为什么要系统性培养人""怎样系统性地培养人"成为我们研究新时代高校立德树人实践的理论增长点。由于立德树人任务贯穿幼儿园、中小学校、职业学校、高等学校等各级各类学校的教育，贯穿学前教育、基础教育、职业教育、普通高等教育不同领域，为了更加紧扣论题、贴近青年，本研究选择"高校"这一落脚点，研究的对象是全日制普通本科（包括统招专升本）、普通全日制专科（包括高职高专）的学生群体。

（二）研究意义

"健全立德树人系统化实践机制"的提出本身有其深刻的现实背景，直指当下高校立德树人中存在的实践性问题：各种教育力量相对分散，还没有为立德树人这一共同目标的实现而形成系统合力。高校应凝聚分散的教育力量，达成一致的立德树人目标，有效改变各种教育力量相互割裂或分散的局面，促使立德树人的系统合力形成，真正"打通'三全育人'的最后一公里"。[①] 本书基于学科融合、方法创新的思想，将高校立德树人实践置于系统论视域中进行研究，提出了一些创新性的学术观点。

1. 理论意义

其一，拓展立德树人研究的理论增长点。本研究基于马克思主义唯物史观、马克思人学理论、系统论对"立德树人系统化实践机制"这一新概念进行基本理论问题研究，这是一个原创性的选题，也是新时期立德树人研究的理论增长点。

其二，深化对"人的价值"的哲学研究。从马克思人学理论出发对人的价值展开哲学追问，把人作为整个立德树人系统的中心来研究，也作为构建高校立德树人系统化实践机制的逻辑起点，在马克思人学理论视域下体现出教育的主客体关系特性与新发展。

---

① 中共教育部党组：《高校思想政治工作质量提升工程实施纲要》（教党〔2017〕62号），2017年12月4日。

2. 实践意义

其一，旨在形成对党的立德树人实践的规律性认识。本书分析与总结了中国共产党立德树人思想的历史实践脉络与基本经验，尤其是较为系统地梳理了习近平关于立德树人的重要论述，将党的立德树人教育思想较为完整地呈现出来，为新时期高校立德树人实践起到一定的指导作用。

其二，旨在用系统思维方法来探索高校育人模式的改革。本研究在把握立德树人规律的基础上构建高校立德树人系统化实践机制，坚持以"人"为逻辑起点，以"人"为核心要素，提出构建交互共享的内部整合机制和家、校、政、社、企外部协同机制的思路，为实现人的自由全面发展和立德树人开启了新视界。

二　国内外研究现状

（一）国内的研究现状

立德树人的语意深远、语境宏阔。通过在中国知网（CNKI）以"高校""立德树人"为关键词进行精确查找，发现其学术关注度、媒体关注度、学术传播度的增长率也是逐年提高，尤其是在 2012 年党的十八大明确把立德树人作为教育的根本任务之后，有关"高校""立德树人"的中文发文量和中文发文量增长率均迅速提升，如图 0-1 所示。从现有成果分析可知，成果多是集中在论文方面，著作相对较少。综合国家哲学社会科学学术期刊数据库（NSSD）中的相关文献，把它们按研究视角归类，可分为以下几类。

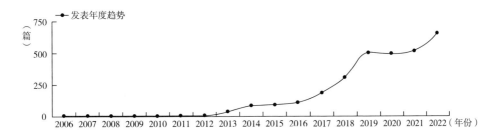

图 0-1　与高校立德树人相关的中文发文量

资料来源：中国知网，https://kns.cnki.net/kns8/Visual/Center。

1. 以立德树人的内涵、学科问题为研究对象

主要著作有：王学俭的《立德树人——思想政治教育基本问题研究》，思考了立德树人的学科支撑、前沿问题、传统文化的现代转换，以及西部民族地区的立德树人问题；张剑的《立德树人：时代蕴涵 主要途径 重要方法》，较为全面地阐述了我们党推进落实立德树人根本任务的战略思想与重要举措；李旭炎的《立德树人实践论》，从实践角度建构立德树人论，论述了立德树人实践的内容和方法论；周建华、吴海涛主编的《高校立德树人的理论探索与实践创新》，对高校立德树人进行理论探索和实践创新分析。在论文方面，比较有代表性的有邱伟光的《构建以立德树人为根本的学校德育价值观》，李希影在《光明日报》上发表的《立德树人乃教育之根本》，檀传宝的《立德树人实践应有的三大坚守》，骆郁廷、郭莉的《"立德树人"的实现路径及有效机制》，方晓珍的《高校"立德树人"的理论指导与实践路径》，沈壮海的《在立德树人实践中锻造思想政治教育智库》，吴潜涛、吴俊的《坚持"三个面向"与"立德树人"的统一》等。韩丽颖认为，立德树人是对"人德共生"教育传统的创造性继承和创新性发展，是中国共产党思想道德建设和新中国成立以来教育改革发展经验的高度凝练和系统总结。① 张澍军、苏醒的《论"立德树人"根本任务与思想政治教育学科建设使命》从教育学的核心问题"教育存在的价值、意义和根本任务"出发，认为"'立德树人'首先是一个教育学概念"。同时，他也认为，"'立德树人'作为我国教育的人才培养的基本方略，又是一个具有内在结构的培养体系"②。可见，这些研究主要聚焦于立德树人这一教育思想，从学科与学理角度对其内涵、功能进行了分析，提出了"立德树人是一个体系"。

2. 以立德树人的教育内容来划分

浩歌在《将核心价值体系融入立德树人全过程》中较早地提出将核心价值体系融入立德树人的全过程。朱哲、鹿丽萍的《有教无类 立德树人——孔子教育思想的伦理意蕴》追溯了立德树人的历史文化渊源。刘明新、李艳的《立德树人 合格公民——大学生公民教育》提出，要从学生规

---

① 韩丽颖：《立德树人：生成逻辑·精神实质·实践进路》，《东北师大学报》（哲学社会科学版）2016 年第 6 期。

② 张澍军、苏醒：《论"立德树人"根本任务与思想政治教育学科建设使命》，《思想教育研究》2013 年第 7 期。

范到身心修养，从课内到课外等方方面面，对大学生进行公民教育。沈壮海的《将优秀传统文化融入高校立德树人实践》提出，立德树人就是要让中华民族崇真向善的德心永在、优秀的精神基因永续。李建华、夏建华的《立德树人之道——大学生社会主义核心价值观的培育与践行研究》根据习近平总书记讲话精神，通过对青年学生这一特殊人群中德育问题的探讨和研究，提出了培育与践行青年学生社会主义核心价值观的机制与途径。居继清的《立德树人视阈下大学生核心价值观培育研究》一书，从立德树人维度（视域），系统性、全方位地研究了培育与践行青年学生社会主义核心价值观的机制与途径。这些论文与著作主要研究了"立德树人怎么系统性实施"的问题。

3. 以教育者划分

相关文章与著作主要研究了"立德树人由谁来承担"的问题。譬如苏振芳等在《思想政治教育理论与实践》一书中认为，"辅导员的教育权力是形成教育共同体的力量"①。任少波等的《辅导员：高校立德树人的关键力量》一书认为，高校要充分发挥辅导员主体作用，不断加强职业能力素养培养，着力构建协同育人机制，从"引、助、聚、化"四个方面实现德育要求和育人目标。② 班华的《做立德树人的自觉教育者》认为教师需要深刻理解人的德性成长规律，按照人的道德生命成长规律，自觉运用多种教育方式开展道德教育。明刚的《教师如何立德树人》一书主要介绍了新时代的教师应该怎样立德、应该如何树人等等。

当前，直接以立德树人"系统化落实机制"或"系统化运行机制"、"系统化实践机制"为主题的研究文献寥寥无几（见图0-2），硕博士学位论文选题暂付阙如，著作也还未面世。

陈辉、吴丹的《以人为本，高校系统化育人机制的构建》，周如东、李淑娜的《立德树人运行机制的理论研究与建构》对此问题作了较早的探索，但他们仅进行了文件解读或整体性描述。彭佳景、刘吉林都直接以《健全立德树人系统化落实机制》为题目，对深化教育体制机制改革文件提出的概念做了阐述。邹艳辉的《论高校立德树人内外机制的构建》一文将空间

---

① 苏振芳等：《思想政治教育理论与实践》，社会科学文献出版社，2013，第173页。
② 任少波等：《辅导员：高校立德树人的关键力量》，高等教育出版社，2016，第1页。

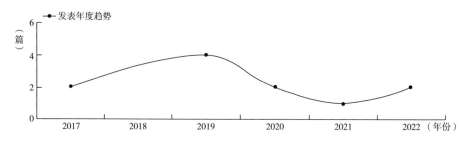

图 0-2　立德树人系统化落实、运行、实践机制相关研究发文量

资料来源：中国知网，https：//kns.cnki.net/kns8/Visual/Center。

转向概念和共同体概念引入高校立德树人体系研究。冯建军的《构建立德树人的系统化落实机制》提出，落实立德树人的根本任务，要明确"落实什么"和"如何落实"，要健全立德树人系统化落实机制。[①]　常青、韩喜平基于对 12 所高校调查数据的分析，联合著文，提出"高校立德树人亟须构建起协同机制，对各教育要素相互之间作用、要素之间的关系进行调节和导引，并进一步有效把握其运行规律与变化特征"[②]　张铭凯、靳玉乐提出立德树人是复杂的系统实践，需以整体的、联系的、协同的思维方式统筹谋划，积极探索立德树人的系列推进机制。[③]

这些研究成果为本研究开启了新视界和新思路。还有部分成果以系统观为研究视角，关注思想政治教育或德育领域。比如，关注思想政治教育系统（侯勇）、思想政治教育生态系统（李晓蕾）、思想政治教育协同创新模式（李晓莉）、"三全育人"德育模式（范小凤），以及思想政治教育共同体、师生共同体、学习共同体、实践育人共同体等。侯勇博士将系统理论与思想政治教育进行了有机结合，将系统理论引入思想政治教育并提出了具有学术意义的思想政治教育系统思想。[④]

还有学者提出要探索建立高校立德树人创新体系，要以习近平关于教

---

①　冯建军：《构建立德树人的系统化落实机制》，《国家教育行政学院学报》2019 年第 4 期。

②　常青、韩喜平：《立德树人系统化落实的协同机制构建——基于 12 所高校调查数据的分析》，《教育研究》2019 年第 1 期。

③　张铭凯、靳玉乐：《论立德树人的实践逻辑与推进机制》，《中国电化教育》2020 年第 8 期。

④　参见侯勇《社会视野中的思想政治教育系统研究》，人民出版社，2016，第 2 页。

育的重要论述为指导思想和理论基础，同时在具体工作层面还需要进行系统的马克思人学、主体人类学和教育学追问和建构。[①] 从教育学科审视，叶澜教授提出的"系统育人"和"系统教育力"概念，给立德树人合力研究带来了新的视野。她提出，"系统教育力"是由"系统社会教育力"和"个体社会教育力"两大部分组成。在社会系统层面上，以不同系统作为分析单位，以及作为社会全系统所具有的社会教育力。[②] 这些创新性的观念对本研究具有很大启发作用。

（二）国外的研究现状

国外的研究没有直接采用"立德树人"概念，但从类似或者相似的，以及可借鉴的理论观点看，主要有关于全面道德教育实践、教育生态学、学习共同体等的研究。

1. 主张通过系统性、全面性的"德育"方式来实现对人的教育与培养

从总体上看，关于"德育"的研究主要有：传统的"理论教育"模式研究，代表人物有德国的赫尔巴特、英国的斯宾塞；现代的"自我教育模式"研究，代表人物有美国的杜威、科尔伯格；革新的"新德育模式"研究，代表人物有美国弗里肯纳、英国的威尔逊；"公民教育实践模式"研究，倡导道德教育与公民教育的统一，代表人物有美国的罗杰斯、德国的凯兴斯泰纳；等等。苏联教育家苏霍姆林斯基着重探讨了"以德育为中心"的学生个性全面发展的教育，指出在各项教学工作中德智体美劳要有机结合，不能割裂，也阐明了学校、集体和家庭合力进行共产主义教育的重要性。日本著名教育家小原国芳首倡培养"全人"（完整人格），主张在健全学生人格的基础上，促进学生的全面、和谐发展。而在处理学科知识与道德教育的关系上，"西方的学者们都认为应该将两者相互融合，不能任意割裂开来。在德国著名的教育家赫尔巴特的论述中，他指出道德教育和教学是分不开的"[③]。

---

① 陈秉公：《学习习近平关于教育的重要论述 探索高校立德树人创新体系》，《思想教育研究》2018年第10期。

② 参见叶澜《社会教育力：概念、现状与未来指向》，《课程·教材·教法》2016年第10期。

③ 转引自王海丹《高校立德树人实现路径研究》，硕士学位论文，江西师范大学，2018，第3页。

2. 运用生态学的理论研究教育与环境系统之间相互作用的规律问题

1966 年，英国学者阿什比（E. Ashby）在《英国、印度和非洲的大学：高等教育生态学研究》一书中提出了"高等教育生态学"这一概念后，国外研究教育生态的学者渐多。比较代表性的有，费恩（L. J. Fein）的《公立学校的生态学》、坦纳（R. T. Tanner）的《生态学、环境与教育》、沙利文（E. A. Sullivan）的《未来：人类生态学与教育》、克雷明（L. A. Cremin）的《教育生态学中的变革：学校和其他教育者》。到 20 世纪八九十年代，教育生态学的研究领域在横向和纵向上均有所拓展。莱西和威廉斯合著了《教育、生态学与发展》，鲍尔斯（C. A. Bowers）研究了宏观生态教育和微观生态课堂。古德莱德（J. I. Goodlad）认同从生态学的视角来考察学校教育发展的方向。此外，也有一些学者把研究视野转向区域教育生态，将研究重点放在学校、社区、家庭之间的生态关系上。[1]

3. 兴起对学习共同体理论在教育领域的运用研究

最早把"共同体"概念引入教育领域进行研究是杜威。杜威（John Dewey）提出了"教育即生活""学校即社会"的著名观点；在《民主主义与教育》中提出，个人只有通过在学校形成一个"探究者共同体"，才能形成"民主主义社会的观点"。他赋予"民主"概念内涵以"联合生活的方式""共同交流经验的方式"的新意义，要求按照民主主义的理想"对传统的文化理想、传统的课程以及传统的教学和训练的方法进行必要的改革"[2]。博耶尔（Ernest L. Boyer）在《基础学校：学习的共同体》（*The Basic School：A Community for Learning*）报告中首次提出"学习的共同体"概念。[3] 他主张，建立学习共同体是实施学校教育的首要任务。学习共同体是西方学者将"共同体"运用到教育领域的表现，此外，还有一些概念是由一系列与学习、教育、实践、成长等有关的词语和"共同体"组合而成，如，学习者共同体（Rogoff；Rogoff, Turkanis & Bartlett；Brown & Campione）、实践共同体（Lave & Wenger；Wenger）、合作学习共同体

---

① 参见李晓蕾《高校思想政治教育生态系统建设研究》，博士学位论文，哈尔滨工程大学，2012，第 11~13 页。

② 〔美〕约翰·杜威：《民主主义与教育》，王承绪译，人民教育出版社，2001，第 109 页。

③ Ernest L. Boyer, *The Basic School：A Community for Learning*, San Francisco：Jossey-Bass Inc, 1995.

（Cooper & Boyd），以及后来的教师专业发展共同体（Hargreaves）、校长专业发展共同体（Fink & Resnick）等等。① 正如有些学者所说，"有关学习共同体的观念已经是许多教育情境中的突出特征"，学习共同体的研究与实践成为一种"国际化的运动"（Retallick，Cocklin & Coombe）。②

总之，虽然国外没有关于"立德树人"这一概念的直接研究，但从国外这三个方面的丰富研究成果可见，其中隐约地显现着一条主线：主张人的发展全面性，强调育人的完整性和系统性。这些观点也都为本研究提供一定的借鉴。

（三）现有研究的不足

通过对立德树人研究的综述，可以发现学术界在此问题上没有明显的分歧且取得了一定的理论成果，但研究成果主要集中在内涵解读、内容阐释、实现路径等方面。总体而言，国内外的相关研究成果为本研究提供了生动且有直接应用价值的方法指引，但尚有一些不足和可拓展的地方。

其一，概念的逻辑界定不清。立德树人是高等教育的根本任务，在逻辑上与德育、思想政治教育和思想政治工作具有关联性。当前，学术界对这几个概念之间所具有的逻辑联系阐述不清晰，或者将它们等同起来。现有的成果更多的是侧重于研究高校德育，忽略了对树人的研究，没有很好地研究立德与树人的逻辑性与整体性。

其二，学理上缺乏对所树之"人"的理论阐释。从本质上说，立德树人要回归到"人的全面发展"价值范畴，然而，当前学界对立德树人的研究，普遍落脚于"德"的教育，而忽视对"人"的深入性研究，尤其没有从马克思主义经典著作出发进行文本研究，没有为立德树人研究提供学理支持。

其三，实现途径的系统化研究不多。现有的成果对高校"三全育人"模式、家庭、学校与社会协同教育途径进行研究，但偏重于思想政治教育或德育途径，没有延伸到树人的途径方面，缺少全面的、内在关联的德智

---

① 赵健：《学习共同体——关于学习的社会文化分析》，博士学位论文，华东师范大学，2014，第1页。

② 转引自赵健《学习共同体——关于学习的社会文化分析》，博士学位论文，华东师范大学，2014，第1页。

体美劳等方面融合的教育路径综合性研究，而以系统论视角来研究立德树人的现有成果，基本上局限于思想政治教育系统或德育系统。即使在2017年官方正式提出"立德树人系统化落实机制"概念之后，对此的研究依旧不多见，特别是硕博士学位论文暂未涉及。

因此，种种迹象表明，对高校立德树人系统化实践的研究还存在很大的发展空间，要从研究"立德树人"范畴拓展，从"为谁培养人、培养什么人、怎样培养人"延伸到"为什么要系统性培养人""怎样系统性地培养人"研究。这样的研究主题，是属于综合性、多学科范畴内的研究主题，还需要跨学科交叉研究与运用，还应当根据研究主题本身来选择方法论，采取综合性、跨学科的研究方法。

三　相关概念阐释

中国共产党立德树人教育思想有两个基本来源：一个是中华民族优秀传统文化所提倡和追求的"立德"与"树人"理念，另一个是马克思主义人的全面发展学说（马克思人学理论）。在中国共产党立德树人教育思想的百年发展历程中，中国共产党始终在继承中华民族优秀传统文化的过程中发展马克思主义教育理论。[①]

（一）立德树人的渊源

立德树人是中华民族的优秀教育传统。"中华民族在漫长的历史发展进程中，在对人的培育实践探索方面，构建了一套成熟的道德价值体系，形成了丰富的民族的个人伦理、家庭伦理、国家伦理以及宇宙伦理的道德规范体系和道德教育理论。"[②] 在中国的传统教育词典里，"立德树人"由"立德"与"树人"这两个词有机组合在一起。所谓"立德"，指的是培养人的思想道德素质。"立德"的思想可以追溯至《左传》中提到的"太上有立德，其次有立功，其次有立言"的人生追求。"树人"即培养人，使之成为人才。该概念最早出现于《管子·权修》中的"一树一获者，谷也；一

---

① 王鉴、姜纪垒：《中国共产党立德树人教育思想的百年历程与基本经验》，《教育研究》2021年第7期。

② 教育部课题组：《深入学习习近平关于教育的重要论述》，人民出版社，2019，第21页。

树十获者，木也；一树百获者，人也"①。经过后世的语言演化，把立德和
树人并列使用，立德树人成为一个教育学词语。② 在我国古代教育思想中，
从来都是以立德为本，重视"人"的培养。传统教育的总体目标集中反映
在《礼记·大学》关于"大学之道"的论述中。"四书"中的《大学》开
篇就明确提出"大学之道，在明明德，在亲民，在止于至善"。可见，道德
教育在人的发展中具有重要作用，是古代教育的核心内容。一方面，"重视
学校的道德教育，教书育人，培养人的高尚品德，这是中国古代学校教育
的优良传统。教学的目的，是使人'知道'与'成德'"③。另一方面，
"中国的传统道德教育也是教人'成人'的教育。孔子办教育的目的就在于
培养他心目中理想的君子，即具有完善人格的'成人'"④。这里的"成
德"与"成人"是一脉相承的，构成教育的整体，"涉及人的主体知性潜
能，德行的修养及审美情趣的培养，亦即真、善、美全面发展的人格规范
问题"⑤。这一"成德""成人"教育思想与"立德""树人"思想是一致
的，强调教育是为了学生的全面发展。但是，"由于传统中国社会的整体主
义倾向，人的个体层面不可能得到充分的重视，以往解释并未涉及'人'
的确切含义，也未明确指认'人'是指职业意义上的人，还是具有独立人
格的一般社会主体——社会生活意义上的人"⑥。

从优秀教育传统的教育环境观点和理论中，我们还可以清晰地看到古
人对"环境与人的关系""环境与教育的关系"的论述。我国古代教育家就
很重视环境对人的影响。比如，"性相近也，习相远也"（《论语·阳
货》）；"蓬生麻中，不扶而直；白沙在涅，与之俱黑"（《荀子·劝学》）；
"橘生淮南则为橘，生于淮北则为枳"（《晏子春秋》）；"染于苍则苍，染
于黄则黄，所入者变，其色亦变"（《墨子·所染》）；"近朱者赤，近墨者
黑"（傅玄《太子少傅箴》）。这些名句都非常形象地阐明了外界环境对人
的重要影响。

---

① 转引自黎翔凤撰《管子校注》，中华书局，2004，第55页。
② 靳诺：《立德树人：高等教育的根本任务和时代使命》，《中国高等教育》2017年第18期。
③ 陈桂蓉主编《中国传统道德概论》，社会科学文献出版社，2014，第186页。
④ 陈桂蓉主编《中国传统道德概论》，社会科学文献出版社，2014，第189页。
⑤ 陈桂蓉主编《中国传统道德概论》，社会科学文献出版社，2014，第189页。
⑥ 戴锐、曹红玲：《"立德树人"的理论内涵与实践方略》，《思想教育研究》2017年第6期。

　　中国共产党以高度的文化自信与文化自觉，对优秀传统教育思想进行时代创新，并坚持把马克思主义的理论与优秀传统文化和中国实践有机地结合起来，辩证地看待教育中的思想道德教育（立德）和人才培养（树人）的关系，始终把立德树人作为教育的根本任务。2002 年，党的十六大报告提出："全面贯彻党的教育方针，坚持教育为社会主义现代化建设服务，为人民服务，与生产劳动和社会实践相结合，培养德智体美全面发展的社会主义建设者和接班人。"① 2006 年，中央政治局第三十四次集体学习正式提出"立德树人"。2007 年 8 月 31 日，胡锦涛在全国优秀教师代表座谈会上提出，"要坚持育人为本、德育为先，把立德树人作为教育的根本任务，努力培养德智体美全面发展的社会主义建设者和接班人"②。自此开始，"立德树人"逐渐进入教育与理论界的视野，开始成为教育领域一个重要的理论命题。2007 年 10 月，党的十七大报告提出："坚持育人为本、德育为先，实施素质教育，提高教育现代化水平，培养德智体美全面发展的社会主义建设者和接班人，办好人民满意的教育。"③ 首次提出了"育人为本、德育为先"的教育理念。党的十八大报告则明确指出，要"把立德树人作为教育的根本任务，培养德智体美全面发展的社会主义建设者和接班人"④。党的十九大报告再次强调："要全面贯彻党的教育方针，落实立德树人根本任务，发展素质教育，推进教育公平，培养德智体美全面发展的社会主义建设者和接班人。"⑤ 党的二十大进一步强调："全面贯彻党的教育方针，落实立德树人根本任务，培养德智体美劳全面发展的社会主义建设者和接班人。"⑥ 将"立德树人"的价值旨归定为"人的全面发展"。可见，我们党把"立德树人"作为中国现代教育的根本任务，体现了党对中国特色社会主义高等教育规律的准确把握。

---

① 江泽民：《全面建设小康社会，开创中国特色社会主义事业新局面——在中国共产党第十六次全国代表大会上的报告》，《人民日报》2002 年 11 月 18 日，第 1 版。
② 胡锦涛：《在全国优秀教师代表座谈会上的讲话》，《人民日报》2007 年 9 月 1 日，第 1 版。
③ 胡锦涛：《高举中国特色社会主义伟大旗帜 为夺取全面建设小康社会新胜利而奋斗——在中国共产党第十七次全国代表大会上的报告》，《人民日报》2007 年 10 月 25 日，第 1 版。
④ 胡锦涛：《坚定不移沿着中国特色社会主义道路前进 为全面建成小康社会而奋斗——在中国共产党第十八次全国代表大会上的报告》，《人民日报》2012 年 11 月 18 日，第 1 版。
⑤ 《党的十九大报告单行本》，人民出版社，2017，第 45 页。
⑥ 习近平：《高举中国特色社会主义伟大旗帜 为全面建设社会主义现代化国家而团结奋斗——在中国共产党第二十次全国代表大会上的报告》，人民出版社，2022，第 34 页。

　　党的十九大报告提出"培养担当民族复兴大任的时代新人",这一重要思想观点直接阐明新时代所要培养的是能够肩负使命、勇于担当的社会人才,也把"培育什么样的价值观"同"培养什么样的人"更加紧密地结合起来。① 在当代中国高等教育的具体语境中,要自觉把促进大学生全面发展与培养担当民族复兴大任的时代新人结合起来,才能抓住新时代思想政治教育的根本,才能准确理解和把握立德树人的新时代基本内涵。对高校立德树人的内涵理解应从"培养什么样的人、如何培养人以及为谁培养人"这个根本问题的高度上来认识,认识高校思想政治教育的功能、作用、意义,使之与人才培养更加紧密结合,将立德树人实践置于马克思主义人的全面发展理论视野中。这是以习近平同志为核心的党中央继承、丰富和发展党的优良教育传统的集中体现,是对党的全面发展的教育方针的重大发展和创新。新时代立德树人包含三个方面的深刻含义:"一是立德树人揭示了教育的本质,是对教育本质的最新认识。党的十八大把立德树人作为教育的根本任务,无疑是对教育如何培养人这一本质的新认识。二是立德树人揭示了德育在人的全面发展中的突出地位,强调促进人的德性成长是教育的首要任务,体现了党对人的全面发展的最新要求。三是立德树人揭示了道德发展与人的全面发展的辩证关系,强调德性成长是人的全面发展的根本保障,体现了党对教育规律的深刻认识。"②

　　可见,新时代立德树人的内涵比德育、思想政治工作、思想政治教育等概念更为广泛、更为全面。思想政治教育是从思想政治工作演变而来,其概念更侧重于学科体系与教育实践,其中对学生的思想政治教育,通常称为"德育"。两者都是一种意识形态理论教育,目的是使教育对象形成、遵循符合一定社会需要和统治阶级要求的思想品德、价值观念、政治素养及道德规范。各级各类学校都承担着立德树人根本任务。小学有小学的功能,中学有中学的作用,而大学有其独特的功能与价值。"大学是立德树人、培养人才的地方,是青年人学习知识、增长才干、放飞梦想的地方。"③高校是我国整体教育序列的最后一环,是青年成长成才的主阵地。"要把立

①　《党的十九大报告辅导读本》,人民出版社,2017,第 326 页。
②　教育部课题组:《深入学习习近平关于教育的重要论述》,人民出版社,2019,第 48 页。
③　习近平:《在北京大学师生座谈会上的讲话》,人民出版社,2018,第 4 页。

德树人内化到大学建设和管理各领域、各方面、各环节，做到以树人为核心，以立德为根本。"① 要将立德树人"融入思想道德教育、文化知识教育、社会实践教育各环节"②。综上所述，立德树人是我国高等教育的根本任务，也是高校开展人才培养的全面的系统的教育实践活动。其内涵是：根据一定社会的现实和未来的需要，遵循思想政治工作规律、遵循教书育人规律、遵循受教育者成长规律，有目的、有计划、有组织、系统地培养受教育者的思想品德和知识技能，把受教育者培养成为德智体美劳全面发展的社会主义建设者和接班人，培养成为拥护中国共产党领导和我国社会主义制度、立志为中国特色社会主义奋斗终身的有用人才。

（二）立德树人的思想要义

新时代立德树人方法论从"为谁培养人""培养什么人""怎样培养人"三个逻辑层次深刻回答了新时代教育发展的根本问题，始终贯穿和彰显着鲜明的马克思主义唯物史观立场和唯物辩证法旨趣，具有科学的逻辑层次和丰富的思想要义。"为谁培养人"是立德树人的前提性问题、逻辑起点和价值基点，即是对以什么样的阶级立场和政治要求来培养人的价值确证；"培养什么人"涉及的是立德树人的首要问题和使命目标，即是对实现人的什么样的发展问题的本体性表征；"怎样培养人"涉及的是培养人的实践理路与实现路径，即是对立德树人"为谁培养人"和"培养什么人"重大课题的实践解答。③ 新时代立德树人是在继承中华民族优秀传统文化的过程中发展马克思主义教育理论，其思想要义也融通创新了马克思主义哲学与中华优秀传统文化相契合的因素。

1. 关于世界观方面

古人云，"形而上者谓之道"。这种"道"即本质、规律。而"道德"，则意味着德性修养是以"道"为前提基础的。古代中华文明的哲学宇宙观是强调连续、动态、关联、关系、整体，而不是重视静止、孤立、实体，

---

① 习近平：《在北京大学师生座谈会上的讲话》，人民出版社，2018，第 7 页。
② 《习近平：坚持中国特色社会主义教育发展道路 培养德智体美劳全面发展的社会主义建设者和接班人》，《人民日报》2018 年 9 月 11 日，第 1 版。
③ 李毅、王欣欣：《习近平新时代立德树人教育观的理论阐释》，《山西高等学校社会科学学报》2020 年第 7 期。

以及主客二分的自我中心的哲学宇宙观。因此，中华文明的哲学是建构在认为宇宙一切都是相互依存、相互联系的基础上，强调的是人与自然、人与人、文化与文化应当建立共生和谐的关系。

马克思主义哲学是以实践为基础的科学性和革命性的统一。马克思主义世界观同样也是一种既坚持唯物主义同时也重视实践的哲学观点，不仅认为世界统一于物质，而且把客观的感性世界理解为"实践的、人类感性的活动"创造的，认为"全部社会生活在本质上是实践的。凡是把理论引向神秘主义的神秘东西，都能在人的实践中以及对这个实践的理解中得到合理的解决"①。可见，马克思主义哲学建立了一种将实践作为本原的世界观，它认为世界的本质是物质，世界的真正统一性在于它的物质性。马克思主义的革命性指的是社会实践性。譬如，要用实践理解人与人类社会，实践是人的客观社会活动，实践能够帮助我们理解人与环境关系的改变，实践能够帮助我们理解人所处的客观世界，实践是衡量思维、思想、理论、观念的真实标准，实践可以起到物质与精神的媒介作用，世界带给人自身的意义需要实践才能加以体现。基于这个革命性的方法，马克思的这种世界观为我们进行立德树人实践提供一种科学理论指导。以这样一种世界观为指导，立德树人实践就不会违背人的发展规律，不会脱离客观世界，而是以实际的实践生活为基础。

2. 关于人生观、价值观方面

人生观主要回答人为什么活着，活着的意义等问题。只有注入了或贯穿着人生的理想信念与价值追求，人生才有意义。人生的价值和意义在于对社会所尽的责任和所作的贡献，人生的最大价值和意义，在于努力为人民服务。纵观中国历史，志士仁人层出不穷，他们树立"为天地立心，为生民立命，为往圣继绝学，为万世开太平"的坚定的人生信念，表现出强烈的社会责任感。这样的人生观是德性修养的最大体现，包括四个维度：一是个人，二是社群，三是自然，四是天道。人在个人、社群、自然与天道四个层面履行职责，最终阐发为君子"不仅是个人的、家庭的、国家的，甚至属于天地万物"②。冯友兰先生指出，哲学一直是中国人的"安身立命

---

① 《马克思恩格斯文集》（第 1 卷），人民出版社，2009，第 501 页。
② 杜维明：《面对全球化的儒家人文主义》，《浙江社会科学》2003 年第 4 期。

之本","通过哲学而熟悉的更高价值，……在未来的世界，人类将要以哲学代宗教，这是与中国传统相合的"①。梁启超说："中国哲学以研究人类为出发点，最主要的是人之所以为人之道：怎样才算一个人？"② 所以，传统文化所提倡的道德修养要体现在人生价值观上。

在中国传统文化中，儒家的"善"则几乎是德性修养之全然的价值属性，是人的道德自觉的集中体现。那么这种"善"的德性修养的价值究竟是什么？黄怀信先生在其《大学中庸讲义》一书中认为：善，是好、正确。③这里所谓的"好、正确"的标准来源于优秀传统文化中那些有利于社会思想发展的标准，即提倡用的纯正的动机和正确的手段去实现自己意欲达到的品德修行的目的。这种人生的价值体现在自我价值与社会价值两方面，社会价值是作为客体的人对作为主体的人的需求的满足。人的社会价值是一个人存在的重要标尺，是一个人在社会中自我存在感的证实，只有对社会有贡献，为他人谋幸福，才能真正地实现人生价值。

马克思将人定义为一切社会关系的总和。"人的本质不是单个人所固有的抽象物，在其现实性上，它是一切社会关系的总和。"④ 马克思主义人生观强调的是，人的活动是有目的性、自觉性的，把人的生命活动历程看作是认识和改造客观世界的过程，把为绝大多数人谋利益，看作是人生的崇高目的和最大幸福。人生的价值和意义在于对社会所尽的责任和所作的贡献，人生的最大价值和意义，在于全心全意为人民服务，推进人类社会的进步事业向前发展。

3. 方法论方面

哲学作为世界观的理论体系，是一种世界观，也是一种方法论。哲学世界观总是被用来指导人们认识和改造世界，"如何认识和改造世界"的问题中就包含一个方法论的问题。一般说来，世界观和方法论是统一的，有什么样的哲学世界观就有什么样的方法论。由于哲学是世界观的理论体系，不同的世界观必然产生出不同的哲学。

中国优秀传统文化中十分重视道德教育。孔子曾说，"不学礼，无以

---

① 冯友兰：《中国哲学简史》，北京大学出版社，1996，第5页。
② 葛懋春、蒋俊编选《梁启超哲学思想论文选》，北京大学出版社，1984，第488页。
③ 黄怀信：《大学中庸讲义》，清华大学出版社，2013。
④ 《马克思恩格斯文集》（第1卷），人民出版社，2009，第501页。

立"。就是说，不学会礼仪，就难以有立身之处。同时，孔子也提出了有价值的道德教育方法，以及关于人生忧惧和修为的论说。这种教育方法需要从内化到外化的实现途径，即"内省""改过""克己""力行"。人生之忧，或忧道之不行。"居恶在？仁是也。路恶在？义是也。居仁由义，大人之事备矣。"（《孟子·尽心上》）或忧德业不修。"君子进德修业，忠信，所以进德也。修辞立其诚，所以居业也。"（《易·乾卦·文言》）若能为人居仁由义，修业进德不止，故能无忧无虑，乐以忘忧。对于"祸之至，非己之所生，故穷而不忧"（《文子·符言》）。人生若能"不为可非之行"而"修足誉之德"，修诸己而不自招其祸，就能闲居而乐，不忧不惧。作为儒家学说的继承者，孟子论道德教育，完全是从他的"性善论"出发的。"学问之道无他，求其放心而已矣。"（《孟子·告子上》）要培养人的善性，必须从"求放心"入手。同时，他也主张"苟得其养，无物不长；苟失其养，无物不消"（《孟子·告子上》）。这句话讲的是人性虽然本来善良，但如果不加以滋养，放任良心失去，固有的善性就会受到损害甚至消亡，强调要用教育的力量来培育挽救善性，这也是"求放心"的道理。并且孟子非常注重因材施教的原则，重视循序渐进、专心致志的学习过程，以及掌握内省的修养方法，并倡导教师要以身作则。孟子的学说促使儒家教育学说不断丰富和发展，持续发挥作用。而荀子提出的"礼乐教化"思想，最突出的特点是，在"性恶论"的基础上肯定了人的物欲追求和情感表达，提出了"乐和同，礼别异"的"礼外乐内"的教化路径，即强调要以"礼外乐内"的路径实现"化性成德"的教民、育民目标。王阳明的"致良知""知行合一"观点，都体现了儒家对于理论和实践的解读，强调知和行二者密不可分的关系。

马克思主义哲学的产生，又是人类理论思维史上的一场深刻革命。马克思主义的哲学思维方式是以实践思维为核心的理论思维方式，马克思在《关于费尔巴哈的提纲》中指出："人的思维是否具有客观的真理性，这不是一个理论的问题，而是一个实践的问题。人应该在实践中证明自己思维的真理性，即自己思维的现实性和力量，自己思维的此岸性。"[1] 正因为这样，马克思把道德称为"实践精神"。当实践的内在矛盾带着善恶性质的时

---

① 《马克思恩格斯文集》（第1卷），人民出版社，2009，第500页。

候，也就成了道德的内在矛盾。善与恶二者互为前提，是对立统一的关系。道德就是在同恶的不断斗争中向前发展的。而善与恶之间具体的、历史的斗争，本身就是实践。① 从人类道德实践过程中可以发现，对于人的德性系统建构，思维方式的作用尤为重要。这是因为人的活动在道德实践中，是以德性为其内在本体，从价值理性到工具理性，从价值倡导到价值实现，都包含着德育的作用。立德树人的整体性表现为精神层面与实践途径的有机统一，也只有把道德教育的内化和外化结合起来才能实现。从人的思想行为活动的规律来看，人的德性培养有两个维度："从内在的维度看，与德性具有结构性特征相应，德性的培养涉及向善的情感、知善的能力、行善的意向等精神层面的形成与发展，它以善为指向，而对情景之真的分析与人格美的向往，又使善的关怀与真和美的追求彼此交融；从外在的维度看，德性的培养始终以生活实践为本源，并具体表现为理论层面的教化与实践层面的体验、经验领域的示范模仿与理性工具的辨析反思等方面的统一。"② 简而言之，立德树人实践是内化与外化的统一，强调在"知行合一"中全面实现育人目标。

百年来，在马克思主义与中国传统文化的对话互动历程中，既有相契相通、互补互益、综合创新的成功经验与重大成果，也有不解、误解、曲解导致的简单对立乃至相互否定的深刻教训和不良影响。③ 但是，马克思主义唯物史观"按照事物的真实面目及其产生情况来理解事物""现实的人及其历史发展""每个人的全面而自由的发展为基本原则的社会形式"等精义，④ 仍应是新时代高校立德树人系统化实践的基本遵循。因此，高校在推进立德树人系统化实践中，要掌握科学思想方法，既要传承中华优秀传统文化基因，又要始终坚持马克思主义立场观点方法，在学以致用上下功夫，在融会贯通上下功夫，在全面系统化上下功夫，把抽象的概念变为具体的实践、把感性的认识变为理性的认知、把零散的力量变为系统的合力，努

---

① 孔润年：《论道德与实践的关系》，《陕西师大学报》（哲学社会科学版）1994 年第 2 期。
② 杨国荣：《道德系统中的德性》，《中国社会科学》2000 年第 3 期。
③ 杜运辉、兰美丽：《马克思主义与中华优秀传统文化融通创新》，中国社会科学网，2021 年 11 月 29 日，https：//baijiahao.baidu.com/s？id=1717742158336019090&wfr=spider&for=pc。
④ 杜运辉、兰美丽：《马克思主义与中华优秀传统文化融通创新》，《中国社会科学报》2021 年 11 月 29 日。

力把握立德树人实践过程中各要素的构成、联系与实践机理，系统化地推进高校立德树人向纵深发展。

（三）高校立德树人系统化实践机制与相关概念的区分

通过上述的立德树人内涵分析与梳理，我们有了对核心概念的界定，对高校立德树人系统化实践机制的理解将会更加透彻、到位。

1. 高校立德树人系统化实践机制的内涵

"机制是引发研究对象发生规律性变化，决定研究对象存在状态的作用原理和作用过程。"[①] 具体地说，机制包含三个层面的含义：第一，机制是由不同层次的若干要素构成的一个相对独立、功能独特的系统，这些要素之间存在相互联系、相互作用的关系；第二，机制引发对象发生规律性变化，即"某种机理"起着作用，其整体功能的发挥依赖于构成要素的相互耦合、协调运转以及各要素功能的优化；第三，机制围绕整体目标，按照一定的方式有规律性地运行，是不断运动变化的。[②] 机制本身是一个系统的运行过程。系统化运行机制则要求以系统的思维方式和方法，对其所构成的要素、结构和功能进行分析。系统思维以系统论为基础，是"主体在思维活动过程中把思维对象看成是一个整体系统，辩证地分析其整体与部分、结构与功能、信息与组织、控制与反馈、系统与环境等关系，以期实现系统整体优化和指导科学实践的观念行动方式"[③]。系统思维方法，是一种着眼于整体和全局，以系统思维对要素逐一进行分析，通过归纳总结出规律性认识的科学方法。系统化有别于"系统"，但又基于系统思维，运用系统分析方法，以系统化的思维方式处理问题，实现系统整体目标的优化。只有将"立德树人系统"自身运行机制的构成要素之间相互联系、相互作用所产生的功能系统化，才能实现育人功能的最大化。基于此，本书将"高校立德树人系统化实践机制"界定为：基于一致的育人目标，立德树人过程系统中各要素的构成、联系、作用方式，在"引发研究对象发生规律性变化"力量作用下形成的比较稳定的关系，以及由此产生的立德树人整体

---

① 邱伟光、张耀灿主编《思想政治教育学原理》，高等教育出版社，1999，第205页。
② 参见周如东、李淑娜《立德树人运行机制的理论研究与建构》，《黑龙江高教研究》2014年第2期。
③ 侯勇：《社会视野中的思想政治教育系统研究》，人民出版社，2016，第32页。

实践过程和调节方式。特别要指出的是，对于"实践"与"运作"这两个关键词的使用，是基于系统的主客体关系的。由于高校立德树人本身就是客观存在的这一"有机系统"，其自身存在着一定的运行机理。而"立德树人系统"能够有效地运行起来，把落实立德树人根本任务向纵深推进，需要我们去系统化实践它。简而言之，系统自身有其运行的规律，要求遵守这个"有机系统"自身运行的规律去构建一套系统化机制，以推动系统的有序运行。

2. 与相关概念的区分

目前学界对"三全育人"模式、"十大"育人体系、思想政治教育系统、思想政治教育机制、思想政治教育协同创新模式等类似概念进行了区分。

"三全育人"，即全员育人、全程育人、全方位育人的简称。"三全育人"模式是高校立德树人根本任务的组成部分，也是落实该任务的重要的方法途径。2017年2月27日，中共中央、国务院印发了《关于加强和改进新形势下高校思想政治工作的意见》，提出了坚持全员、全程、全方位育人的要求。"三全育人"模式要求高校围绕立德树人这一根本任务，根据学生身心发展特点以及思想政治教育的规律，按照育人队伍、育人时间、育人空间三个维度，形成由家庭、学校、社会、学生组成的"四位一体"育人机制，形成教书育人、文化育人、管理育人、服务育人、科研育人等育人大格局。①

"十大"育人体系。建立"十大"育人体系是高校实现立德树人根本任务全覆盖的方法途径。为深入贯彻落实"三全育人"模式，教育部印发《高校思想政治工作质量提升工程实施纲要》，要求建立健全高校思想政治工作"十大"育人体系，旨在挖掘育人要素、完善育人机制、优化评价激励、强化实施保障。这"十大"育人体系是：课程育人质量提升体系、科研育人质量提升体系、实践育人质量提升体系、文化育人质量提升体系、网络育人质量提升体系、心理育人质量提升体系、管理育人质量提升体系、服务育人质量提升体系、资助育人质量提升体系、组织育人质量提升体系。

---

① 新"立德树人"审核项目指标体系研制课题组：《立德树人理论的内涵及其实施与评估 宣讲家网评论》，2020年5月31日，https://baijiahao.baidu.com/s? id = 1668132542930018156&wfr = spider&for = pc。

该纲要提出的"十大"育人体系，是立德树人质量提升工程的顶层设计，也是高校思想政治工作创新发展的施工蓝图。其核心要义是"高校将立德树人贯穿于治校理教各领域、教育教学各环节、人才培养各方面，通过实施'十大'质量提升体系，统筹育人所有资源和育人全部力量，着力构建一体化思想政治工作大格局"①。

思想政治教育系统是指"由若干要素构成的、在一定结构形式下按照一定的机制运行并同环境发生互动，引导其成员吸纳、认同一定社会的思想观念、政治观点道德规范，促进其成员知、情、意、信、行均衡协调发展并自主建构思想品德素质的社会有机整体"②。思想政治教育机制指的是"思想政治教育系统各构成要素在遵循一定机理的基础上相互作用所形成的比较稳定的关系及其运行过程和方式"③。思想政治教育协同创新模式是"为了发挥正向功能，通过对不同主体之间的相互协同，在社会教育的整体系统中形成微观个体层次整合性的结构特征，构建一个新的有序结构"④。

3. 各概念间的异同

属加种差是一种常用的定义方法，可以通过分析出两种事物的"种差"，来把握事物之间的差别。一般地，属加种差的定义方式可以由公式表示：被定义项＝种差+邻近的属。⑤ 因此，可以用"属加种差"的定义方法，从立德树人与思想政治教育之间的概念区别，来分析二者的差别。第一，构成的要素、主体不一样，立德树人实践机制的要素、主体范畴更广泛。第二，内容特性有所差异，思想政治教育运行机制以政治性为本质属性，立德树人运行机制更加突出教育目的性。第三，从运行机制看，思想政治教育运行机制在传统上主要是"三全育人"模式，帮助和引导教育对象提升思想政治素质；立德树人系统化实践机制则是在深化"三全育人"模式基础上，涉及和统筹课程育人质量提升体系等"十大"育人体系。不过，

---

① 新"立德树人"审核项目指标体系研制课题组：《立德树人理论的内涵及其实施与评估 宣讲家网评论》，2020 年 5 月 31 日，https://baijiahao.baidu.com/s? id = 1668132542930018156&wfr = spider&for＝pc。
② 侯勇：《社会视野中的思想政治教育系统研究》，人民出版社，2016，第 56 页。
③ 陈淑丽、罗洪铁：《思想政治教育机制及相关概念辨析》，《思想理论教育导刊》2012 年第 2 期。
④ 参见李晓莉《思想政治教育协同创新研究》，博士学位论文，兰州大学，2016，第 52 页。
⑤ 曹一鸣主编《数学教学论》，高等教育出版社，2008，第 198 页。

两者尽管在运行机制上有差异，但是目标是一致的，都是为了实现人的全面发展，促进社会发展。"在一定层面上讲，思想政治教育运行机制也是立德树人运行机制的一个有机的组成部分"；"加快和推动了立德树人运行机制的速度，是其运行的推力和动力源"。① 但从这几组概念不难看出，其最大的共同之处在于其指向，即打通立德树人"最后一公里"，切实做好育人大文章，唱响新时代立德树人最强音，探索建立由不同要素组成的思想政治教育的运行过程机制、体制或体系以及模式，使高校思想政治工作更好地适应和满足学生成长诉求、民族复兴的时代要求，进一步把落实立德树人根本任务向纵深推进。

四　研究的内容与方法

（一）研究的主要内容

高校立德树人系统本质是一个以"人"为中心，围绕人的自由全面发展的价值旨归而建构的具有整体性特征的教育系统，需要通过系统化地实践而有效地实现育人目标。本研究旨在运用马克思主义哲学中的系统观点，借鉴系统论理论和方法，以系统化思维方式统筹构建"多位一体"立德树人系统化的实践机制，以全面提升培育时代新人的成效。

首先，本研究立足思想政治教育学科的本质要求，运用马克思人学理论来解读立德树人中"人"的本质，准确、科学地把握立德树人系统化实践的逻辑起点，并从理论上提出了新时代高校立德树人系统化实践之必然。

其次，在对高校立德树人中"人"的理论蕴涵解读之后，认真总结了中国共产党立德树人的历史实践和基本经验。中国共产党自成立以来就十分重视对社会中的先进分子尤其是对青年人才的培养，在革命、建设和改革等不同历史时期对"立德树人"有着不同的标准和要求，在党的百年历史发展过程中逐渐形成和总结了中国共产党"立德树人"的重要理念和基本经验。通过考察中国共产党百年来立德树人的实践历程，总结这一教育思想的基本经验，为新时代高校更好地推动立德树人系统化实践提供经验启示。

---

① 周如东、李淑娜：《立德树人运行机制的理论研究与建构》，《黑龙江高教研究》2014 年第 2 期。

　　再次，对高校立德树人系统化实践的现状进行审视，客观地分析其原因，指出构建立德树人系统化实践机制的现实必要性与意义。同时，梳理了马克思主义哲学中的系统观，为构建立德树人系统化实践机制提供方法论指导，并明确构建的基本原则。

　　最后，以阐明新时代高校立德树人系统化实践的科学思想方法，以及分析高校"立德树人系统"运行的机理为基础，即分析立德树人系统化实践机制的构成要素，高校立德树人系统化实践的目标、动力系统及过程环节，阐明了机制内部的要素相互联系、相互作用的运行规则和原理。在此基础上，坚持问题导向和问题意识，着重建构新时代高校立德树人系统化实践机制与评价体系，建立起高校、家庭、社会协同育人机制。

　　本书遵循"基础理论阐述→历史考察→现实审视→提出思想方法→提出实现路径"的研究思路，分为三个部分：第一部分是基础理论与相关概念阐述（绪论、第一章），第二部分是历史考察与现实审视（第二章、第三章），第三部分是提出思想方法、阐明机理和实现路径（第四章、第五章和第六章）。具体的章节安排如下。

　　"绪论"主要是对研究的基本情况进行概述。首先，从教育规律和人的成长规律出发，提出了高校实现立德树人已不是单方面的事，而是一个整体性、系统性的任务，简述了研究的缘起、背景以及研究的理论意义和现实意义。其次，对本研究的国内外研究现状进行梳理，对所掌握的文献资料进行述评，以便在这些研究成果基础上进一步明晰立德树人新的理论增长点，找准了研究"为什么要系统性培养人""怎样系统性地培养人"这一着力点。最后，对研究中所涉及的基本概念进行界定，尽可能阐明这些核心概念的渊源和基本要义。同时，提出了本研究的基本内容与方法，并阐述了研究的重点、难点及可能的创新之处。

　　第一章，"高校立德树人中'人'的理论蕴涵"。包括四节内容：第一节分析马克思人学理论的主要观点，包含人的存在论、人的本质论和人的发展论三个方面，使得研究在理论基础和理论深度上能够得到支撑，增强研究的学科特性和理论厚度。第二节分析了马克思人学理论的当代价值，认为现实的人是立德树人的逻辑起点，人的需要是立德树人的内在动力，人的主体性观点有助于人的主体性地位的确立，人的全面发展是立德树人的价值定位。第三节运用马克思人学理论，从人的发展之"全面性"、实现人的发展途径之"全面性"两个方面，对高校立德树人中"人"的本质进行解读。从而在第四节提出了新时代高校立德树人系统化实践之必然，主要体现在：人的存在和自我价值生成的诉求，教育主客体间关系变化的必然要求，立德树人实践多重矛盾关系协调的有效途径，立德树人过程要素相互作用的客观要求。

第二章，"中国共产党百年来立德树人的历史实践和基本经验"。第一节为中国共产党百年来立德树人的探索历程，分为在新民主主义革命时期培养满足革命需要的先进青年，在社会主义革命与建设时期培养有社会主义觉悟的有文化的劳动者，在改革开放和社会主义现代化建设新时期提出"四有新人"培养目标，以及在中国特色社会主义新时代开启中国共产党培育"时代新人"的新篇章等。第二节提出了中国共产党百年来立德树人思想不仅继承了马克思主义关于人的自由全面发展理论，同时汲取了中华优秀传统文化中"君子人格"的文化精华、革命文化的红色基因、社会主义先进文化的先进元素，并且坚持与世界先进教育理念交流互鉴，不断丰富和发展"立德树人"的内涵和外延。第三节则总结了中国共产党百年来立德树人的基本经验。

第三章，"新时代高校立德树人实践的现状审视"。主要是采取质性研究的文献研究方法，对新时代高校立德树人实践的现状进行梳理、剖析和考察。首先，肯定了新时代高校立德树人实践的主要成效，表现在高校思想政治工作地位不断提高、"思政课程"与"课程思政"建设有机结合、大学生思想主流继续呈良好态势、大学生综合素质整体性提升等几个方面。其次，总结归纳了新时代高校立德树人系统化实践存在的问题与不足：在全员育人方面，不同主体间尚缺共同发力；在全过程育人方面，不同育人阶段还缺少有效衔接；在全方位育人方面，不同育人载体、育人资源还需共建共享；高校、家庭、社会的系统合力还未完全形成。同时，还对新时代高校立德树人系统化实践存在问题的成因进行剖析。

第四章，"新时代高校立德树人系统化实践的科学思想方法"。第一节阐述了马克思主义系统观与系统论的基本内容，以及马克思主义系统观在系统科学理论中的地位。第二节提出新时代高校立德树人系统化实践的原则与方法。

第五章，"新时代高校立德树人系统的运行机理"。阐明立德树人系统运行的机理，揭示立德树人系统化实践与发展的内在规律性，才能有效地构建立德树人系统化实践机制。第一节分析新时代高校立德树人系统化实践的目标，指出德育、智育、体育、美育、劳动教育等教育目标和内容相互渗透、相辅相成，共同构成一个有机的整体。第二节分析高校立德树人系统化实践的基本要素，包括实践的主体、实践介体和实践环体。第三节分析阐明高校立德树人系统化实践的动力及动力子系统。基于此，第四节阐述了高校立德树人系统化实践的基本维度、主要环节和实践过程。

第六章，"新时代高校立德树人系统化实践机制与评价体系构建"。第一节提出完善高校党组织的育人工作机制，从巩固校党委领导下的校长负责制"中心线"，强化院系党的领导"中场线"，把牢党支部建设"生命线"等方面入手，着力构建"三线联动"、立体化的校院党建工作体系，从而不断完善高校党组织的育人工作机制，推动各级党组织自觉担负起管党治党、办学治校、育人育才的主体责任。第二节，从明确全员育人的范畴与责任、激发学生的自主意识和主体性、构建和谐的师生关系等方面来探索建立多元主体共同参与的全员育人机制。第三节是从构建中大研循序渐进的教育链条、开展好重要时间节点的主题教育这两个方面来构建"连续性与非连续性"相结合的全程育人机制。第四节探索构建多维空间的全方位育人机制，包含构建与"思政课程"同向同行的育人课程体系，充分发挥党史资政育人作用，优化"以文化人以文育人"的文化生态空间等方面的措施。第五节则是整合与构建立德树人的外部协同机制，分别为构建家校深度合作的互渗机制，构建政府主导、多方参与的社会共同育人格局，构建全媒体的育人生态系统。第六节探索建立健全高校立德树人评价机制，旨在通过设置科学的考核目标、考核内容（指标体系）和考核方法对教师教书育人工作进行综合考核评价，为高校立德树人系统化实践提供制度依循和导向功能。

（二）研究方法

1. 辩证唯物主义和历史唯物主义方法

坚持从高校立德树人实践的实际出发，分析和研判当前高校立德树人所存在的主要问题，这属于了解客观实际的范畴。坚持唯物史观，把中国共产党"立德树人"教育思想的具体实践放在相应的历史时代去理解。同时，充分运用辩证唯物主义方法，系统地掌握高校立德树人系统化实践机制的基本理论、范畴、机理和原则，探索立德树人系统化实践的原则性、动态性、整体性和系统性。还运用矛盾分析法，用矛盾的观点观察、分析立德树人系统内部的各个方面及其运动的状况。

2. 系统分析法

既对高校"立德树人系统"自身运行机制的构成要素、结构等进行分析，以获得局部认识，又对系统构成相互作用方式及如何构成系统化实践机制进行整体论述，从而获得整体性认识。

3. 归纳演绎法

通过查找大量的文献资料，对散见于众多著作、论文中的"立德树人"理论观点进行归纳总结，归纳总结高校立德树人实践的成效与普遍性问题；然后，再从一般推导出个别，即从一般原则出发去思考具体情况，解决立德树人实践中的具体问题。

4. 跨学科研究方法

运用马克思主义哲学、教育学、社会学、系统科学等多学科和知识进行交叉研究。同时，还坚持定性分析与定量分析相结合，应用和借鉴相关课题研究已取得的实证性量化成果，以及同行研究成果中的有关数据和资料，拓展研究的广度和容量。在定量分析中，也会运用一些数学方法，如模型法、图表法等。

五 研究的重点、难点和创新之处

(一) 重点解决的问题

本研究重点解决的问题有两个。

1. 探寻新时代高校立德树人系统化实践的理论基础和方法论

对国内外研究现状进行梳理，对所掌握的文献资料进行述评，在这些研究成果基础上明晰了立德树人新的理论增长点，找到了研究"为什么要系统性培养人""怎样系统性地培养人"这一着力点。那么，研究"为什么要系统性培养人""怎样系统性地培养人"的理论基础是什么？这是本研究首先要解决的问题。在新时代高校立德树人实践中，马克思人学理论鲜明的时代价值体现在现实的人是立德树人的逻辑起点、人的需要是立德树人的内在动力、人的主体性观点有助于人的主体性地位的确立、人的全面发展是立德树人的价值定位等方面。在阐发高校立德树人中"人"的理论蕴涵的基础上，自然而然提出了新时代高校立德树人系统化实践之必然。再者，推动高校立德树人系统化实践需要一种方法论的指导，那么，这一方法论是什么？这既是研究思路的递进，也是重点解决问题的递进。通过总结归纳蕴含在马克思主义哲学中丰富的系统观点，即马克思主义系统观，描绘事物普遍联系的"辩证图景"，对于本研究探索构建新时代高校立德树人系统化实践机制与评价体系具有直接的指导作用，这是本书要重点阐述的内容。

2. 探究新时代高校立德树人系统化实践的机理

高校立德树人系统化实践机制的构成要素相互联系、相互作用，构成一个有机的运动系统。在运动的过程中，这一系统总是围绕着特定的目标，促使各要素为实现某一特定功能而进行整合与联系，以形成有序、共享、互补、融通的系统化实践机制。这一特定目标，不仅规定了各构成要素的运行规则，也规定了立德树人系统化实践的目标方位。所以，这是分析"立德树人系统"运行机理的前提条件。只有重点阐明立德树人系统化实践的机理，探索这些要素如何相互作用，最终如何影响高校实现立德树人系统化、协同化的目标，揭示立德树人系统化实践与发展的内在规律，才能有效地构建立高校德树人系统化实践机制。

（二）难点分析

本研究是一项在基础理论指导下的应用型研究，需要在理论层面、历史考察和实践路径方面突破。

1. 理论层面：科学运用马克思人学理论和马克思主义系统观

如前所述，从重点探寻新时代高校立德树人系统化实践的理论基础和方法论看，相关研究的理论突破，构成了研究的主要理论基础和依据，既为本研究奠定了坚实的学术基础，也为今后学界对此问题的研究提供了一个可能的新的学术视角借鉴。这也要求必须有一条清晰的研究思路：务必厘清两个层面的逻辑，一是运用马克思人学理论来解答"为什么要系统性培养人"之问，二是运用马克思主义系统观来阐释"怎样系统性地培养人"的途径。因此，怎样运用马克思人学理论来解读高校立德树人中"人"的理论蕴涵，又怎样运用马克思主义系统观来构建新时代高校立德树人系统化实践机制与评价体系，这是本书在理论方面需要突破的难点。

2. 历史考察：需要从党领导高等教育百年发展历程中梳理出"高校立德树人"本身的发展历程

通过考察中国共产党百年来立德树人的实践进程，可以系统分析不同历史时期立德树人教育思想的目标、内容与方式，可以发现"立什么德""树什么人""如何立德树人"之间的逻辑关系，也可以从百年来立德树人的基本经验总结中明白"为什么要系统性培养人""怎样系统性地培养人"。中国共产党百年来立德树人实践历程，与党领导教育事业发展的历程是一致的，有交叉，但又有区别。所以，从党领导高等教育百年发展历程中梳理出"高校立德树人"本身的发展历程是一个重要环节，又是需要突破与完成的任务。从历史研究视角进一步总结在这一教育历程中的基本经验，总结出"怎样系统性地培养人"的基本做法和经验，以为新时代高校更好地推动立德树人系统化实践提供经验启示。

3. 实践路径：运用马克思主义系统观来构建新时代高校立德树人系统化实践机制与评价体系

实践层面的难点主要在于找准现实的问题，并针对现实问题提出解决对策。对新时代高校立德树人实践进行现状审视，包括两个方面：一方面，是总结肯定了新时代高校立德树人实践的整体成效，当然其中一大部分是关于高校立德树人在"系统性育人"方面的成效；另一方面，是总结归纳了新时代高校立德树人系统化实践存在的问题与不足，特别是在"三全育人"方面。这部分主要是采用文献研究方法，对科学权威文献的收集，不仅考验研究人员的研究素养，还考验研究人员数据资源获取的能力。

科学地总结归纳了新时代高校立德树人系统化实践存在的问题与不足，特别是在"三全育人"方面的问题，是为了找到研究的问题导向。那么，构建新时代高校立德树人系统化实践机制与评价体系，是整个研究的重中之重，也是在目前研究基础上需要突破的难点。构建高校立德树人系统化实践机制与评价体系本身就是一项复杂的系统工程，是系统内外机制同向同行释能的建构过程。在阐明新时代高校立德树人系统化实践的机理基础上，提出高校立德树人系统化实践系统可由党的领导体系、大学生思想政治教育系统、教学科研育人系统和管理服务育人系统等四个子系统构成，但构建这四个子系统本身也是一项重要的系统工程。因此，在阐明马克思主义系统观为高校立德树人系统化实践提供科学方法论的指导的基础上，依据高校"立德树人系统"内在的运行机理，构建新时代高校立德树人系统化实践机制与评价体系，要从完善高校党组织的育人工作机制，建立多元主体共同参与的协同工作机制，构建"连续性与非连续性"相结合的全程育人机制，构建多维空间的全方位育人机制，以及家庭教育、社会教育外部协同育人机制等方面进行全方位的探索，这有难度，但又亟待突破。

（三）创新之处

为了更好地理解和回答我国高校立德树人"三问"——"为谁培养人、培养什么人、怎样培养人"，更好地推动新时代立德树人向纵深发展，本研究抓住了这两个新的理论增长点，力图在从"培养什么人"到"为什么要系统性培养人"的研究，从"怎样培养人"到"怎样系统性地培养人"的研究这两个方面实现创新。

1. 运用马克思人学理论来解答"为什么要系统性培养人"之问

研究高校立德树人的目的就是要认识和把握人的德智体美劳等素质形成与发展的规律。本研究以马克思人学理论的主要观点来解读立德树人中"人"的本质，以之作为进一步研究高校立德树人系统化实践机制的前提性问题和逻辑起点，这在学界中是比较少见的。马克思"现实的人"观点是立德树人研究的逻辑起点，"人的需要"构成立德树人实践活动的原动力，"人的主体性"观点有助于人的主体性地位的确证，"人的全面发展"观点有助于整体的、全面的、系统的育人观的确立，这使得研究在理论基础和理论深度上能够得到支撑，增强研究的学科特性和增加理论厚度。运用马克思人学理论，从人的发展之"全面性"，实现人的发展途径之"全面性"两个方面，对高校立德树人中"人"的本质进行解读，从而提出了新时代高校立德树人系统化实践之必然，这都是本研究的逻辑出发点，也是创新之处，可为今后学界深化"为什么要系统性培养人"提供一个全新的学术起点。

2. 运用马克思主义系统观来探寻"怎样系统性地培养人"的途径

当前，学界对高校立德树人的研究大多数是聚焦于回答立德树人"三问"——"为谁培养人、培养什么人、怎样培养人"，但真正触及核心——高校立德树人系统的运行机理的研究暂未面世或被发现。因此，本研究借鉴教育学"教育力与教育关系的对立统一"观点,来阐发新时代高校立德树人系统的运行机理,尝试说清立德树人过程中各要素的内在工作方式以及一定环境条件下各要素相互联系、相互作用的运行规则与原理。并且,本研究充分运用马克思主义系统观和方法论,借鉴系统论的相关观点,探索构建一套"实践的样式在逻辑上与人的本质是相符合的"立德树人系统化实践机制,这是一次创新性的尝试,也体现出"与时俱进"的学科品质。

第一章　高校立德树人中"人"的理论蕴涵

　　立德树人是一个复杂的动态系统。在这个系统中，教育者是人，教育对象也是人，教育劳动产品还是人，而这些人又是有思想、有知识的复杂的现实社会关系的总和。① "教育的本质是通过传授知识、提高品德、启迪智慧，培养促进社会发展的人才，也是提高每个人的生命质量、提升生命价值的过程。"② 高校要推进立德树人系统化实践，首要一步就是理解教育的本质，准确、科学地把握"人"的理论蕴涵。马克思人学理论从"现实的人"出发，对人的本质、人的价值、人的需要和人的发展进行了深刻精辟的剖析，是专门研究人的存在、本质及其发展规律的理论，为高校立德树人中"人"的蕴涵提供理论支持。

第一节　马克思人学理论的主要观点

　　"人并不是如某些旧哲学家所说的那样只是一架机器，而是一个活生生的有机体。研究人最为重要的方面是把人作为复杂系统进行整体思考。这就需要有一门科学在对各门'人的科学'进行整理和综合的基础上，使人的研究理论化和系统化，构成一幅关于整体的人的完整图景。这门科学就是'人学'。"③ 马克思人学理论从"现实的人"出发，考察人与自然、社会的关系，指出人是自然存在物、社会存在物、精神存在物的统一体，并通过引入实践（生产）范畴，将人与自然、社会统一起来，揭示人的存在中的自然因素、社会因素和精神因素的辩证统一以及它们之间相互作用的

① 蒋笃运：《德育系统论》（第二版），郑州大学出版社，2007，第140页。
② 教育部课题组：《深入学习习近平关于教育的重要论述》，人民出版社，2019，第18页。
③ 袁贵仁：《马克思主义人学理论研究》，北京师范大学出版社，2017，第3页。

机制，揭示人的行为中的生理需要、社会需要和精神需要的辩证统一以及它们之间相互作用的方式，[①] 进一步分析提出了人的全面发展是人类社会发展的共同价值追求，为人的发展指明具体方向和现实道路。

一 人的存在论

马克思的人学理论与以往的哲学理论最大的不同之处，在于理论前提。马克思恩格斯在《德意志意识形态》中一针见血地指出："起初他们还是抓住纯粹的、未加伪造的黑格尔的范畴，如'实体'和'自我意识'，但是后来却用一些比较世俗的名称如'类'、'唯一者'、'人'等等，使这些范畴世俗化。"[②] 这表明，马克思恩格斯所论述的人彻底与德国的批判的"类""人""唯一者"等抽象的人或思辨的人区别开来，既不是黑格尔的"绝对精神"中的人类个体，也不是费尔巴哈关于人的那种抽象的"类"的概念。马克思恩格斯认为"现实的人"是人们的活动和他们的物质生活条件的统一，是处在现实的关系和历史中具有鲜活生命的人。[③] 马克思人的存在论认为，人的现实存在包括人的自然存在、人的社会存在和人的精神存在，三者缺一不可，这就明确了人在历史中的地位和作用。

（一）人的自然存在

马克思和恩格斯指出："全部人类历史的第一个前提无疑是有生命的个人的存在。因此，第一个需要确认的事实就是这些个人的肉体组织以及由此产生的个人对其他自然的关系。"[④] 人的自然存在表现为两个方面：一是人来源于自然界。自然界的发展和进化，产生了人，人在自然界的环境中生活，与自然界的其他生物息息相关，是自然界不可分割的一部分。二是人反作用于自然界。虽然人依赖于自然界，但人不是被动消极地去接受自然界，而是积极主动地适应和改造自然界，这是一种能动的创造性的表现。

---

① 潘玉腾：《论思想政治教育的马克思人学基础》，博士学位论文，福建师范大学，2008，第35页。
② 《马克思恩格斯文集》（第1卷），人民出版社，2009，第514页。
③ 潘玉腾：《论思想政治教育的马克思人学基础》，博士学位论文，福建师范大学，2008，第41页。
④ 《马克思恩格斯选集》（第1卷），人民出版社，1995，第67页。

（二）人的社会存在

人都是在一定的社会条件下从事实践活动，实践活动包括物质生产劳动实践、社会交往实践和科学文化实践三种基本形式，脱离社会条件的实践活动是不存在的。一是物质生产劳动实践是人为了满足基本的生活需要而进行的实践活动，这是人最基本的实践活动，是人进行其他活动的前提；二是社会交往实践是人处理社会关系和人际关系的实践活动，人的实践活动不是简单纯粹的个人行为，而是相互联系、相互制约的社会行为；三是科学文化实践包含自然科学实践和人文社科实践，能够让人认识自然、认识社会、认识人本身，能够提高人的科学文化水平和改造客观世界的能力，不仅是前两项实践活动的升华，还能够对前两项实践活动起指引作用。

（三）人的精神存在

动物是自然界的生物，它的需求是最简单直接的，属于低等需求，它只是本能地适应环境。而人不同于动物，人是有想法、有追求、有欲望的，人的追求属于高等需求，人积极主动地劳动和开展实践活动，不同于动物被动地适应环境。人的实践活动是人有目的、有意识的社会行为，人具有自觉能动性，能够认识世界、改造世界，这也是人与动物最大的区别。因此，人的精神存在是显而易见的。

二　人的本质论

人的本质论是马克思人学理论的核心内容。马克思关于人的本质的论述有很多，且这些论述是随着时间的推移而不断变化的，概括起来主要包括人的本质是社会关系的总和、劳动和实践活动是人的本质、人的需要是人的本质的具体表现等三方面内容。

（一）人的本质是社会关系的总和

人是什么？人的本质是什么？在中外思想史上，许多思想家对此从不同角度提出了不同的见解。人要满足自身的实际需要，单纯依靠个人力量是行不通的，必须结成一定的社会关系而进行劳动。劳动是人与动物最本质的区别，而劳动的性质是由人的社会关系决定的，即社会关系不同，劳动的性质也不同。马克思的唯物史观破解了人是什么这一"斯芬克斯之谜",马克思在《关于费尔巴哈的提纲》中说道:"人的本质不是单个人所固有的抽象物,在其现实性上,它是一切社会关系的总和。"① 这里所说的"一切社会关系"不是简单地由"第一推动力"构成的,而是由自然、社会、经济、政治、文化、心理等因素相互作用而构成的。在所有的社会关系中,生产关系又是最基本的关系,只有以生产关系为基础全面考察人的社会关系,才能准确把握人的本质。马克思关于"人的本质"的命题不仅对人的本质作了科学界定,更重要的是提出了探究人的本质的科学方法,指出了人思想政治素质形成、发展的人性基础。

(二) 劳动和实践活动是人的本质

马克思认为:"劳动这种生命活动、这种生产生活本身对人来说不过是满足一种需要即维持肉体生存的需要的一种手段。而生产生活就是类生活。这是产生生命的生活。一个种的整体特性、种的类特性就在于生命活动的性质,而自由的有意识的活动恰恰就是人的类特性。"② 这里,人的"类特性"就是人的本质,"自由的有意识的活动"就是劳动和实践活动。事实上,动物的活动仅仅只是为了适应生存环境而被动产生的,而人的活动不仅仅只是为了适应生存环境,还为了满足人适应生存环境以外的需要,人的生命活动和动物的生命活动有着本质的区别。人的其他所有特性都是以人的劳动和实践活动的本质特性为根据而展开的。所以从这个意义上说,劳动和实践活动是人的本质。

(三) 人的需要是人的本质的具体表现

马克思在《1844 年经济学哲学手稿》中提到,"在社会主义的前提下,人的需要的丰富性具有什么样的意义,从而某种新的生产方式和某种新的生产对象具有什么样的意义。人的本质力量得到新的证明,人的本质得到新的充实"③。这揭示了人的需要对物质生产的意义,是人进行劳动实践的

---

① 《马克思恩格斯选集》(第 1 卷),人民出版社,1995,第 60 页。
② 《马克思恩格斯文集》(第 1 卷),人民出版社,2009,第 162 页。
③ 《马克思恩格斯文集》(第 1 卷),人民出版社,2009,第 223 页。

内在驱动力，是人的本质力量。因为人都是从实际需求出发，在一定的社会关系中进行生产实践活动。如果人没有需要，那么人从事劳动和实践活动就没有目标，人的社会关系也没有产生的必要了。所以说，人的需要是人的本质的具体表现。

马克思关于人的本质的三个命题是不可分割的整体。人是在一定的社会关系中进行劳动和社会实践的。如果人没有处在一定的社会关系中，人的劳动和实践活动无法进行；如果没有人的劳动和实践活动，人的需要是无法得到满足的；如果人没有需要，那么人的社会关系也就不可能产生。劳动和实践活动是内容，社会关系是形式，人的需要是动因，人的本质不可能简单地被定义为其中的某个方面，三者是相互联系的有机统一整体，缺一不可。所以，我们要全面理解马克思主义关于人的本质理论，就必须关注人的劳动和实践活动，关注人的社会关系，关注人的需要。

三　人的发展论

人的发展论是马克思人学理论的归宿。"如何实现人的发展"，"怎样实现人自由全面的发展"，是马克思一直都在思考的问题。马克思运用科学和价值统一的方法，通过分析工人"异化"劳动的原因、状况和发展，研究人和社会发展规律，指出工人阶级通过革命实践使自身获得解放，最终实现个人和社会全面发展的最终目标。马克思对人的发展问题的研究可分为以下三个方面。

（一）人需要自由全面发展

对前人关于人的发展的"异化"思想进行了深刻的剖析和思考，指出人需要自由全面发展。"人需要自由全面发展"，这里的"全面"应该包括实践能力、社会关系、自由活动等，"自由"指的是不受外界束缚、尽情发挥才能。具体说来，"异化"劳动产生的原因是私有制和社会分工的存在和发展。随着生产力的发展，社会分工也不断发展，但是由于资本主义是彻底的私有制，经济和政治权力高度集中，收入分配方式存在着不公正、不合理的现象，"异化"劳动也就产生了。"异化"劳动主要是指，在私有制中，人与自己的劳动产品、劳动活动、类本质以及人之间的对立关系。只有消灭异化劳动，才能实现人的自由全面发展。要消灭异化劳动，必须提高生产力水平，促进物质生产高度发展，从而提高人在生产中的地位，肯定人的价值，满足人的需要，最终实现人的解放。

（二）实现人的全面发展的规律

通过研究生产力与生产关系的矛盾运动，分析人的活动规律，马克思揭示了人类社会发展的规律，探索实现人的全面发展的方式和方法。马克思认为："人们在自己生活的社会生产中发生一定的、必然的、不以他们的意志为转移的关系，即同他们的物质生产力的一定发展阶段相适合的生产关系。这些生产关系的总和构成社会的经济结构，即有法律的和政治的上层建筑竖立其上并有一定的社会意识形式与之相适应的现实基础。物质生活的生产方式制约着整个社会生活、政治生活和精神生活的过程。不是人们的意识决定人们的存在，相反，是人们的社会存在决定人们的意识。"[1]简单地理解，即人类社会的发展规律包括：生产力和生产关系矛盾运动规律；经济基础和上层建筑矛盾运动规律；社会存在与社会意识的辩证关系。通过探索人类社会的发展规律，我们要把社会基本矛盾作为一个整体来观察，把生产力和生产关系的矛盾运动同经济基础和上层建筑的矛盾运动结合起来观察，才能全面把握整个社会的基本面貌和发展方向。[2] 只有掌握这一客观规律，才能为人的自由全面发展创造更好的条件。

（三）人的发展的不同历史时期

通过对各种社会关系的具体分析，马克思划分了人的发展的三个历史时期，分别是人的依赖性时期、物的依赖性时期和人全面自由的发展性时期。第一个时期是人的依赖性时期，这个时期主要是指前资本主义社会，表现为人的不独立。由于这个时期的生产力水平低，人无法从自然界中独立出来，所以人的生存和发展必须依附自然和他人。第二个时期是物的依赖性时期，这个时期是指资本主义社会。相较于第一个时期，在第二个时期人的独立性有了较大的提高，但是以对物的依赖为前提条件的。随着生

---

[1] 《马克思恩格斯选集》（第2卷），人民出版社，1995，第32页。

[2] 《习近平：推动全党学习和掌握历史唯物主义 更好认识规律更加能动地推进工作》，《人民日报》2013年12月5日，第1版。

产力的发展，社会分工的出现，人逐渐摆脱了自然的束缚和对自然的依赖。马克思认为："资本主义生产方式以人对自然的支配为前提"，"社会地控制自然力，从而节约地利用自然力，用人力兴建大规模的工程占有或驯服自然力，——这种必要性在产业史上起着最有决定性的作用"。① 但是这个时候人的社会活动已经离不开资本主义社会的"货币与资本"了。一旦没有了货币与资本，那么人的社会活动也就不复存在。因此，这个时期是物的依赖性时期。第三个时期是人全面自由的发展性时期，这个时期是指共产主义社会。随着生产力的高度发展，人逐渐摆脱对"货币与资本"的依赖，实现了真正意义上的独立，最终实现人的自由全面发展。这样的划分，表明了人的全面发展是一个不断前进、螺旋上升的历史过程。随着生产力的不断发展，人的实践能力不断提高，社会关系会不断完善，人的基本需要、人的基础素质以及人的本质都能得到全面发展。

综上所述，马克思主义认为人的本质是类本质、社会本质和个体本质三者的统一，人的发展要经历人的依赖性、物的依赖性、人全面自由的发展性时期三个阶段。主要内容包括人的存在论、人的本质论和人的发展论：人的存在论是理论基础，人的本质论是核心内容，人的发展论是归宿。这三个部分相互联系，共同构成了完整的马克思人学理论体系。

第二节　马克思人学理论的当代价值

马克思人学理论的当代价值是由当代人的生存困境和其理论指导作用所决定的。马克思"现实的人"的观点是立德树人研究的逻辑起点，"人的需要"构成立德树人实践活动的内在动力，"人的主体性"观点有助于人的主体性地位的确立，"人的全面发展"观点有助于整体的全面的系统的育人观的确立，这都为下一步构建立德树人系统化实践机制奠定了人学理论基础。

一　现实的人：立德树人的逻辑起点

马克思恩格斯把"现实的人"作为唯物史观的前提，从而真正抓住了

---

① 《马克思恩格斯文集》（第5卷），人民出版社，2009，第587~588页。

人类历史的起点，创立了科学社会历史观。立德树人作为人类社会的一种教育活动，其存在的根基在于人的现实生活和活动，离开了人、离开了人的现实性、离开了人的需要，立德树人就无从谈起。立德树人要把"现实的人"这一唯物史观的观点作为前提和出发点，以人的实践活动为人的基本存在和发展方式，以人的自由全面发展为归宿和目标。要将这一命题置于马克思主义的唯物史观和人学理论视野中来研究。

首先，"现实的人"理论是科学认识立德树人社会属性的基础。立德树人的对象是人，是现实的人，是社会的人，具有明显的社会属性。我们要充分掌握"现实的人"观点来看待立德树人实践过程，"要把人视为处于一定社会关系中的从事物质生产活动的现实的人；把人视为物质的，从物质活动和物质关系来诠释人、规定人；并在人的自然存在的基础上，从社会活动和社会关系来说明人"①。也就是说，要为"立什么德""树什么人"找到社会要求与依据。高校立德树人必须要弄清楚培养人的方向、性质，以及"为谁培养人"等基本问题。在我国社会主义制度条件下，占主导地位的思想必然是也只能是具有共产主义精神性质的无产阶级思想。高校只有始终坚持社会主义的办学方向，才能培养出为中国特色社会主义奋斗终身的有用人才。

其次，"现实的人"理论是把握人的思想意识形成发展一般规律的依据。马克思恩格斯系统揭示了人的本质、人的存在以及人的思想意识的本质，揭示了人的思想与行为活动之间的规律。"思想、观念、意识的生产最初是直接与人们的物质活动，与人们的物质交往，与现实生活的语言交织在一起的。人们的想象、思维、精神交往在这里还是人们物质行动的直接产物。"② 人的精神意识是物质世界长期发展的产物，其根本原因在于物质世界主要包括自然界和人类社会，其中自然界是人类意识产生的物质基础和前提。此外，意识的产生还离不开人类的生产劳动。"现实的人"强调人的思想意识形成和发展以社会实践为基础，突出物质的第一性。我们要从生产方式、人口因素、地理环境等构成社会物质生活条件的基本要素去探

---

① 徐岩：《〈德意志意识形态〉中"现实的个人"的深层透视及其现实意义》，《新余高专学报》2005 年第 1 期。
② 《马克思恩格斯文集》（第 1 卷），人民出版社，2009，第 524 页。

寻产生思想意识问题的物质根源，把握这些要素对人的思想意识形成的作用；人的思想意识具有独立性、能动性，人的思想支配人的行为，反过来，人的行为也会影响人的思想，这也是强调实践的第一性。因此，研究立德树人系统化实践机制首先要研究人的思想与行为的形成和发展规律，要紧紧抓住"思想是行动的先导和动力"这个基点，把握思想的本质属性，才能找到立德树人的着眼点和落脚点。

最后，"现实的人"理论为构建与社会紧密联系的立德树人系统化机制提供依据。马克思认为"现实的人"是活动着的人。现实的人在社会活动过程中，必然会结成各种各样的社会关系，"社会关系的含义在这里是指许多个人的共同活动"①。在立德树人过程中，我们只有坚持从现实的人，"从人是社会存在物这个客观存在的事实出发，剖析现实的个人所特有的存在形式，即在社会实践、交往过程中每个人与他人、群体必然形成的各种联系和关系，从中揭示出人之所以不同于动物，以及人在个体之间彼此之所以会具有不同的个性依据"②。不仅仅要将受教育者置于具体的社会关系中，更要促使受教育者能够融入其中，这样才能完成思想道德的内化和知识体系的建构。

二　人的需要：立德树人的内在动力

马克思在《资本论》第一卷中，提出人的本质的两个层次观点，"想根据效用原则来评价人的一切行为、运动和关系等等，就首先要研究人的一般本性，然后要研究在每个时代历史地发生了变化的人的本性"③。马克思在这里所说的"人的一般本性"，是指一切人所共有的本性，我们把它称为人的自然需要；马克思在这里所说的"每个时代历史地发生了变化的人的本性"，指的是人的具体本质，我们把它称为人的社会（性）需要。"需要不仅是人的本性，而且作为人的'内心的意向'，构成了人们活动的原动力和原目的。当然，需要本身还不等于活动的动力和目的，但它构成二者的最初基础。最后，正因为需要构成了实践活动的原动力和原目的，所以它

---

① 《马克思恩格斯文集》（第1卷），人民出版社，2009，第532页。
② 潘玉腾：《论思想政治教育的马克思人学基础》，博士学位论文，福建师范大学，2008，第57页。
③ 《马克思恩格斯文集》（第5卷），人民出版社，2009，第704页。

通过实践赋予了世界以价值和意义。"① 这表明了一个人的真正本质在生产中体现为自己的需要和为他人的需要。那么，"人的需要"如何成为立德树人的基本动力呢？我们应该从这三个范畴着手。

首先，人的生存的根本需要是立德树人的基本要求。人的需要种类繁多，基本上可分为物质需要和精神需要两类。物质需要是人的第一需要，主要是指人对物质生活的需要。只有首先满足物质需要，人才可能继续其他劳动和实践行为，进而追求其他需要。马克思认为，"劳动是整个人类生活的第一个基本条件，而且达到这样的程度，以致我们在某种意义上不得不说：劳动创造了人本身"②。也认为，"其实劳动和自然界在一起才是一切财富的源泉，自然界为劳动提供材料，劳动把材料转变为财富"③。劳动创造了人本身，是人区别于动物的内在本质规定性。劳动生产是人类历史存在和发展的前提，是一切财富的源泉，是人类生存的第一需要。作为人的"生活的第一需要"的自由劳动是未来社会的劳动形式，但在现有的生产条件下，劳动更多的是"谋生的手段"，也是生存发展的基本途径。高校立德树人的对象是人，教育学生掌握劳动技术，提高生存生活技能是高校立德树人的基本任务。"立德"的任务不仅仅是教育学生树立崇尚劳动、尊重劳动的觉悟，而且也要教育学生善于从唯物史观的视角阐述清楚在当前的历史阶段中劳动的历史必然性，从思想深处理解劳动的价值以及对人生价值实现的重要意义。

其次，人的高层次精神需要是立德树人的更高追求。当物质需要得到满足以后，人开始追求更高层次的需要——精神需要。精神需要是指人对精神生活的需要，例如尊重与被尊重、与人和谐相处、艺术追求、崇高信仰，等等。人的精神状态积极向上，精神生活丰富多彩，思想境界不断提高，这样才能够引导人正确地追求物质财富，更好地实现人自由全面的发展。随着我国经济社会的发展和社会主要矛盾的变化，高等教育应着力满足人民对优质人才的新期待。这意味着新时代高校立德树人要根据社会主要矛盾的转变，提供更好的教育条件，以更优质的教育满足学生对自身成长的

① 姚顺良：《论马克思关于人的需要的理论——兼论马克思同弗洛伊德和马斯洛的关系》，《东南学术》2008 年第 2 期。
② 《马克思恩格斯文集》（第 9 卷），人民出版社，2009，第 550 页。
③ 《马克思恩格斯文集》（第 9 卷），人民出版社，2009，第 550 页。

新期待，增强学生的获得感。立德树人首先是使人"立德"，教导人、教化人，使人受到道德原则和道德秩序的约束，维护一定的社会关系以及社会秩序，使人的生存环境更和谐。立德是人的生存的根本需要，突出德育在人的全面发展中的位置。思想政治教育通过正确的世界观、人生观、价值观引导，丰富人的精神世界，提高人的思想觉悟和道德素养，为人的实践提供理念先导和思想指导，也为人的全面发展提供根本保障。因此，立德树人之"立德"是基于人的更高层次需要开展思想道德教育，立足于人自身所处的社会现实，既涉及社会层面的公共秩序，也关涉个体的存在方式。

最后，人的自我实现需要成为立德树人的最高价值指向。"马克思关于人的需要的三级阶梯式的需要理论：人的生存或生理需要，人的谋生或占有需要，人的自我实现和全面发展的需要。"① 马克思认为，人的高级需要是在人的劳动和生产（谋生或占有）活动发展的基础上，产生和发展起来的，对体现人的生命意义有着极其重要的作用。"富有的人同时就是需要有人的生命表现的完整性的人，在这样的人的身上，他自己的实现作为内在的必然性、作为需要而存在。"② 因而，人的自我实现需要是人的各种具体目的的集中和升华；而人生价值又从根本上依赖于人的自我实现需要。从这个意义上说，人的自我实现需要构成了人生价值的最终基础。高校立德树人的最终目的是培养德智体美劳全面发展的社会主义建设者和接班人。教育者要基于人的自我实现需要的"内心意向"，通过思想政治教育，注重引导受教育者坚持个人理想与社会理想相结合、眼前利益与长远利益相结合，所选择的人生道路和为之所奋斗的事业要超越满足自己的生存、享受和发展的需要，选择与历史发展要求相一致的，在充分发挥自身才干、积极投身社会实践的前提下，努力实现社会贡献和自我满足相统一、社会价值和自我价值相统一。

三 人的主体性：立德树人的人"自主性"确立

从马克思人学理论关于"人的主体性"观点中，可以看出"自主性"是

---

① 姚顺良：《论马克思关于人的需要的理论——兼论马克思同弗洛伊德和马斯洛的关系》，《东南学术》2008年第2期。
② 《马克思恩格斯文集》（第1卷），人民出版社，2009，第194页。

人的全面发展的必然要求。马克思关于"人的主体性"观点把人作为历史活动中的人去考察，阐述了劳动或实践是人与动物最本质的区别这一理论基础，肯定了人作为主体"能动地表现自己"是人主体性的绝对必要的前提。

人的主体性表现要在现实活动中去考察。人是在一定的历史前提和条件下从事活动的。马克思在《关于费尔巴哈的提纲》中就写道："从前的一切唯物主义——包括费尔巴哈的唯物主义——的主要缺点是：对对象、现实、感性，只是从客体的或者直观的形式去理解，而不是把它们当作人的感性活动，当作实践去理解，不是从主体方面去理解。因此，结果竟是这样，和唯物主义相反，唯心主义却发展了能动的方面，但只是抽象地发展了。"[①] 这可以清楚看出，只有把人的活动当作"现实的、感性的实践活动"去理解，才能真正理解人的主体性和能动性。人"开始生产自己的生活资料"是人与动物区别开来的第一个历史行动。马克思说："一个种的整体特性、种的类特性就在于生命活动的性质，而自由的有意识的活动恰恰就是人的类特性。"[②] 这里劳动是人与动物最本质的区别，也是人类存在和人类社会发展的前提。"有意识的生命活动把人同动物的生命活动直接区别开来。正是由于这一点，人才是类存在物。"[③] "有意识的生命活动"其实指的是人的有意识和能动性，即人的主体性。人凭借着这种能动性、主体性，在劳动或实践中改造自然界、社会和人自身。可以说，"人的本质属性从根本上说就是人的主体性"[④]。

因此，马克思和恩格斯对"现实的人"的理解，是"从事活动、进行物质生产活动的、能动表现自己的"人，而"现实的个人"必然是一个活生生的、具有主体性和创造性的人。在立德树人实践中，作为受教者的"人"要确认和彰显"主体性"。只有受教育者作为主体存在，人的自主性、能动性、创造性等功能特性得到发挥，教育者才能在教育实践中进行主客体角色转换，对受教育者实施教育行为和影响，帮助受教育者在更高的层次上认识自我，提高主体意识，增强内生发展动力，最终实现自身的全面发展。

---

① 《马克思恩格斯选集》（第1卷），人民出版社，1995，第58页。
② 《马克思恩格斯文集》（第1卷），人民出版社，2009，第162页。
③ 《马克思恩格斯选集》（第1卷），人民出版社，1995，第46页。
④ 袁贵仁：《马克思的人学思想》，北京师范大学出版社，1996，第109页。

四　人的全面发展：立德树人的价值定位

"现实的人"是马克思人学的逻辑起点，那么，"现实的个人"是分析"现实的人"的需要，是谈论人的问题的必要前提。马克思关于人的全面发展的理论分析必然要从关注现实的人的现实处境入手，进而转向人与自然、个体与社会、现实与历史普遍关系的现实个人。

从18世纪60年代到19世纪三四十年代，资本主义得到了前所未有的发展，而人的发展却表现为全面的异化，社会基本矛盾日益激化。马克思从"异化劳动"概念开始，从物的异化、劳动活动本身的异化、人同自己"类本质"的异化、人与人关系的异化这四个层面来揭露了资本主义社会中个人生存、发展的悲惨处境以及非人道境遇，批判人的发展"异化"和片面发展的状况，期望建立一个以"人的自由而全面发展"为基础的理想社会。马克思在《资本论》中通过对资本主义社会生产力发展的基本矛盾分析后指出，资本主义出现之前，由于生产力水平低下，人的劳动技术落后，人类对自然的依附性很强，人的劳动能力不强，人的发展也不可能是全面的。在资本主义条件下，生产力进一步发展，生产社会化程度的不断提高，对劳动者的素质和能力要求发生了根本变化。马克思在对资本主义社会生产力发展的基本矛盾分析后，指出在资本主义条件下，人的全面发展却没有变为现实。马克思在其著作中，多次将人的全面而自由的发展描述为共产主义的基本特征，这也是马克思人学理论以及整个马克思主义的最终诉求。如在《资本论》中，马克思是这样描述未来理想社会的一般特征：共产主义社会是"一个更高级的、以每一个个人的全面而自由的发展为基本原则的社会形式"①；在《共产党宣言》中，马克思也明确提出，"代替那存在着阶级和阶级对立的资产阶级旧社会的，将是这样一个联合体，在那里，每个人的自由发展是一切人的自由发展的条件"②。马克思认为，人的全面发展是"人以一种全面的方式，也就是说，作为一个完整的人，占有自己的全面的本质"③。同时，他也指出，"个人的全面性不是想象的或设想

---

① 《马克思恩格斯文集》（第5卷），人民出版社，2009，第683页。
② 《马克思恩格斯文集》（第2卷），人民出版社，2009，第53页。
③ 《马克思恩格斯文集》（第1卷），人民出版社，2009，第189页。

的全面性，而是他的现实联系和观念联系的全面性"①。人的全面发展包含人的基本需要、人的基础素质以及人的本质力量等方面的全面发展，归根到底是由人的本质的全面发展所决定的。人的本质的全面发展在于人的社会属性和社会关系、社会素质和能力素质、社会性需要和精神需要的全面发展。表现在三个层次上：人的本质属性，即人的主体性不断提升；人的内在发展，即人的思想和精神生活获得更加充分发展；人与外在世界，即人与自然、社会的协调发展。从根本上来说，人的自由而全面的发展是人对自身本质的全面的实现。

因此，实现人的全面发展以生产力和经济发展为基础，与社会发展的现实密切联系，具有很强的客观性、现实性和历史性。实现社会生产力的高度发展，是实现人的全面发展的根本条件。消灭私有制、生产资料社会所有，消除旧的分工方式，人与社会的和谐关系，良好的教育，普遍的交往实践等都是实现人的全面发展的条件，而教育"不仅是提高社会生产的一种方法，而且是造就全面发展的人的唯一方法"②。为此，"为改变一般人的本性，使它获得一定劳动部门的技能和技巧，成为发达的和专门的劳动力，就要有一定的教育或训练"③。可见，离开"教育"这一方法，人就不可能获得劳动能力，也不可能形成良好的思想政治品德，更谈不上实现人的全面自由的发展。立德树人是教育的根本任务，不仅要培养学生树立正确的世界观、人生观、价值观，而且要给学生传授专业知识，提高其劳动技术和劳动本领，使之成为适应社会需要的有用人才。这一根本任务体现了人的发展与社会发展目标相统一。社会发展需要人的多方面素质发展，不仅要具备丰富的知识、优秀的技能，而且需要拥有坚定的理想信念、高尚的道德修养、健康的人格品质。同时，社会发展是为了人的全面发展。正是马克思所说的"人类全部力量的全面发展成为目的本身。在这里，人不是在某一种规定性上再生产自己，而是生产出他的全面性"④。

① 《马克思恩格斯文集》（第8卷），人民出版社，2009，第172页。
② 《马克思恩格斯文集》（第5卷），人民出版社，2009，第557页。
③ 《马克思恩格斯文集》（第5卷），人民出版社，2009，第200页。
④ 《马克思恩格斯文集》（第8卷），人民出版社，2009，第137页。

第三节　高校立德树人中"人"的本质解读

马克思人学理论对人的问题的关注是基于现实的、活生生的人，而高校立德树人的主体和客体都是人，从根本上讲，人的问题才是最核心、最关键的问题。习近平总书记在《之江新语》中指出："人，本质上就是文化的人，而不是'物化'的人；是能动的、全面的人，而不是僵化的、'单向度'的人。"① 从一定意义上说，"人"的问题是高校立德树人中的前提性问题、逻辑性起点，也决定了要运用什么样的立德树人研究方法。马克思人学理论为立德树人中认识人、理解人，为回答"为什么要系统性培养人"提供了理论解读视角。立德树人将人的全面发展和社会的进步作为其宗旨，立德树人中"人"的本质应包含以下两个方面。

一　人的发展之"全面性"

人的本质是类本质、社会本质和个体本质的有机统一。马克思从人作为类存在物的角度揭示了人的类本质即实践或劳动；从人作为社会存在物的角度揭示了人是"一切社会关系的总和"；从人作为个体存在物的角度揭示了"人的需要"是人的个体本质。人从来不是孤立的个体，人从其现实性上就表现为社会的人，无论是社会经济价值、政治价值、文化价值，还是个人的发展价值，其最终都体现为思想政治教育在人类社会发展中的重要价值，而价值判断的标准也是以人的需求是否得到满足为尺度的，以人的主体性是否得以实现为标志的。② 马克思当时正是从资本主义非人化的社会条件出发，试图解决资本主义条件下人的异化问题，真正将人作为一切实践活动的主体，实现人的自由而全面的发展。③ 同时，马克思和恩格斯在《德意志意识形态》中也对"现实的个人"进行阐发："我们开始要谈的前提不是任意提出的，不是教条，而是一些只有在臆想中才能撇开的现实前

---

① 习近平：《之江新语》，浙江人民出版社，2007，第150页。
② 项久雨：《以人为本：思想政治教育主客体关系的马克思主义人学之维》，《教学与研究》2016年第2期。
③ 朱立元：《试论马克思现代存在论思想的提出及其理论意义（下）——重读〈巴黎手稿〉札记之五》，《复旦学报》（社会科学版）2021年第1期。

提。这是一些现实的个人,是他们的活动和他们的物质生活条件,包括他们已有的和由他们自己的活动创造出来的物质生活条件。"①同时,也强调"这里所说的个人不是他们自己或别人想象中的那种个人,而是现实中的个人,也就是说,这些个人是从事活动的,进行物质生产的,因而是在一定的物质的、不受他们任意支配的界限、前提和条件下活动着的"②。马克思想要强调的是,"现实前提"不是抽象的、想象中的人,而是现实的人,在这里马克思完全没有强调个人的意思。"现实的人"包含有生命的个人的存在,在一定的物质生活条件下从事活动的人,不是孤立的人而是社会的人,不是机械受动的人而是能动表现自己的人等四个层次。③"现实的人"不等同于"现实的个人",前者的哲学出发点是人类社会,后者仅着眼于个人或者说单个人的简单相加的市民社会。因此,不能将马克思的"现实的人"解读为"现实的个人"。但"现实的个人"是分析"现实的人"的需要,是谈论人的问题时的必要前提。所以,我们要把"现实的个人"作为构成人类整体的基本要素去理解。

立德树人是高校的根本任务,是思想政治教育的中心环节,是为了人、培养人和发展人的一种社会性的实践活动,其出发点、起点必然是对"人"的认识。而"在传统的思想政治教育概念释中,由于片面地强调思想政治教育实践改造物质世界和精神世界的工具价值,而忽视了这一工具价值是在教育主客体的交往实践中生成,从而导致思想政治教育对作为客体的'人'的主体性以及主客体互动的漠视"④。立德树人作为教育的中心环节和根本任务,必须以促进"现实的个人"的全面发展作为根本目标去追求,为推进人的全面整体发展创造条件。坚持社会主义办学方向,突出以人民为中心的教育发展思想。立德树人是办人民满意教育的根本要求,回答了为谁培养人的重大问题,对促进人的自由全面发展具有重要意义,并契合人民群众对教育的综合利益诉求。具体表现在五个方面:一是只有有利于满足人的学习需求的教育才是人民满意的教育,即"成学之教";二是只有

---

① 《马克思恩格斯文集》(第1卷),人民出版社,2009,第516~519页。
② 《马克思恩格斯文集》(第1卷),人民出版社,2009,第524页。
③ 潘玉腾:《论思想政治教育的马克思人学基础》,博士学位论文,福建师范大学,2008,第39~44页。
④ 张耀灿等:《现代思想政治教育学》,人民出版社,2006,第51页。

有利于满足人的成人需求的教育才是人民满意的教育，即"成人之教"；三是只有有利于满足人的就业谋生需求的教育才是人民满意的教育，即"成业之教"；四是只有有利于满足人的终身发展需求的教育才是人民满意的教育，即"成己之教"；五是只有有利于满足人的终身幸福生活需求的教育才是人民满意的教育，即"幸福之教"。①

二 实现人的发展途径之"全面性"

马克思主义哲学不是远离社会生活和脱离社会实践的书斋理论。人的发展的全面性不是想象的全面性，而是现实关系的全面性，实践性同样也是马克思人学理论的显著特征。马克思对人的本质的把握是从人的实践角度展开的，认为实践是人之存在的基本方式。"个人怎样表现自己的生活，他们自己就是怎样。因此，他们是什么样的，这同他们的生产是一致的——既和他们生产什么一致，又和他们怎样生产一致。"② 它不仅生成了人的本质力量的对象化世界，而且在主体之间建构了社会联系。"因为人的本质是人的真正的社会联系，所以人在积极实现自己本质的过程中创造、生产人的社会联系、社会本质。"③ 可见，人的实践是主体之间以客体为中介进行的交往实践活动。因此，人的全面发展不只是物质方面的发展，更是精神层面的发展，实现全面发展的途径是全面、系统、完整的。

"人才培养一定是育人和育才相统一的过程，而育人是本。人无德不立，育人的根本在于立德。这是人才培养的辩证法。"④ 在立德树人具体实践中，我们应当掌握好这一辩证法，全面地去培养教育学生，不可偏废任何一个方面，其最终目的是培养完整的"人"、"社会生活意义上的人"。这包含两个层面的意思：一个层面的意思是，"立德"是"树人"的前提，强调的是人之为人的根本，"树人"是"立德"的目标，强调的是人才培养目标的全面性，这揭示了道德发展与人的全面发展的辩证关系。在坚持德育为先的同时，促进德育、智育、体育、美育、劳动教育的有机融合。这具体有三个方面的内涵：第一，人的体力智力、才能志趣和道德品质的多方

---

① 教育部课题组：《深入学习习近平关于教育的重要论述》，人民出版社，2019，第54、55页。
② 《马克思恩格斯选集》（第1卷），人民出版社，1995，第67~68页。
③ 马克思：《1844年经济学哲学手稿》，人民出版社，2000，第170页。
④ 习近平：《在北京大学师生座谈会上的讲话》，人民出版社，2018，第7页。

面发展，即不存在某一方面的严重缺陷，不能成为"半个人"，应成为一个全面健康发展的独立的人；第二，人的各方面的充分发展，在各个方面都能够独立再创造，能学有所成，充分发展是量的丰富，全面发展就是质的归宿；第三，人的自由发展，意味着能够自主地利用发展的各种成长条件，发挥自己的才能才华，自主地选择和进行各种有利于成长的社会活动。另一个层面的意思是立德树人不单单依靠思想政治教育，还要依靠整个教学教育系统才能完成，其内容也不单是德育，而是德育与智育、体育、美育、劳动教育有机融合，这凸显了人才培养的全面性。实现途径是高度关注和深切关怀立德树人的主体——人的发展问题，统筹协调育人的各个方面，把思想政治工作贯穿教育教学全过程，实现全员育人、全程育人、全方位育人。因此，人是立德树人的对象，是整个立德树人系统的关键要素，也是构建立德树人系统化实践机制的逻辑起点。

人的全面发展不仅是立足当下，而且是面向未来社会人的存在状态的描述。当今世界，科技进步日新月异，互联网、云计算、大数据、人工智能等现代科学技术深刻改变着人类的思维、生产、生活、学习方式，传导到教育领域，是人才培养方式的改变和改革。未来，新的技术革命将带动劳动力市场深刻改变。因此，高校从人才培养方式的转变，再到立德树人系统化实践升级，不仅仅要着眼当前的社会需要，而且要紧盯科技前沿，持续促进人的全面发展。

第四节　新时代高校立德树人系统化实践之必然

人的自由全面发展是马克思人学理论的核心，是衡量社会发展的最高价值标准，也是当今教育目标所达成的共识。马克思人学理论，从人的发展之"全面性"，实现人的发展途径之"全面性"两个方面，对高校立德树人中"人"的本质解读提供视角，这也意味着为了更好地实现"人的自由全面发展"，就必须做到"系统性地培养人"，这也印证了新时代高校立德树人系统化实践之必然，因此，构建立德树人系统化实践机制，是基于人的存在和自我价值生成之要求，是从师生共生共存关系出发，构建师生成长共同体的有效途径。

一　呼应人的存在和自我价值生成的诉求

马克思人学理论对人的问题的关注是基于现实的、活生生的人，为立德树人中认识人、理解人，提供了理论解读视角。"人的自由而全面发展"观点有助于整体的、全面的、系统的育人观的确立，为下一步构建立德树人系统化实践机制奠定人学理论基础。系统化实践机制的构建也正是基于人的存在和自我价值生成之要求。

首先，这种系统化实践机制的构建充分体现了人的总体存在。人的成长总是以现实的社会关系为起点，在人的生产和生活中存在着诸多的人的实践活动——经济的、政治的、文化的以及意识（精神）的，同时，它也包含着各种因素和人的各种需求。考察各种社会关系对人的影响，是为了把握人的思想形成的物质原因。立德树人系统化实践机制的构建正是践行以人为本的理念，以"育人"为核心，对社会关系中的"人"进行必要的"塑造"和"改造"的过程。它通过"教育"和"培育"促使人的素质提升，以符合社会生产方式变革的要求，与社会进步的发展方向一致。这是一项既能够适应社会发展需要，又能满足自身的发展需要的实践活动，其生命存在的本质和实践的样式在逻辑上与人的本质是相符合的。

其次，立德树人系统化实践机制的构建是人的自我生成的过程需要。马克思人学理论揭示了人的"自主性"，启发我们在推进立德树人实践中，要注重发挥学生的自主性、能动性和创造性。在立德树人系统化实践机制的构建中，注重的是人的主体地位，体现的是人的自我生成和生命价值实现过程。动物的生命价值是生存，即一种纯粹的、被动的自然存在；人的生命价值在于创造，创造一个有益于自身及他人生存与发展的世界。因此，人的自我生成之域是"从人的自觉的有意识活动展开的世界向人生成和人的自我生成的动态过程"[1]，回归人的自我生成之域是"人类自我意识的根本性改变与人类自我形象的重塑过程"[2]。这种"自我生成"的"自我意识"具体地可以分为两个层面：一个是对自身成长的自我意识，即对自身成长的期待，与朋辈之间的对比，对所处学习成长环境的诉求等；另一个

---

① 陈飞：《回归生活世界：思想政治教育研究的一个视角》，人民出版社，2014，第 56 页。
② 陈飞：《回归生活世界：思想政治教育研究的一个视角》，人民出版社，2014，第 57 页。

是对国家、社会、学校等外界的参与意识，包括对国家政治、社会事务、校园管理的参与意识和主体意识，以及对社会思潮、社会现象的辨析意识，更广泛地讲，是一种区别于"个人意识"的关注公共领域的公民意识。其中"公民的主体意识是公民对国家与自身之间关系的正确认识，即公民对自己在国家中的主体地位和主体性作用的认同和感知，包括独立意识、主动意识以及创造意识"①。高校立德树人系统化实践机制的构建，其中心问题就是确证和发挥学生的主体性问题，具体说就是如何激发学生的主动性、积极性和创造性问题。可见，在当今社会，发挥学生作为实践主体、认识主体、价值主体的作用，比以往任何时候都更为紧迫与必要。

最后，立德树人系统化实践机制的构建是受教育者从内化到外化的必然要求。系统化实践机制的构建过程，对受教育者思想道德行为养成来说，是其思想认识、理想信念和品德意志形成和发展的过程，也就是受教育者践行新的思想品德信念的过程。"思想政治教育价值的实现，亦即思想政治教育所蕴含的思想、认识、政治、道德等内容，只有为受教育者所接受，并内化为他们各自的某种深刻而稳定的心理结构，外化为一种现实的心理的能量以及个体意识和行为习惯，才能增强他们的主体意识和主体力量。"②因而，思想政治教育是"在各构成要素的参与下，接受主体对思想政治教育传导者所传导的接受客体进行选择、加工、内化、外化的连续反应，从而形成社会、阶级或社会集团所期望的思想品德的过程"③。而知识学习和能力培养的过程本身就是把所习得的知识跟已有知识关联起来，原有知识吸收与内化，能力形成与外化，知识体系重新建构的过程。因此，系统化实践机制构建的最终目的是通过教育者对受教育者施加教育影响，使受教育者确立、形成相应的思想、认知、态度和目标，并产生相应的行为习惯。

二　顺应教育主客体间关系变化的必然要求

教育者与受教育者作为立德树人实践的主体，是构建立德树人系统化实践机制的最基本要素，机制的运行更是离不开教育者与受教育者这对基

---

① 傅慧芳：《公民意识的要素结构探新》，《福建师范大学学报》（哲学社会科学版）2012年第2期。
② 陈万柏、张耀灿主编《思想政治教育学原理》（第三版），高等教育出版社，2015，第187页。
③ 陈卓、刘和忠、王冬云：《思想政治教育接受过程规律研究》，《东岳论丛》2010年第7期。

本关系的变化。

首先，教育者与受教育者的关系是立德树人系统化实践机制中的首要性关系。从思想政治教育学科视角而言，把握和运用好教育者和受教育的辩证关系是遵循思想政治工作规律、教书育人规律、大学生成长规律的前提。教育者的主导作用与受教育者的主体作用相统一是构建立德树人系统化实践机制的基础，并规定和影响着其他关系的存在和发展。作为机制要素中人的要素的两个方面，教育者和受教育者之间存在着相互依存、相互作用的密切关系。系统化实践机制的构建使这种关系保持着稳定、融通、协同、统一的状态。

其次，立德树人中的教育者与受教育者是主体间性的关系。立德树人本身是一种具体教育的实践形式，是教育者和受教育者相互影响、相互作用的双向活动过程。这里面包含着对象性活动的核心要素，即主体与客体。要构建立德树人系统化实践机制，首先要回答和解决以教育者和教育对象为主体的双边互动的关系问题。传统上，一般把教育的主体界定为"教育者"或"施教者"，相应的"教育对象"或"受教者"即为客体。但如果抽掉思想政治教育内容这一特定要素，那么"施教者"和"受教者"的对象化关系就是互动的、多样的。"施教者"本身也是受教者，二者都有可能作为一定意义上的"主体"或"客体"。[1] 因此，对两者关系的界定要基于"主体间性"关系，既要超越传统主客对立的对象化关系，又要有别于哲学上对"同一性"的理解。"师生之间的关系依然是主体间的关系，但由于对主体性的理解不同，他者性的师生关系不同于主体间同一性的关系，又表现为'我与他者'非对称的伦理关系。"[2] "他者的出现是对主体间同一性的解构，意味着更多的外在性、相异性和非对称性。在他者与我的关系中，非对称性起着支配作用。非对称性意味着我对他者的道义和责任，并不意味着我要从他者那里期待回报。"[3] 这就是说，主体间性强调师生之间人格平等，在法律、学校制度框架与道德规范面前地位平等，并在平等地位的

---

① 参见刘占虎《思想政治教育教学相长的边界自觉与协同思维——超越"主客体"与"双主体"之争》，《湖北社会科学》2016 年第 9 期。

② 冯建军：《从主体间性、他者性到公共性——兼论教育中的主体间关系》，《南京社会科学》2016 年第 9 期。

③ 孙向晨：《面对他者——莱维纳斯哲学思想研究》，上海三联书店，2008，第 154 页。

基础上，通过平等对话与交流及交往等教育方式来实现双方的有效沟通、教学相长。因此，立德树人系统化机制的构建内含师生双方主体本源意志的体现、主体间性关系的确立。

最后，构建立德树人系统化实践机制是师生主客体间交往的真谛所在。立德树人系统化实践机制的构建，需要我们充分运用教育者的主导作用与受教育者的主体作用辩证统一的规律，体现"主体—客体—主体"实践辩证思维，明确两种主体的关系不仅是交往实践关系，而且还是共生共存的交往关系。既不能用"纯粹哲学"的"二元对立"的认识论，来理解和把握立德树人的主体，也不能单纯停留在无限度地发挥教师的"主导"作用，无原则地发挥学生的"个性"层面，而是要改变教育只是教师个人行为的传统观念，树立师生主体间联合的新观念，即"教育共同体"意识。但不能因为师生的主体间性关系，抹杀了原先对教师地位与责任的界定。教师的主导地位还是没有变，教师的地位最终还是从学生那里赢得，教师的价值获得在于满足学生的需要，为学生的成长成才服务，体现对学生的关怀与责任。在这个意义上，这种立德树人主客体关系的目的性阐释，可以促进主客体双方达到教学相长、形成话语共识的目标，深化对教育者的教育和受教育者的自我教育两种作用的规律性认识。

三 协调立德树人实践多重矛盾关系的有效途径

现实生活是一个由多重矛盾关系所构成的否定性统一体。矛盾是事物发展的动力，内因（事物内部的矛盾）和外因（事物之间的矛盾）作为同时存在的内部和外部的联系，都对事物发展产生作用。人的实践活动，从根本上说就是不断认识矛盾、处理矛盾的反复循环过程，本身也是一个协调各方关系、不断解决矛盾的过程。构建立德树人系统化实践机制是在一致的育人价值共识基础上，理顺系统化机制内各要素之间的关系，促进要素之间平衡运作，使各个要素各得其所，发挥教育合力和综合优势的一项实践活动。

一方面，构建立德树人系统化实践机制是处理教育与人身心发展之间的矛盾或关系的过程。事物内部的矛盾与事物之间的矛盾是相对的。对于立德树人系统化实践机制的构建，相对于社会外部环境而言，高校内部各要素之间的相互关系和相互作用就是内因；就教育过程而言，受教者的主体作用是内因，教育者的施教行为和作用是外因。应对立德树人过程中的具体矛盾从其运行视角加以立体动态的考察,"纷繁复杂的诸多矛盾可以总体划分成教育者为中心的矛盾、受教育者为中心的矛盾、教育者与受教育者互动的矛盾、教育整体运行协同共向的矛盾"[①]。这要求协调教育者与受教育者之间的关系,协调德智体美劳诸育之间的关系,以及协调教育的连续性与阶段性关系等。构建立德树人系统化实践机制正是基于这些矛盾与问题的处理,要求教育决策者、研究者和实践者等承担多种教育责任的主体,根据人的思想品德、知识体系的形成具有长期性和反复性的特点,自觉将"教书与育人系统化""育德与育才系统化""大学生成长与成才系统化",深化"三全育人"模式,以"全时空"的方式,实现教育与自我教育相统一、育德与育心相统一、思政课程与课程思政相统一、课内与课外相统一、线上线下相统一、解决思想问题与解决实际问题相统一。

另一方面,构建立德树人系统化实践机制是处理立德树人系统与"社会环境因素"关系和矛盾的过程。高校立德树人必须根植于赖以生存与发展的社会环境中,只有在与环境的相互联系、相互作用的过程中,才能表现出立德树人的社会属性与公共特征。相对于社会外部环境系统,"立德树人系统"本身是一个客观存在的社会子系统,与外部环境之间进行物质的、能量的和信息的交换。可以说,构建立德树人系统化实践机制离不开环境的影响。在机制构建过程中,通过解决问题和增强能力,使教育对象有能力应对社会环境的压力和挑战;通过协调社会资源和改善环境,向教育对象提供更多支持,提振正面积极因素的作用、消除负面消极影响。在此过程中,具体表现为"政府与学校、社会组织、市场间,以及学校领导、教师与家长间不同教育利益主体教育责任、权力与利益的合理配置与博弈,从重建教育秩序进而力图突破规制、以法治赋权、推进协商共治,从而寻求不同教育利益主体间适度张力与激发其活力"[②]。

构建立德树人系统化实践机制要求把立德树人系统看作一个由多元主体所构成的一个开放的整体系统,育人的主体不再是单一的,而是有多个。构成整体系统的各个子系统之间既相对独立又相互配合,各自发挥着自身的功

① 吴林龙、王立仁:《思想政治教育过程具体矛盾体系新解》,《思想政治教育研究》2011 年第 4 期。

② 范国睿、孙闻泽:《改革开放 40 年教育体制机制改革的历史与逻辑分析》,《教育研究》2018 年第 7 期。

能。只有这些功能得到发挥，才能实现育人整体系统的良性发展。育人的内外系统之间，子系统及其亚系统之间，通过介体进行不同的交换和转化，最终形成相互联系、相互依赖的教育有机体。

四　符合立德树人系统各要素之间相互作用的客观要求

马克思人学理论的精髓是提出了人的自由全面发展，教育是实现这一目的的重要途径之一。马克思恩格斯批判了资本主义生产方式下人的畸形的、片面的发展，以劳动异化为逻辑起点，层层分析，进而提出实现人的全面发展的理想。马克思关于人的全面发展的论述不是仅限于政治经济学范畴，而且涉及以综合技术教育为主要内容的教育哲学，以人的发展和自我实现为目的，把全面发展的人称作"全新的人"，一种"能够通晓整个生产系统的人"[1]。马克思在《资本论》中指出："未来教育对所有已满一定年龄的儿童来说，就是生产劳动同智育和体育相结合，它不仅是提高社会生产的一种方法，而且是造就全面发展的人的唯一方法。"[2] 这种教育哲学强调教育面向大众，与生产劳动相结合。目的是促进社会进步，促进人与社会和谐发展、共同进步。

教育实践活动的根本目的是立德树人。立什么德，树什么人，都要从社会存在和社会发展中去认识，或者从"人与社会的关系"的角度去解释。把社会发展需要和个体发展作为教育的动力源，是符合马克思历史唯物主义的。一方面，"立德树人属于意识形态范畴，受经济基础和社会存在的决定和制约，也受上层建筑中政治、法律等意识形态的影响和制约"[3]。立德树人必须与该社会的经济基础和上层建筑相一致。教育者和受教育者都是具体的生活在特定社会历史条件下的人，他们的思想观念、行为方式也受制于那个时代社会发展状况，社会发展中的物质文化、精神文化等为教育奠定了物质基础。另一方面，立德树人过程中要素相互作用形成的劳动者素质对劳动者的生产、劳动具有维持与调节作用，只有知识、技能、智力、思想品德协调发展的劳动者才能更有利于生产力提高与社会发展。教育的目的

---

① 《马克思恩格斯选集》（第 1 卷），人民出版社，1995，第 243 页。
② 《马克思恩格斯文集》（第 5 卷），人民出版社，2009，第 556~557 页。
③ 吴康宁：《探索立德树人的教育规律》，《光明日报》2015 年 7 月 24 日，第 7 版。

是要培养人作为一个社会人具备的全部特征和属性。高度发展的社会要"使自己的成员能够全面发挥他们的得到全面发展的才能"①。构建立德树人系统化实践机制是对人的发展问题的高度关注和深切关怀，充分体现人与社会和谐发展、共同进步的关系，蕴含对马克思主义教育哲学的一种新理解。

综上所述，高校立德树人是在"人"的基础之上，作为实现人的本质属性——社会性的一项实践活动，立德树人系统化实践是主体在其对象性活动、符号活动、交往活动中所要求的。高校立德树人系统化实践机制构建在马克思人学理论视域下体现出教育的主客体关系特性与新发展。构建立德树人系统化实践机制旨在把人作为整个立德树人系统的中心，全面地尊重人、关心人，以及系统化地培养人和发展人，充分体现马克思人学理论的精神实质，也体现对马克思人学理论的实际运用。

本章小结

"人"既是立德树人研究的逻辑起点，也是立德树人实践的价值旨归。研究新时代高校立德树人系统化实践，首要的一步就是要准确、科学地把握"人"的理论蕴涵。马克思人学理论是专门研究人的存在、本质及发展规律的理论，为高校立德树人中"人"的蕴涵提供解读视角。以马克思人学理论的主要观点来解读立德树人中"人"的本质，应包含两个方面：人的发展之"全面性"，以及实现人的发展途径之"全面性"。马克思关于"现实的人"的观点是立德树人研究的逻辑起点，"人的主体性"观点有助于人的主体性地位的确立，"人的需要"构成立德树人实践活动的原动力，"人的全面发展"观点有助于整体的全面的系统的育人观的确立。而对高校立德树人中"人"的蕴涵进行马克思主义人学视角的解读，正好印证了"高校立德树人系统化实践"的提出有其理论上的必然性，也为下一步构建立德树人系统化实践机制奠定人学理论基础，这是人的存在和自我价值生成之要求，体现教育主客体间关系变化的趋势，是协调立德树人多重矛盾关系的有效方法，体现人与社会和谐发展、共同进步的关系，蕴含着对教育精髓的一种新理解，与人的本质和人的全面发展实现路径相符。

---

① 《马克思恩格斯选集》（第1卷），人民出版社，1995，第243页。

第二章 中国共产党百年来立德树人的历史实践和基本经验

中国共产党一诞生，就把关注的目光投向青年，把革命的希望寄于青年。李大钊说过："青年者，国家之魂。"百年来，我们的党始终重视青年、信任青年、关心青年，把培养、团结、依靠青年作为党的工作重点，引领青年选择和坚持成长的正确方向，帮其认清、担当和践履自己的历史使命，使青年走正确的成长道路，充分发挥青年在党和人民事业发展中的生力军作用。1937 年，毛泽东为陕北公学成立题词时强调："要造就一大批人，这些人是革命的先锋队。"① 这也为我们办好社会主义大学指明了办学方向和人才培养目标。回顾中国共产党创办高等教育的实践历程，"立德树人"理念，作为中国共产党教育思想的核心要义，贯穿和蕴含于中国共产党百年历史进程中，中国共产党人在对马克思人学理论不断承续的基础上，根据中国国情创新与发展了一套内容丰富的，既一脉相承，又与时俱进的立德树人教育思想，实现了对马克思人学理论的丰富和发展。

第一节 中国共产党百年来立德树人的探索历程

一 在新民主主义革命时期培养适应革命需要的先进青年

新民主主义革命时期，是中国共产党领导的以帝国主义、封建主义、官僚资本主义为斗争对象，以彻底的反帝反封建为历史任务，以带领中国人民实现"站起来"为目标指引的历史时期。在整个新民主主义革命时期，我们党教育事业强调的是"为工农服务"。"它是从工农劳苦大众的立场出

---

① 《毛泽东年谱（一八九三——一九四九）》（中），中央文献出版社，2013，第 34 页。

发来考虑教育问题的，既要努力争取对现实教育作有利于人民的改革，又要教育人民懂得要真正实现这些，必须靠革命夺取政权，而不能单纯希图改革教育，走教育救国的老路。"① 在大革命时期，我们的党为了适应迅速发展的革命形势，进一步传播马克思主义、培养党团干部、开展工农运动、实现第一次国共合作、进行北伐战争，建立了许多培养革命骨干、农运干部的学校，为后来进行革命需要的无产阶级教育积累了初步的经验。在土地革命时期，我们党广泛开展革命教育活动，提出了苏维埃文化教育建设的总方针，使革命根据地的教育呈现全新的面貌。抗日战争全面爆发后，根据国内阶级矛盾的变化和战争的需要，党的教育方针政策有所调整，主要用于为抗战服务。解放战争时期，为了彻底打败蒋介石反动政府、解放全中国，这个时期的教育主要是为解放战争、土地革命和生产建设服务。因此，整个新民主主义革命时期，党为了配合革命的中心任务，对立德树人事业进行积极探索和实践，突出地体现出革命性的特点。

首先，教育目的是造就一支革命的先锋队。建党初期，党成立补习学校、工人学校，为的是广泛传播马克思主义、播撒革命的火种，教育一批批工农群众逐步摆脱了旧的传统观念，接受进步思想和革命思想，投身革命，成为骨干。抗日战争时期，则是为了满足前来延安求学的进步知识青年的需求和抗日战争的需要。我党充分利用这一时期的环境，积极发展和创新高等教育，努力培养现实和未来需要的高级人才。部分党内知识分子在苏联接受高等教育后回到延安，提出我们党应当在陕甘宁边区创办高等院校，自办教育事业，号召和吸引青年投身抗战。为了满足前来延安求学的进步知识青年的需求，我们党突破办学存在的重重阻碍，借鉴大革命时期在上海开办中国公学的经验与方式，将原先计划命名为"陕北大学"的院校命名为陕北公学。此举既避开了国民党的钳制和为难，又体现出中国共产党独立自主发展抗战教育的决心，弘扬了中国共产党的光荣教育传统，延续了中国公学之精神。② "陕北公学是中国共产党中央直接领导创办的第一所革命的大学。"③ 它的创办掀开了中国共产党抗战教育的全新篇章。

---

① 柳斌杰主编《灿烂中华文明·教育卷》，贵州人民出版社，2006，第 166 页。
② 《陕北公学的由来》，中国人民大学校友网，2022 年 4 月 19 日，https：//alumni.ruc.edu.cn/archives/7644。
③ 成仿吾：《战火中的大学》，人民教育出版社，1982，第 13 页。

1937年10月，毛泽东在陕北公学纪念鲁迅逝世一周年大会上指出："陕北公学主要的任务是培养抗日先锋队的任务。""这种先锋分子是胸怀坦白的，忠诚的，积极的与正直的；他们是不谋私利的，唯一地为着民族与社会的解放；他们不怕困难，在困难面前总是坚定的，勇往直前；他们不是狂妄分子，不是风头主义者，而是脚踏实地富于实际精神的人们。他们在革命的道路上起着向导的作用。""我们现在需要造就一大批为民族解放而斗争到底的先锋队。"①

其次，强调一切文教工作要服从革命战争的需要。1921年7月，中国共产党第一次全国代表大会讨论通过的《中国共产党第一个决议》指出，"学校的基本方针是提高工人的觉悟，使他们认识到成立工会的必要。"② 在土地革命时期，我们党制定了"使文化教育为革命战争与阶级斗争服务""使教育与劳动联系起来"的苏维埃文化教育总方针。对此，在第二次全国苏维埃代表大会的报告中，毛泽东明确指明苏维埃文化教育的总方针"在于以共产主义的精神来教育广大的劳苦民众，在于使文化教育为革命战争与阶级斗争服务，在于使教育与劳动联系起来，在于使广大中国民众都成为享受文明幸福的人"③。在此基础上，中国共产党始终"坚定正确的政治方向"④ 的教育理念，在具体的革命教育实践中，以实现人民解放和民族独立为根本使命。抗日战争时期，以毛泽东同志为主要代表的中国共产党人，根据革命斗争的需要，创办了包括抗日军政大学、陕北公学、延安自然科学院、鲁迅艺术学院、中共中央党校、延安大学、西北人民革命大学等在内的高等院校，以培养适应革命需要的人才。解放战争时期，教育主要是为解放战争、土地革命和生产建设服务。如1946年8月，山东解放区教育会议指出，"今后全省教育的总任务是提高现有干部的文化水平和广大群众的政治文化水平，团结新的知识分子，使其参加解放区各项建设工作"；1949年8月，中共中央东北局、东北行政委员会对整顿高等教育作出了决定，指出"现在情况变化了，今后的中心任务已由战争、土地改革转为以

---

① 《毛泽东文集》（第2卷），人民出版社，1993，第42页。
② 《〈中国共产党的第一个决议〉内容》，中共上海市委党史研究室网站，2016年5月30日，http://www.ccphistory.org.cn/node2/shds/n1171/u1ai19195.html。
③ 毛泽东：《苏维埃区域的文化教育》，中央文献出版社，2002，第9页。
④ 《毛泽东文集》（第2卷），人民出版社，1993，第188页。

全力进行经济建设与文化建设", "需要大批具有革命思想与现代专门科学技术知识的专门人才"。①

　　再次，强调革命理论和革命道德教育。新民主主义革命时期，党的教育方针主要是坚持无产阶级教育的反帝反封建方向，突出革命理论和革命道德的内涵，体现革命实践的现实需要。在苏维埃文化教育总方针的指导下，这一时期高校致力于"立德树人"教育的内容主要由"理论教育、政治教育、道德教育和文化教育构成"。② 一是在理论教育和政治教育方面，强调马克思主义阶级革命教育的思想。列宁在全俄教育工作第一次代表大会上的演说中指出："我们的学校事业同样是为推翻资产阶级而斗争。我们公开声明，学校可以脱离生活，可以脱离政治，这是撒谎骗人。"③ 由此表明，无产阶级教育是阶级斗争的重要工具之一。在这个时期，中国共产党坚持马列主义教育思想，在高校教育中始终强调要"用无产主义的文化教育，做斗争的工具，同时用斗争，做文化教育的工具，斗争和教育，绝对不可分离"④。二是在道德教育方面，强调无产阶级的道德。恩格斯在《反杜林论》中指出，无产阶级的道德与封建主义的道德和资产阶级的道德相比，是"代表着现状的变革、代表着未来的那种道德"⑤，表明无产阶级的道德具有鲜明的革命性。毋庸置疑，思想是行动的指引。因此，中国共产党在教育实践中尤为注重加强革命道德教育。三是在文化教育方面，强调文化教育与生产劳动相结合。对于陕北公学应该教什么、学生应该学什么、怎么学的问题，毛泽东明确提出："我们不在乎像其他学校那样照着书本一章一章地来上课，而在乎学习一种作风，一种方向。"⑥ 这表明了当时的教育目的是要造就一支革命先锋队，也就是要培养中国共产党领导抗战所需要的人才，而且培育人才必须与中国革命的实践相结合，这突出了实践的重要性。强调这些人是"脚踏实地富于实际精神的人们"，突出"脚踏实

---

① 转引自柳斌杰主编《灿烂中华文明·教育卷》，贵州人民出版社，2006，第184页。
② 尤玉军：《论中国共产党人关于立德树人思想的历史演进》，《新疆大学学报》（哲学·人文社会科学版）2015年第1期。
③ 《列宁全集》（第28卷），人民出版社，1956，第69页。
④ 江西省教育学会：《苏区教育资料选编（1929—1934）》，江西人民出版社，1981，第95~96页。
⑤ 《马克思恩格斯选集》（第3卷），人民出版社，1995，第434页。
⑥ 《毛泽东文集》（第2卷），人民出版社，1993，第108页。

地"和"富于实际"的培养要求。这样的教育要求，在一定程度上保证了学生理论认知和实践能力的统一，有利于培养学生的知识技能和劳动美德。

二 社会主义革命和建设时期培养有社会主义觉悟的有文化的劳动者

中华人民共和国的成立揭开了中国教育发展新篇章，使教育在全国范围内进入了社会主义革命和建设的重要时期。随着"一化三改"的完成（实现国家的社会主义工业化，实现国家对农业、手工业和资本主义工商业的社会主义改造），以生产资料公有制、按劳分配和计划经济体制为特征的社会主义经济制度建立起来，我国成功地实现了由新民主主义社会向社会主义社会的伟大过渡，国家进入了全面建设社会主义新时期。为了巩固胜利的果实，为了国家的稳定和兴盛，此时的新中国急需一大批为新中国的事业而奋斗的人才。因此，培养造就一批德才兼备的社会主义事业接班人就成为这一时期关系社会主义事业发展的教育目标。

首先，明确建设时期人才培养的要求。1949 年 12 月，新中国第一次全国教育工作会议提出"教育必须为国家建设服务，学校必须为工农开门"。"为国家建设服务""为工农开门"明确了社会主义革命和建设时期教育的目的、人才培养的方向。毛泽东在《关于正确处理人民内部矛盾的问题》一文中，在充分分析新的历史条件中人民内部矛盾的前提下，更加明确地提出："我们的教育方针，应该使受教育者在德育、智育、体育几方面都得到发展，成为有社会主义觉悟的有文化的劳动者。"[1] 表明在全面建设社会主义这一历史任务下，党对人才的培养的标准涉及德、智、体几个方面，丰富和明确了人才培养的标准和人的全面发展的实践指向。

其次，坚持正确的政治方向。早在抗日战争时期，毛泽东在为抗日军政大学制定教育方针时，就把"坚定正确的政治方向"作为方针的第一条。新中国成立后，毛泽东仍高度重视政治工作，也一再提醒广大干部要保持清醒的政治头脑。1957 年，他在《关于正确处理人民内部矛盾的问题》中明确指出："没有正确的政治观点，就等于没有灵魂。"[2] 同年，在中国共产

---

[1] 《毛泽东文集》（第 7 卷），人民出版社，1999，第 226 页。
[2] 《毛泽东文集》（第 7 卷），人民出版社，1999，第 226 页。

党第八届中央委员会第三次扩大会议上，毛泽东又再一次强调了这一观点。他说："政治和业务是对立统一的，政治是主要的，是第一位的，一定要反对不问政治的倾向；但是，专搞政治，不懂技术，不懂业务，也不行。我们的同志，无论搞工业的，搞农业的，搞商业的，搞文教的，都要学一点技术和业务……使自己成为内行，又红又专。"① 可见，这些观点都说明我们党从培养人才，到选人用人上都坚持德才兼备的标准，始终把"坚定正确的政治方向"放在首要的位置。高等教育也始终坚持这一明确的教育原则，坚持社会主义办学方向，不断加强思想政治工作，以培养又红又专的社会主义接班人为己任。

最后，主张人的全面发展。新中国成立之后，党的教育事业进入一个新的历史阶段。在立德树人实践方面，中国共产党坚持马克思主义的全面发展学说，主张对学生进行德智体多方面的培育，使之成为具有社会主义觉悟、掌握文化科学技术的劳动者。1958 年 8 月，毛泽东在《教育与劳动结合的原则是不可移易的》一文中突出强调："我们所主张的全面发展，是要使学生得到比较完全的和比较广博的知识，发展健全的身体，发展共产主义的道德。"② 这也说明相较革命时期突出人才培养的革命性理念而言，全面建设社会主义时期的高等教育开始在党新的政策方针的指引下，更加重视人的德、智、体诸育相结合，更加关注人的全面发展。特别强调了生产实践对人的全面发展的作用。

三　在改革开放和社会主义现代化建设新时期提出"四有新人"培养目标

党的十一届三中全会以后，果断地停止使用"以阶级斗争为纲"的口号，作出了把全党全国工作重点转移到社会主义现代化建设上来的战略决策，从此中国社会发展进入了一个改革开放和社会主义现代化建设新时期。由此，人才培养的目标也发生了相应的变化。高等教育的目标也更加明确，即要培养造就一大批社会主义合格建设者和可靠接班人。

改革开放后，面对人口多、底子薄的客观事实，邓小平阐明社会主义

---

① 《毛泽东文集》（第 7 卷），人民出版社，1999，第 309 页。
② 《毛泽东文集》（第 7 卷），人民出版社，1999，第 399 页。

建设的根本任务在于发展生产力。他不仅提出"尊重知识，尊重人才"的思想，而且阐明科学技术是第一生产力，而科技人才的培养，基础在教育，只有发展教育才能在化不利为有利中，把人口负担转变为巨大的人才资源优势。他重申毛泽东的教育方针，要求"把毛泽东同志提出的培养德智体全面发展、有社会主义觉悟的有文化的劳动者的方针贯彻到底，贯彻到整个社会的各个方面"①，并以此作为培养人才的质量标准。因此，立德树人的内涵有了新的发展。一是在教育目标上，提出了"三个面向"和"四有新人"。邓小平既坚持了毛泽东提出的人才培养要求，阐明"应使受教育者在德育、智育、体育几方面都得到发展，成为有社会主义觉悟的有文化的劳动者"②，又在此基础上，根据改革开放的现实需要，提出要把教育摆在优先发展的战略地位，"教育要面向现代化，面向世界，面向未来"③的战略方针，以及要培养"有理想、有道德、有文化、有纪律的社会主义公民"④的新目标。二是在教育内容上，提出要加强培养革命的理想和共产主义的品德。"文化大革命"时期，"四人帮"不仅对教育事业造成了严重的破坏，而且"严重地损害了学校的思想政治教育，败坏了学校纪律，腐蚀了社会主义社会的革命风气"⑤。由此，邓小平提出在思想政治教育中，"要大力加强革命秩序和革命纪律，造就具有社会主义觉悟的一代新人，促进整个社会风气的革命化"⑥，同时，此阶段还应重视共产主义的品德培养。1981年，全国总工会、共青团中央、全国妇联、中国文联、全国爱国卫生运动委员会、全国学联、全国伦理学会、中国语言学会、中华全国美学学会等九个单位，联合倡议在全国人民特别是在青少年中开展以"讲文明、讲礼貌、讲卫生、讲秩序、讲道德"和"心灵美、语言美、行为美、环境美"为主要内容的"五讲""四美"文明礼貌活动。三是在教育原则上，强调了教育必须为无产阶级政治服务。培养又红又专的"四有新人"，既要坚持正确的政治方向，又要突出学习科学文化的重要性。总而言之，邓小平

① 《邓小平文选》（第2卷），人民出版社，1994，第106~107页。
② 《邓小平文选》（第2卷），人民出版社，1994，第103页。
③ 《邓小平文选》（第3卷），人民出版社，1993，第35页。
④ 《十二大以来重要文献选编》（下），人民出版社，1988，第1176页。
⑤ 《邓小平文选》（第2卷），人民出版社，1994，第105页。
⑥ 《邓小平文选》（第2卷），人民出版社，1994，第105页。

不仅一以贯之地秉承了党对人才培养的要求，也明确表明教育要坚持正确的政治方向。但是，在20世纪80年代，高校青年工作一度出现了不稳定的情况。原因是复杂的、多种多样的，包括资产阶级自由化思潮、"全盘西化"的错误思潮对青年的不良影响，以及国内外敌对势力的煽风点火。① 面对这样的情况，邓小平直截了当地指出："我们最大的失误在教育，对年轻娃娃、青年学生教育不够。……许多思想工作没有做，好多话没有讲清楚。"② 因此，在这一时期，立德树人根本任务对于高校显得尤其重要，特别是要把"坚定正确的政治方向"作为教育方针的第一条，把思想政治教育作为根本，既保护年轻人的爱国热情，又能实施正确引导，确保青年学生沿着正确的政治方向健康地成长。

十一届三中全会后，随着生产关系的不断调整，生产力得到进一步解放和发展，经过十二大、十三大的部署和安排，改革开放和现代化建设步伐加快。党的十三届四中全会以后，以江泽民同志为主要代表的中国共产党人立足中国特色社会主义经济发展的历史使命和特点，高度关注人的素质发展，提出了"科教兴国"的战略，为党的立德树人思想做出了新的理论贡献。第一，拓展了人的全面发展的实践向度和理论深度。这一时期，党中央明确提出跨世纪的人才培养目标在于"努力造就有理想、有道德、有文化、有纪律的，德育、智育、体育、美育等全面发展的社会主义事业建设者和接班人"③。江泽民指出："教育是一个系统工程，要不断提高教育质量和教育水平，不仅要加强对学生的文化知识教育，而且要切实加强对学生的思想政治教育、品德教育、纪律教育、法制教育。"④ 第二，提出"德育为首"的立德树人的理念。面对经济全球化、政治多极化、社会信息化的发展态势，党中央还明确提出了依法治国和以德治国相结合的战略。在这一战略的指引下，根据当时我国学校教育普遍存在的注重应试教育忽视素质教育、注重智育轻视德育的现状，提出我国各级各类教育都要坚持"德育首位"的立德树人的教育理念。在教育内容的设置上，要注重增强学

---

① 参见王凤生《"培养'又红又专'的人才"——对蒋南翔教育实践理念的一些回顾》，《红旗文稿》2013年第19期。
② 《邓小平文选》（第3卷），人民出版社，1993，第327页。
③ 《江泽民文选》（第2卷），人民出版社，2006，第332页。
④ 《江泽民关于教育问题的谈话》，《人民日报》2000年3月1日，第1版。

生抵制资本主义自由化和一切剥削腐朽思想的能力。第三，提倡教育与社会实践相结合。"教育与社会实践相结合"继承和发展了"教育与生产劳动相结合"的方针，更符合时代要求。纠正了一段时期以来存在侧重智育，忽视了德育、体育等失误。1995年颁布的《中华人民共和国教育法》就明确规定了我国的教育目标是："教育必须为社会主义现代化建设服务，必须与生产劳动相结合，培养德、智、体等方面全面发展的社会主义事业的建设者和接班人。"这一目标进一步明确了"教育与社会实践相结合"原则，对我国教育发展产生了重大而深远的影响。

党的十六大以后，以胡锦涛同志为主要代表的中国共产党人对新时期的教育工作所面临的机遇和挑战作出了科学的判断，从赢得青年和赢得未来的高度，提出加强和改进大学生思想政治工作，努力培养中国特色社会主义事业的合格建设者和可靠接班人。提出了"培养什么人、怎样培养人"的重大命题。胡锦涛同志立足国内外形势的机遇与挑战，从发展中国特色社会主义事业的现实要求，提出了"培养什么人、如何培养人，是我国社会主义教育事业发展中必须解决好的根本问题。正确认识和切实解决好这个问题，事关党和国家的长治久安，事关中华民族的前途命运"①。这些理念进一步丰富了毛泽东、邓小平和江泽民关于人才培养标准的论断，表明面对新世纪新阶段国内外经济社会发展对人才的要求，高等教育"要坚持育人为本、德育为先，把立德树人作为教育的根本任务，努力培养德智体美全面发展的社会主义建设者和接班人"②的目标。

在2005年全国加强和改进大学生思想政治教育工作会议上，胡锦涛强调："加强和改进大学生思想政治教育工作是一项系统工程，必须把社会各方面的力量动员起来，把社会各方面的资源整合起来，使它们充分发挥作用、密切配合"；"充分发挥大学生思想政治教育主阵地、主课堂、主渠道的作用，全方位推进大学生思想政治教育，多方面促进大学生全面发展"。③这些论述都深刻揭示了大学生思想政治教育的原则和规律，初步确立了大学生思想政治教育的科学方法论。2007年5月，胡锦涛在致中国青年群英

---

① 《十六大以来重要文献选编》（中），中央文献出版社，2006，第632页。
② 胡锦涛：《坚持把教育摆在优先发展战略地位 努力办好让人民群众满意的教育》，《人民日报》2006年8月30日，第1版。
③ 《十六大以来重要文献选编》（中），中央文献出版社，2006，第645、640页。

会的信中提出，希望广大青年成为"理想远大、信念坚定的新一代，品德高尚、意志顽强的新一代，视野开阔、知识丰富的新一代，开拓进取、艰苦创业的新一代"①，激励青年为"中华民族伟大复兴的光明前景"积极开拓进取。党的十八大首次将立德树人确立为教育的根本任务，胡锦涛在党的十八大报告中强调"把立德树人作为教育的根本任务，培养德智体美全面发展的社会主义建设者和接班人"，强调"努力办好人民满意的教育"，"把立德树人作为教育的根本任务"。②

四　在中国特色社会主义新时代开启中国共产党培育"时代新人"的新篇章

党的十八大以来，习近平总书记从坚持和发展中国特色社会主义、实现中华民族伟大复兴中国梦的全局高度，从国家长治久安、党长期执政的战略高度，就立德树人提出了一系列新理念、新思想、新观点，深刻回答了"培养什么样的人、如何培养人、为谁培养人"，以及"如何认识青年学生、如何教育引领青年学生、如何发挥青年学生作用"等一系列重大问题，形成了思想深邃、内涵丰富、科学完整的立德树人思想理论体系。2016年，在全国高校思想政治工作会议上，习近平总书记明确指出，对于今天的高校来说，培养什么样的人始终是一个根本问题。他强调："我国高等教育肩负着培养德智体美全面发展的社会主义事业建设者和接班人的重大任务，必须坚持正确政治方向。"③ 习近平同志在党的十九大报告中提出"培养担当民族复兴大任的时代新人"的新要求，直接阐明新时代所要培养的是能够肩负使命担当的社会人才，也把"培育什么样的价值观"同"培养什么样的人"更加紧密地结合起来。④ 这也意味着中国特色社会主义进入新时代，社会主要矛盾发生了重要转变，不仅赋予了高校立德树人比以往更丰富的内涵，而且要求高校在人才培养方面要肩负起更高层次的时代使命。

为此，习近平总书记以更高远的历史站位、更宽广的国际视野、更深

---

① 《胡锦涛致中国青年群英会的信》，《人民日报》2007年5月5日。
② 《十八大以来重要文献选编》（上），中央文献出版社，2014，第27页。
③ 《习近平：把思想政治工作贯穿教育教学全过程 开创我国高等教育事业发展新局面》，《人民日报》2016年12月9日，第1版。
④ 《党的十九大报告辅导读本》，人民出版社，2017，第326页。

邃的战略眼光，坚持把立德树人作为教育的根本任务和中心环节引领高校事业发展，不断推进我国高等教育同党和国家事业发展要求相适应、同人民群众期待相契合、同我国综合国力和国际地位相匹配，加快培养堪当民族复兴重任的时代新人。2018年5月2日，习近平总书记在北京大学师生座谈会上，再次强调："人才培养一定是育人和育才相统一的过程，而育人是本。人无德不立，育人的根本在于立德。这是人才培养的辩证法。办学就要尊重这个规律，否则就办不好学。""培养社会主义建设者和接班人，是我们党的教育方针，是我国各级各类学校的共同使命。大学对青年成长成才发挥着重要作用。高校只有抓住培养社会主义建设者和接班人这个根本才能办好，才能办出中国特色世界一流大学。"① 在2018年全国教育大会的讲话中，习近平总书记强调："我国是中国共产党领导的社会主义国家，这就决定了我们的教育必须把培养社会主义建设者和接班人作为根本任务，培养一代又一代拥护中国共产党领导和我国社会主义制度、立志为中国特色社会主义奋斗终身的有用人才。"② 在纪念五四运动100周年大会上，习近平总书记指出："把青年一代培养造就成德智体美劳全面发展的社会主义建设者和接班人，是事关党和国家前途命运的重大战略任务，是全党的共同政治责任。"③ 2022年，在中国人民大学考察时，习总书记再次强调："要坚持党的领导，坚持马克思主义指导地位，坚持为党和人民事业服务，落实立德树人根本任务，传承红色基因，扎根中国大地办大学，走出一条建设中国特色、世界一流大学的新路。"④ 在庆祝中国共产主义青年团成立100周年大会上，他给共青团提出了希望，"坚持为党育人，始终成为引领中国青年思想进步的政治学校……要立足党的事业后继有人这一根本大计，牢牢把握培养社会主义建设者和接班人这个根本任务，引导广大青年在思想洗礼、在实践锻造中不断增强做中国人的志气、骨气、底气，让革命薪

---

① 习近平：《在北京大学师生座谈会上的讲话》，人民出版社，2018，第5页。
② 《习近平：坚持中国特色社会主义教育发展道路 培养德智体美劳全面发展的社会主义建设者和接班人》，《人民日报》2018年9月11日，第1版。
③ 《习近平在纪念五四运动100周年大会上的讲话》，《人民日报》2019年5月1日，第2版。
④ 《习近平在中国人民大学考察时强调 坚持党的领导传承红色基因扎根中国大地 走出一条建设中国特色世界一流大学新路》，《人民日报》2022年4月26日，第1版。

火代代相传!"① 习近平总书记在尊重高等教育发展规律基础上，就丰富、完善和发展立德树人提出了一系列新论断、新主张。

人类历史是人的发展与时代进步相互依存、相互契合的过程。回顾与总结中国共产党创办高等教育的历史，我们深刻认识到"立德树人"思想始终贯穿并发展于中国革命、建设与改革等各个历史时期。我们党对立德树人理念中所强调的"人"的培养要求是随时代变化而变化，从新民主主义革命时期培养适应革命需要的人才，到社会主义革命和建设时期培养造就一批德才兼备的"人民共和国建设者"，到改革开放和社会主义现代化建设新时期倡导培育"四有新人"，再到中国特色社会主义新时代培养"担当民族复兴大任的时代新人"，我们党始终密切关注社会发展需要和时代特征，不断培养适应时代要求的人才。

第二节　中国共产党百年来立德树人思想的继承与创新

"中华优秀传统文化是中华民族的根和魂，是中国特色社会主义植根的文化沃土。中国共产党人是马克思主义的坚定信仰者和实践者，也是中华优秀传统文化的忠实传承者和弘扬者。"② 从中国共产党百年来立德树人实践的历程中，我们可以总结出一条重要经验，即坚持把马克思主义基本原理同中华优秀传统文化相结合，从中华优秀传统文化、革命文化、社会主义先进文化中汲取养分，使其成为立德树人、铸魂育人的丰厚资源，不断增强思想政治理论课以文化人、以文育人的思想性、理论性和科学性。

一　继承和发展马克思人学理论

马克思人学理论是中国共产党百年来立德树人思想的渊源。马克思主义经典作家并没有直接使用过"立德树人"这一表述，但是马克思、恩格斯、列宁关于人的全面而自由发展思想中都蕴含有鲜明的育人指向。在《共产党宣言》中，马克思就明确提出，"代替那存在着阶级和阶级对立的

---

① 习近平：《在庆祝中国共产主义青年团成立100周年大会上的讲话》，《人民日报》2022年5月11日，第2版。
② 《习近平新时代中国特色社会主义思想学习问答》，学习出版社、人民出版社，2021，第11页。

资产阶级旧社会的，将是这样一个联合体，在那里，每个人的自由发展是一切人的自由发展的条件"①。马克思在《政治经济学批判（1857—1858 年手稿）》中也指出："建立在个人全面发展和他们共同的、社会的生产能力成为从属于他们的社会财富这一基础上的自由个性。"② 马克思又进一步指出，只有推翻人剥削人的资本主义社会，才能建立人与人平等的理想社会——共产主义社会，即"以每一个个人的全面而自由的发展为基本原则的社会形式"③。同时，马克思在《资本论》中指出："生产劳动同智育和体育相结合，它不仅是提高社会生产的一种方法，而且是造就全面发展的人的唯一方法。"④ 恩格斯在《共产主义原理》中指出："由整个社会共同经营生产和由此而引起的生产的新发展，也需要完全不同的人，并将创造出这种人来。"⑤ 列宁结合俄国历史背景，在《青年团的任务》中指出："在改造资本主义旧社会的同时，将来要建设共产主义社会的新一代人的训练、培养和教育。"⑥由此可见，马克思主义经典作家不仅指出了人在未来新社会的理想状况，而且用"完全不同的人"来指代未来发展所需要的"人"，并阐述了造就全面发展的人的方法，即将生产劳动与学校教育相结合。马克思人学理论为中国共产党立德树人的实践与演进提供了方法论指导和理论基础。

中国共产党是一个典型的马克思主义使命型政党，一经诞生，就把为中国人民谋幸福、为中华民族谋复兴确立为自己的初心使命，在推动人的自由全面发展进程中，坚持把人的彻底解放与全面发展作为行动的价值导向。百年来，中国共产党从中国革命、建设与改革的具体实际和迫切需要出发，在对"培养什么人、怎样培养人、为谁培养人"这一根本问题的探索中，自觉将马克思主义人的全面发展理论运用到立德树人实践中，始终从"现实的人"出发，坚持以人为本，直接关注人的现实需要，注重人的自由全面发展，培养不同时代所需的人才，走出了一条中国特色人才培养之路。

---

① 《马克思恩格斯文集》（第 2 卷），人民出版社，2009，第 53 页。
② 《马克思恩格斯文集》（第 8 卷），人民出版社，2009，第 52 页。
③ 《马克思恩格斯文集》（第 5 卷），人民出版社，2009，第 683 页。
④ 《马克思恩格斯文集》（第 5 卷），人民出版社，2009，第 557 页。
⑤ 《马克思恩格斯文集》（第 1 卷），人民出版社，2009，第 688 页。
⑥ 《列宁全集》（第 39 卷），人民出版社，2017，第 328~329 页。

二　从"三大文化"汲取立德树人的思想滋养

（一）从优秀传统文化中汲取"君子人格"的思想精华

中华优秀传统文化源远流长，上下五千年，灿烂辉煌。祖先留给了我们宝贵的文化和教育遗产。中国古代关于道德的学说，随着历史的发展而代有新义，构成了以儒家伦理道德思想为主要内容，包含墨家、道家、法家思想的传统道德理论体系，这些学说主要探讨了人与人、人与社会、人与自然的关系。儒家之外的释、道、法、名、墨、阴阳等九流百家，也都有精深广博的思想，而且，在精英文化之外，古代民间文化中也有丰富的道德传承和道德实践。因此，中华民族所重视的道德和道德教育有一个庞大的价值体系，它经过几千年的历史积淀和思想凝练，不断丰富，渐臻完备。学界对中华传统道德的研究，涉及领域广阔、观点纷呈，对传统道德也进行了多种方式的概括总结，当然其主要的精华和归类基本是一致的。如，张岱年先生提出新"九德"说，即公忠、仁爱、诚信、廉耻、礼让、孝慈、勤俭、勇敢、刚直。[1] 罗国杰教授在全面系统梳理中国伦理思想史框架基础上，总结了中国伦理思想的六个基本特点：重视人伦关系，重视精神境界，核心是人本主义精神，最高价值是重"整体精神"、重"公私关系"，强调个体的道德修养，以及推己及人的忠恕之道。[2]

"中国共产党人始终是中国优秀传统文化的忠实继承者和弘扬者。"[3] 我们今天的立德树人，离不开从优秀的传统文化中汲取古人智慧，正如习近平总书记所说："中华优秀传统文化是中华民族的文化根脉，其蕴含的思想观念、人文精神、道德规范，不仅是我们中国人思想和精神的内核，对解决人类问题也有重要价值。要把优秀传统文化的精神标识提炼出来、展示出来，把优秀传统文化中具有当代价值、世界意义的文化精髓提炼出来、

---

① 张岱年：《试论新时代的道德规范建设》，《道德与文明》1992年第3期。
② 转引自张霄《坚守马克思主义理论立场 开创中国特色伦理学事业——罗国杰教授的理论与人生》，《光明日报》2016年3月31日，第16版。
③ 习近平：《在纪念孔子诞辰2565周年国际学术研讨会暨国际儒学联合会第五届会员大会开幕会上的讲话》，人民出版社，2014，第13页。

展示出来。"① 在我国古代教育思想中，从来都是以立德为本，重视"人"的培养，使人"知道"与"成德"。道德教育的目的在于培养理想的君子，即具有完善人格的"成人"。这些最基本的文化基因，是中华民族和中国人民在修齐治平、尊时守位、知常达变、开物成务、建功立业过程中逐渐形成的有别于其他民族的独特标识。② 中华优秀传统文化也是涵养社会主义核心价值观的重要源泉。比如，"天行健，君子以自强不息""天下兴亡，匹夫有责""君子喻于义""君子坦荡荡""君子义以为质""仁者爱人""与人为善""己所不欲，勿施于人""出入相友，守望相助"等是鲜明体现"君子人格"的优秀传统美德。正如习近平总书记所指出的，"像这样的思想和理念，不论过去还是现在，都有其鲜明的民族特色，都有其永不褪色的时代价值。这些思想和理念，既随着时间推移和时代变迁而不断与时俱进，又有其自身的连续性和稳定性"③。今天，我们倡导和实施立德树人，正是从中华优秀传统文化中汲取思想精华和道德精髓，传承中华优秀传统价值观，继承这些"渗透到中国人的骨髓里的优秀文化 DNA"，将其转化为新时代立德树人的有益资源，积极引导青年学生践行社会主义核心价值观，扣好人生"第一粒扣子"。

（二）从革命文化中传承红色办学基因

革命文化是指 1921 年以来，在中国共产党的领导下，以马克思主义为指导，以争取民族独立和人民解放为主题，中国人民同西方列强及国内各种反动势力作斗争过程中所创造的，极具中国革命特色的先进文化，是红色文化的历史根基，蕴含着丰富的革命精神和优良的革命传统。④ 综观革命、建设、改革开放的历史实践，坚持人民性始终是中国共产党创造和丰富革命文化，发展和繁荣中国特色社会主义文化的不变的遵循。革命文化

---

① 《习近平：举旗帜聚民心育新人兴文化展形象 更好完成新形势下宣传思想工作使命任务》，《人民日报》2018 年 8 月 23 日，第 1 版。
② 中共中央宣传部：《习近平新时代中国特色社会主义思想学习问答》，学习出版社、人民出版社，第 316 页。
③ 习近平：《青年要自觉践行社会主义核心价值观——在北京大学师生座谈会上的讲话》，《人民日报》2014 年 5 月 5 日，第 2 版。
④ 田克勤、郑自立：《坚定文化自信的三个基本维度》，《思想理论教育》2016 年第 10 期，第 13~17 页。

的形成发展，始终离不开马克思主义指导，其蕴含的"立党为公、执政为民"，"一切为了人民、一切依靠人民"的核心思想主要来源于马克思主义基本原理与中国具体实践和时代特征相结合，也充分体现了马克思主义的根本立场。百年来，中国共产党从创业到不断再创业，经历了无数艰难困苦，但"为人民谋幸福、为民族谋复兴"的初心和使命始终不变。中国共产党领导人民在改造旧世界、创建新世界的伟大革命实践中创造了革命文化，也赋予革命文化鲜明的人民性，革命文化既是源于人民大众，又必须为人民大众服务。对于革命文化的人民性，毛泽东在《新民主主义论》中提出，"这种新民主主义的文化是大众的，因而即是民主的"，"它应为全民族中百分之九十以上的工农劳苦民众服务，并逐渐成为他们的文化"。因为"革命文化，对于人民大众，是革命的有力武器"，"这种文化运动和实践运动，都是群众的"。同时，也强调，"民众就是革命文化的无限丰富的源泉"①。在延安文艺座谈会上，毛泽东再次强调："为什么人的问题，是一个根本的问题，原则的问题。"②在张思德追悼会上，毛泽东作了著名的演讲，旗帜鲜明地提出了"为人民服务"③的理念。从此，为人民服务，成为一代又一代共产党人的座右铭，激励着一代又一代共产党人为人民事业鞠躬尽瘁、死而后已。为人民服务这一理念也运用于教育领域，早在1934年1月，毛泽东在第二次全国苏维埃代表大会上就指出："苏维埃文化教育的总方针在什么地方呢？在于以共产主义的精神来教育广大的劳苦民众，在于使文化教育为革命战争与阶级斗争服务，在于使教育与劳动联系起来，在于使广大中国民众都成为享受文明幸福的人。"④而将这一教育思想的实践落实始于包括陕北公学在内的高等教育实践。

为谁培养人的问题是立德树人的首要问题。解决好为谁培养人的问题是落实立德树人根本任务的基本要求。为谁培养人的问题也是办好中国特色社会主义大学的首要问题。在革命时期，我们党的教育目的是造就一支革命的先锋队，为的是中国人民解放事业。陕北公学就是在当时国内外形势风云骤变的背景之下创办的，是"为满足全国的全民族抗日战争的需要，

①　《毛泽东选集》（第2卷），人民出版社，1991，第708页。
②　《毛泽东选集》（第3卷），人民出版社，1991，第857页。
③　《毛泽东文集》（第3卷），人民出版社，2009，第1005页。
④　《毛泽东同志论教育工作》，人民教育出版社，1958，第15页。

坚持国防教育培养万千谋求民族解放和社会解放的干部"①。兴办陕北公学的目的不仅是为抗日培养大批干部，也是为未来的中国培养高级专门优质人才奠基红色基因。② 在创办陕北公学过程中形成的办学思想也传承至今。虽然时代变化了，但我们党的立德树人事业依旧围绕为谁培养人这个首要问题和根本问题来展开、来推进，始终坚定人民立场、传承红色基因、弘扬革命传统、赓续红色血脉、从革命文化中汲取培养人的经验，坚守立德树人教育初心，办好人民满意的大学，为党、为国家、为民族培养一批批德智体美劳全面发展的社会主义建设者和接班人。

（三）从社会主义先进文化中汲取办好中国特色社会主义大学的智慧力量

社会主义先进文化是党领导人民在社会主义建设和改革开放时期创造的新文化形态，以马克思主义为指导，传承中华优秀传统文化和革命文化，以社会主义核心价值观为灵魂，弘扬爱国主义精神和改革创新精神，与时代潮流相一致，与人民群众同心声，是中国特色社会主义文化的显著标志和主要内容。③ 党的十九届四中全会站在推进国家治理体系和治理能力现代化的战略高度，明确指出"发展社会主义先进文化、广泛凝聚人民精神力量，是国家治理体系和治理能力现代化的深厚支撑"，强调要"坚持和完善繁荣发展社会主义先进文化的制度，巩固全体人民团结奋斗的共同思想基础"。④ 这为我们加强文化制度建设、建设社会主义文化强国进一步指明了方向，也为我们坚定走中国特色社会主义办学之路提供了遵循。

高校要坚持马克思主义在意识形态领域的指导地位，传承传播社会主义先进文化，充分发挥好先进文化思想的武装、引领、指导作用，善于将社会主义先进文化所蕴含的理想信念、价值理念、道德观念等融入立德树人实践中；着眼培养时代新人和弘扬时代新风，推动理想信念教育常态化、制度化，弘扬民族精神和时代精神，加强党史、国史、改革开放史和社会主义发展史教育，培育社会主义核心价值观，引导广大青年坚定对马克思

---

① 成仿吾：《战火中的大学》，人民教育出版社，1982，第13页。
② 周石、王学军、楚艳红：《陕北公学创立的历史背景和意义》，《武陵学刊》2018年第3期。
③ 颜晓峰：《从"四个自信"看中国特色社会主义文化》，《前线》2018年第5期。
④ 《十九大以来重要文献选编》（中），中央文献出版社，2021，第283页。

主义的信仰，对社会主义和共产主义的信念，厚植爱国主义情怀，铸牢中华民族共同体意识。同时，高校在立德树人的具体实践中不仅要承担起培养时代新人的重要责任，同时也要承担起宣传科学理论、传播先进文化思想的社会责任，为繁荣发展社会主义先进文化作贡献。

以上"三大文化"，是不同历史阶段的产物。可以说中华优秀传统文化是中国文化之"源"，革命文化与社会主义先进文化是中国文化之"今"。这三种文化精神风貌有所不同，却一脉相承，都蕴含着中华民族的道德坚守、人民情怀、开放精神，是中华民族特有的精神标识。中国共产党在百年来立德树人的实践历程中，不断吸收中华优秀传统文化、革命文化、社会主义先进文化，以中华优秀传统文化养浩然正气，以革命文化赓续红色血脉，以社会主义先进文化强立身之本。正是从"三大文化"中不断汲取养分和智慧，中国共产党百年来立德树人教育思想才是民族的、人民的、革命的，又具有中国特色社会主义底色。也只有不断从"三大文化"中汲取养分，扎根中国大地办大学，才能走出一条建设有中国特色的世界一流大学的新路。

三　与世界先进教育理念交流互鉴

"教育事业既在对外开放中发展壮大，又在对外开放中走向世界。""当我们的国家还没有站起来的时候，教育与世界的交流情况我们记忆犹新（西学东渐）；当我们国家刚刚站起来的时候，教育与世界的交流主要还是学习（借鉴），在学习中求索符合中国实际的发展道路。"[1]

新中国成立初期，第一次全国教育工作会议确立了以老解放区新教育经验为基础、吸收旧教育某些有用经验、借助苏联经验、建设新民主主义教育的政策基点，创建新教育制度。一方面，收回教育主权；另一方面，全面学习"苏联经验"，包括建立两国政府教育部门的直接联系，聘请苏联专家来华任教，大量引进苏联高等学校教材，引进苏联的教育学和教学法，介绍推广苏联发展教育的经验。关于出国留学人员的工作方针，从"根据国内的建设需要学习苏联的先进技术"调整为"专业上保证重点、兼顾一

---

[1]　教育部课题组：《深入学习习近平关于教育的重要论述》，人民出版社，2019，第252页。

般；保证质量、研究生为主；满足短期需要也要兼顾长远"。① 现在看来，当时学习借鉴苏联教育经验，是必要的、有益的，而端正人才培养方向，重视加强基础理论教育和实践性教学环节，增强教学的系统性和实用性等，对于提高教学水平、科研水平和人才培养水平都有积极作用，可以集中国家资源，迅速培养大批国家重点领域、关键行业急需的专门人才。但是，在教育理论上"一边倒"，全部套用苏联高校模式，盲目照搬，一定程度脱离中国高等教育实际，其弊端也相应显现出来。

随着中国特色社会主义事业的开创和完善，我国高等教育事业在改革开放和面向世界过程中开创教育国际交流与合作新时期，不断改革和探索人才培养新模式，吸收借鉴终身学习、系统培养观念等国际先进理念和经验，建立起与社会主义市场经济体制和民主政治制度相适应的、与世界文明接轨和与现代生活相适宜的新教育制度和教育文化。当前，我国高等教育着眼新时代的新需求，"通过体制和系统的创新，深化同世界主要国家和地区的教育交流与合作，形成内部行政和学术治理体系联合联动，国内外产、学、研协同协作，学科、专业、课程、教学和实践交叉融合的人才培养新格局，培养能够贯通中西、汇通文理、融通古今的中国特色社会主义事业建设者和接班人"②。并且，站位高远，以人类命运共同体为引领，把握时代发展脉搏和人才培养规律，在互学互鉴中自立自强、主动作为，建立全球协同创新网络和教育资源共享共建平台，通过教育使不同国家、不同文明的人群族群增强文化理解，达到民心相通。这也是为构建人类命运共同体奠定必要的文化基础和情感基础。

然而，我们在扩大教育对外开放、借鉴国外先进理念与模式的同时，始终要坚持社会主义办学方向，坚持立德树人，不能把"育人"等同于单一的"智育"，而忽视了学生全面的发展，更不能把智力开发、考分高低、证书多少等所谓"硬核"指标作为人才评价的唯一标准，而忽视学生的理想信念教育、道德品质教育。对于西方教育模式下产生的教育的功利化、

---

① 熊建辉：《互容 互鉴 互通——新中国 70 年教育国际交流与合作之路》，《神州学人》2019年 Z1 期。

② 金雷：《借鉴国外先进理念与模式 促进我国高校人才培养——以美国圣路易斯华盛顿大学麦道国际学者学院为例》，光明网，2018 年 10 月 25 日，https://world.gmw.cn/2018−10/25/content_ 31827336.htm。

世俗化，出现"道德危机""信仰危机"等现象，我们需要时刻保持警惕和警醒。中国特色社会主义大学自身之本在于立德树人，以德育为首，以树人为本。近期，中国人民大学退出世界排名，兰州大学等大学相继表态，对所谓的世界大学排名不再一味追崇，这是文化自信的体现，亦是坚守我国高校立德树人初心的一种体现，毕竟办学不是办赛，社会主义办学的关键在于育德育人。正如网友所言，"中国人民大学退出世界大学排名，是文化自信的体现"。

　　总之，中国共产党自成立以来，始终把培育符合社会发展要求的"时代新人"作为自己的职责和使命。[1] 中国共产党立德树人教育理念继承了马克思主义关于人的全面自由发展理论，同时汲取了中华优秀传统文化中"君子人格"的文化精华、革命文化的红色基因、社会主义先进文化的先进元素，并且坚持与世界先进教育理念交流互鉴，不断丰富和拓展"立德树人"的内涵和外延，不断办好中国特色社会主义大学。

第三节　中国共产党百年来立德树人的基本经验

　　中国共产党"立德树人"思想的历史变迁在一定意义上也是我们党逐步强化立德树人实践、不断深化立德树人经验的过程。就其基本经验而言，可以归纳为以下六个方面：坚持把马克思主义作为根本指针，坚持把培养德智体美劳全面发展的社会主义建设者和接班人作为根本任务，坚持把树立正确的世界观、人生观、价值观作为核心目标，坚持把改革创新作为根本动力，坚持把理论教育与社会实践相结合作为根本途径，坚持把全党重视、全社会共同参与作为根本举措。[2]

一　坚持把马克思主义作为根本指针

　　立德树人，以立德为先，以树人为本。"我党历来十分重视意识形态教育，把意识形态建设置于关系党的前途和命运的关键位置。在价值多元化

---

①　杨文、薛念文：《中国共产党培育"时代新人"的百年历程、继承发展与当代启示》，《决策与信息》2021年第6期。

②　张剑：《立德树人》，教育科学出版社，2014，第22~24页。

的社会中，党只有继续充实和完善意识形态的内容体系，继续将其置于高位，发挥其势能，才能在纷繁复杂的社会中坚定方向，教育群众。"① 高校是我们党意识形态工作的重要阵地，做好高校意识形态工作是全面加强党对教育工作领导的核心任务。回顾党的立德树人历程，我们可以清晰发现，不管我党处于哪个历史时期，都强调立德树人要坚持马克思主义，坚持社会主义办学方向，坚持意识形态教育。马克思主义是中国共产党的指导思想，而党的正确路线方针是发展中的马克思主义。立德树人只有始终坚持党对教育事业的领导权，始终牢牢把握育人的正确政治方向，始终坚持以马克思主义为指导思想，才能确保教育工作不会背离党的教育路线方针。有了这个原则和前提，人才培养才不会没有方向。毛泽东提出教育要始终为无产阶级政治服务，要提高受教育者的共产主义觉悟，帮助他们树立正确的理想和信念。抗日战争时期，毛泽东为抗日军政大学制定的教育方针的第一句就是"坚定正确的政治方向"。对抗日军政大学学员的要求为，"首先是学一个政治方向。政治方向可以有许多不同的方向，你们要学一个正确的政治方向"②。邓小平在 1978 年鲜明指出："学校应该永远把坚定正确的政治方向放在第一位。但这并不是说要把大量的课时用于思想政治教育。学生把坚定正确的政治方向放在第一位，这不仅不排斥学习科学文化，相反，政治觉悟越是高，为革命学习科学文化就应该越加自觉，越加刻苦。"③ 在总结 20 世纪 80 年代工作时，他曾指出，十年最大的失误是教育，主要是思想政治教育。④ 他的这一意见非常深刻。忽视或削弱党的思想政治教育工作，就会出乱子。习近平总书记反复强调："马克思主义是我们立党立国的根本指导思想，也是我国大学最鲜亮的底色。"⑤ 因此，在立德树人过程中，只有坚持以马克思主义为指导，全面贯彻党的教育方针，才能把正确的政治方向、价值导向贯穿于立校办学、育人育才全过程；才能确保我们的高校始终置于党的领导之下，沿着社会主义办学方向前进；才能有

---

① 杨立英：《中国共产党意识形态"高势位"建设的成功经验与当代挑战》，《马克思主义与现实》2011 年第 3 期。
② 《毛泽东文集》（第 2 卷），人民出版社，1993，第 116 页。
③ 《邓小平文选》（第 2 卷），人民出版社，1994，第 104 页。
④ 《邓小平文选》（第 3 卷），人民出版社，1993，第 306 页。
⑤ 习近平：《在北京大学师生座谈会上的讲话》，人民出版社，2018，第 6 页。

效抵御西方敌对势力的"西化""分化"图谋，才能有效抵制西方文化思潮和价值观念渗透与影响。可以说，坚持立德树人，始终把坚定正确的政治方向放在第一位，是我们党的优良教育传统，也是高校培养社会发展所需要的人的重要保证。

二　坚持把培养德智体美劳全面发展的社会主义建设者和接班人作为根本任务

立德树人的根本问题就是"培养什么样的人"。高等教育要为国家服务，要为国家与社会培养人才，这也体现了教育的目的性。中国特色社会主义高等教育始终坚持围绕党的中心任务自觉承担人才培养任务。毛泽东早就明确提出，"教育必须为无产阶级政治服务"[1]，即教育要为人民服务。要坚持社会主义办学方向，就是要把"把培养德智体美劳全面发展的社会主义建设者和接班人"作为根本任务。早在 2013 年 5 月 2 日，习近平总书记在给北京大学考古文博学院 2009 级本科团支部全体同学回信中强调，"只有把人生理想融入国家和民族的事业中，才能最终成就一番事业"；勉励他们"为实现中国梦奉献智慧和力量"。[2] 并在同各界优秀青年代表座谈，以及同团中央新一届领导班子成员集体谈话，还有致信留学人员，致信第三届中国"互联网+"大学生创新创业大赛"青年红色筑梦之旅"的大学生时，都反复强调："中国梦是我们的，更是你们青年一代的。中华民族伟大复兴终将在广大青年的接力奋斗中变为现实。"[3] 2016 年，在全国高校思想政治工作会议上，谈到如何"扎实办好中国特色社会主义高校"时，习近平总书记态度鲜明地指出我国高等教育发展方向要同我国发展的现实目标和未来方向紧密联系在一起，要坚持"为人民服务，为中国共产党治国理政服务，为巩固和发展中国特色社会主义制度服务，为改革开放和社会主

---

[1]　转引自《新时代教育工作的根本方针》，中华人民共和国教育部，2019 年 9 月 16 日，http：//www.moe.gov.cn/jyb_ xwfb/moe_ 2082/zl_ 2019n/2019_ zl69/201909/t20190916_ 399243.html。

[2]　《习近平给北京大学学生回信勉励当代青年》，《人民日报》2013 年 5 月 5 日，第 1 版。

[3]　《习近平给大学生回信：勇做走在时代前面的奋进者开拓者奉献者》，外文出版社，2014，第 49 页。

义现代化建设服务"①。这不仅首次在"培养什么样的人"和"怎样培养人"之外新增了"为谁培养人"这一问题,而且也明确指出"为谁培养人"的问题是办好社会主义高校首先需要明确和解决的重大问题。习近平总书记提出的"四个服务"思想,是对"教育必须为无产阶级政治服务"这一观点的丰富和发展,是我国高等教育发展始终坚持的根本遵循。思想政治教育具有鲜明的政治特征,正确把握"为谁培养人"的问题是高校落实立德树人任务的前提。党的十九大刚结束,习近平总书记在人民大会堂会见清华大学经济管理学院顾问委员会海外委员和中方企业家委员时就指出,教育就是要培养中国特色社会主义事业的建设者和接班人,而不是旁观者和反对派。② 在北大建校 120 周年校庆日,习近平总书记在北京大学师生座谈会上更加明确指出:"大学是立德树人、培养人才的地方,是青年人学习知识、增长才干、放飞梦想的地方。""就学校培养什么样的人、怎样培养人,同各位同学和老师交流一下看法。我先给一个明确答案,就是我们的教育要培养德智体美全面发展的社会主义建设者和接班人。"③ 在 2018 年全国教育大会的讲话中,习近平总书记指出:"我国是中国共产党领导的社会主义国家,这就决定了我们的教育必须把培养社会主义建设者和接班人作为根本任务,培养一代又一代拥护中国共产党领导和我国社会主义制度、立志为中国特色社会主义奋斗终身的有用人才。"④ 由此可见,"培养社会主义建设者和接班人",是我们党的教育方针,是教育工作的根本任务,是我国各级各类学校的共同使命。我们党百年来立德树人的实践在每一个具体历史时期,会根据社会发展的不同要求自觉地确立不同的人才培养任务,但其中的主线和根本任务始终没有变。

三 坚持把树立正确的世界观、人生观、价值观作为核心目标

培养怎样的世界观、人生观、价值观,是"培养什么样的人"的核心

---

① 《习近平:把思想政治工作贯穿教育教学全过程 开创我国高等教育事业发展新局面》,《人民日报》2016 年 12 月 9 日,第 1 版。

② 《习近平会见清华大学经济管理学院顾问委员会海外委员和中方企业家委员》,《人民日报》2017 年 10 月 31 日,第 1 版。

③ 习近平:《在北京大学师生座谈会上的讲话》,人民出版社,2018,第 4 页。

④ 《习近平:坚持中国特色社会主义教育发展道路 培养德智体美劳全面发展的社会主义建设者和接班人》,《人民日报》2018 年 9 月 11 日,第 1 版。

问题。从我党对青年大学生的教育历程可以看到，党和中央领导人非常重视青年一代的"三观"教育，发出过多次号召，采用了多种形式和手段，树立了一系列典型，大力塑造青年大学生的精神家园，推动大学生自觉践行社会主义核心价值观。1996年10月，党的十四届六中全会就明确把"引导人们树立建设有中国特色社会主义的共同理想和正确的世界观、人生观、价值观"，作为思想道德建设基本任务的重要内容。进入21世纪以来，我们党颁布了《公民道德建设实施纲要》，其重点就在于道德行为规范的建设。党的十六届六中全会上通过的《中共中央关于构建社会主义和谐社会若干重大问题的决定》，提出了社会主义核心价值体系。党的十八大所提出的社会主义核心价值观，其重点则在于社会主义核心价值体系的建设。党的十九大提出"培养新时代新人"的新要求，要"在有自信、尊道德、讲奉献、重实干、求进取等方面，有着新的风貌、新的姿态"①，其内容覆盖更为全面。习近平总书记非常重视世界观、人生观、价值观的意义及教育，提出要"注重解决好世界观、人生观、价值观这个'总开关'问题"②，要"树立正确的世界观、人生观、价值观，掌握了这把'总钥匙'"③ 等要求，教育广大青年一定要坚定理想信念，强调"没有理想信念，就会导致精神上'缺钙'"。他还特别指出："中国梦是全国各族人民的共同理想，也是青年一代应该牢固树立的远大理想。"④ 此外，习近平总书记还高度重视社会主义核心价值观在青年自身成长，在国家、民族和社会发展中的作用，他常把"价值观"喻为"衣服的第一粒扣子"，"人生的扣子从一开始就要扣好"，要求青年"使社会主义核心价值观成为自己的基本遵循"。⑤ 中国共产党立德树人的实践历程，深刻表明了中国共产党的立德树人实践始终坚持把树立正确的世界观、人生观、价值观作为核心目标，引导青年学生自觉掌握和运用马克思主义的立场观点方法，坚持解决好世界观、人生观、价值观这个"总开关"问题，为学生一生成长奠定科学的思想基础。

---

① 《党的十九大报告辅导读本》，人民出版社，2017，第326页。
② 《习近平谈治国理政》（第二卷），外文出版社，2017，第142页。
③ 《习近平谈治国理政》，外文出版社，2014，第173页。
④ 《习近平谈治国理政》，外文出版社，2014，第50页。
⑤ 《习近平谈治国理政》，外文出版社，2014，第172页。

四 坚持把改革创新作为根本动力

长期以来，高校立德树人之所以能够不断取得新的成就，就在于顺应时代要求，不断改进工作方法、创新工作载体、优化内容供给，以适应时代变化和学生思想变化，努力提高学生的思想道德素质、科学文化素质，丰富学生的精神世界，全面提高学生的综合素质，尤其是在思想政治教育过程中运用"因事而化、因时而进、因势而新"思维推进工作发展以及育人方法的创新，注意把解决思想问题同解决实际问题结合起来，从学生的个体特质和发展需求出发，理解学生、尊重学生、关心学生、体现人文关怀。在改进工作方法方面，在继承和发扬传统工作优势的基础上，主动适应时代和实践发展新变化，客观分析了每个年代青年学生的思想特点、行为逻辑和成才规律。在方法载体上，以工作理念、工作方法的创新直接带动工作载体的创新，特别是改革开放 40 多年来，随着互联网的快速发展，最大的特征是推动教育技术的现代化，充分运用网络和新媒体技术推进育人工作的深度发展。利用新兴媒介，加强"两微一端"建设，搭建起具有开放性、时代性、互动性的学习交流平台，以多样化、信息化的载体和大学生喜欢的表达方式开展思想政治教育和其他专业教育，将思想政治工作与互联网深度融合。在优化内容供给方面，根据国情、社情的变化，及时、合理地进行调整，尤其是围绕党在各个历史阶段的中心任务作出调整，并与一定社会发展阶段的目标紧密联系。始终"基于马克思主义理论的新发展、中国特色社会主义建设的新事件、科学技术革命的新进展以及对大学生思想认识活动规律和特点的新认识，进行深入研究，积极探索，努力提高思想政治教育的针对性和实效性"[①]。在综合素养课程和专业课程教学改革方面，高校探索以"课程思政"为载体，制定专业课程育人教学规范和评价标准，积极将专业课程融入思想政治教育，发挥综合素养课程和专业课程教学的育人功能，促使知识传授与思想政治教育并重。

五 坚持把理论教育与社会实践相结合作为根本途径

社会实践是立德树人的重要环节，也是根本途径。早在 1934 年，毛泽

---

① 冯刚：《改革开放 40 年来高校思想政治教育发展的经验与展望》，《中国高等教育》2018 年第 Z2 期。

东就已明确提出"教育与生产劳动相结合"的重要教育方针。1958 年，毛泽东还针对旧中国教育普遍存在的理论脱离实际、严重轻视生产劳动的不良倾向，指出德育与生产劳动"这二者同智育是连结一道的"，"二者都同从事劳动有关，所以教育与劳动结合的原则是不可移易的"。[①] "教育与生产劳动相结合"的教育方针，虽然在后期党的教育进程贯彻落实中出现了一些偏差，但也是始终成为党育人的根本途径，是促进学生全面发展的重要经验。在改革开放后，这一要求和基本经验更体现出其科学性和时代性。从《中华人民共和国高等教育法》到《国家中长期教育改革和发展规划纲要（2010—2020 年）》，以及教育部门出台相应加强学生社会实践锻炼的文件都将这一经验提到重要位置，并加以完善。高校在立德树人实践中也始终坚持"强化实践育人环节"，"结合专业特点和人才培养要求，分类制订实践教学标准"，"广泛开展社会调查、生产劳动、志愿服务、公益活动、科技发明、勤工助学和挂职锻炼等社会实践活动"。[②] 这都表明了立德树人的一条重要经验就是要坚持理论教育与生产劳动和社会实践相结合，切实培养学生的社会责任感、创新精神、实践能力，促进学生全面发展。习近平总书记还对关于青年学生"勤学苦练""意志品质锻炼""科学思维训练""培养创新创造能力""投身社会实践"方面都作了重要论述，希望青年大学生在实践中把理想转化为现实，在实践中得到锻炼、增长本领，在实践中实现人生价值。

六　坚持把全党重视、全社会共同参与作为根本举措

立德树人是一项系统工作，不管是立德还是育人，都必须把社会各方面的力量动员起来、资源整合起来，形成协同育人的合力。不管是思想政治工作还是育人实践，实行"齐抓共管"的原则，是我们党的优良传统。20 世纪 50 年代，毛泽东在《关于正确处理人民内部矛盾的问题》一文中，曾针对当时青年学生中思想政治工作减弱的倾向，明确提出："思想政治工作，各个部门都要负责任。共产党应该管，青年团应该管，政府主管部门

[①] 《毛泽东年谱（一九四九——一九七六）》（第 3 卷），中央文献出版社，2013，第 410 页。
[②] 张健：《办好社会主义大学的"三大法宝"》，《红旗文稿》2015 年第 1 期。

应该管，学校的校长教师更应该管。"① 邓小平在 20 世纪 70 年代末立足"文化大革命"后恢复教育工作的问题和改革开放新形势发展的需要，再次强调了这一原则，他指出："希望从事教育工作的同志，各个有关部门的同志，整个社会的家家户户，都来关心青少年思想政治的进步，把被'四人帮'破坏了的优良革命传统恢复和发扬起来。"② 党的十三届四中全会特别是党的十四大以来，为了适应社会主义市场经济条件下所面临的国内国际的新形势，以及应对思想政治教育工作的新挑战，中国共产党在正确融合各方因素的基础上，制定了诸如《中共中央关于加强高等学校党的建设的通知》《中国教育改革和发展纲要》《爱国主义教育实施纲要》等一系列纲领性政策，这些政策都基本坚持了融合家庭、学校、社会等各方教育力量，形成协同育人合力的原则。党的十六大以来，我国进入了加快推进社会主义现代化建设的关键时期，面对国内外各种复杂形势，中国共产党在强调以人为本，坚持"三贴近"原则的基础上，不仅明确提出"全社会都要关心大学生的健康成长，支持大学生思想政治教育工作"，而且强调"各级党委和政府要为高等学校创建良好的育人环境"，学校还要积极"探索建立与大学生家庭联系沟通的机制，相互配合对学生进行思想政治教育"。③ 面对新时代、新形势，习近平总书记提出要"形成党委统一领导、各部门各方面齐抓共管的工作格局"④。就高校内部而言，教育部提出落实立德树人根本任务，要"把思想政治教育与业务教学工作结合起来"⑤，"把德育贯穿在教育的全过程，落实在教学、管理、后勤服务的各个环节上"⑥，"坚持全员全过程全方位育人。把思想价值引领贯穿教育教学全过程和各环节"⑦，努力完善"三全育人"工作体系。在外部协同合力方面，要构建学校、家庭、

---

① 《毛泽东文集》（第 7 卷），人民出版社，1999，第 226 页。
② 《邓小平文选》（第 2 卷），人民出版社，1994，第 105~106 页。
③ 李德芳、李辽宁、杨素隐主编《中国共产党思想政治教育史料选编》，武汉大学出版社，2009，第 651 页。
④ 《习近平：把思想政治工作贯穿教育教学全过程 开创我国高等教育事业发展新局面》，《人民日报》2016 年 12 月 9 日，第 1 版。
⑤ 教育部思想政治工作司组编《加强和改进大学生思想政治教育重要文献选编（1978—2014）》，知识产权出版社，2015，第 71 页。
⑥ 教育部思想政治工作司组编《加强和改进大学生思想政治教育重要文献选编（1978—2014）》，知识产权出版社，2015，第 146 页。
⑦ 《十八大以来重要文献选编》（下），中央文献出版社，2018，第 480 页。

社会"三位一体"的教育格局，形成相互配合、协同育人的工作合力。①

本章小结

回顾中国共产党创办高等教育的历史，我们发现"立德树人"思想贯穿并发展于中国革命、建设与改革的各个历史时期，是中国共产党教育思想的核心要义。不管是高校本身还是外部协同，立德树人都必须把多方力量动员起来，把资源整合起来，形成协同育人的合力，这是我们党一以贯之不断深化价值认识的优良育人传统。考察中国共产党百年来立德树人的历史进程，可以系统分析不同历史时期立德树人的目标、内容与方式，可以发现"立什么德""树什么人""如何立德树人"之间的逻辑关系，也可从百年来立德树人的基本经验中总结出"为什么要系统性培养人""怎样系统性地培养人"的答案。

---

① 《十八大以来重要文献选编》（下），中央文献出版社，2018，第493~494页。

第三章　新时代高校立德树人实践的现状审视

在解读高校立德树人中"人"的理论蕴涵和梳理总结中国共产党立德树人的历史实践和基本经验之后，我们清晰地认识到，我们党始终密切关注时代变化，重视培养符合时代特征和社会要求的人才，不断深化和拓展马克思的"人的全面发展"学说。当前，世界面临百年未有之大变局，国际形势中不稳定、不确定、不安全因素日益突出。进入新发展阶段，国内外环境的深刻变化给我国既带来一系列新机遇，也带来一系列新挑战，国内发展不平衡不充分问题仍然突出，民生保障存在短板，社会治理还有弱项。在纷繁复杂多变的国际形势下，意识形态领域形势依然复杂、挑战依然严峻，思想政治工作面临前所未有的困难和难以估量的挑战。由于外部环境、工作任务与对象特征不断发生变化，跟党和国家的要求相比，跟人民群众和广大师生的新期待相比，高校立德树人依旧任重道远。因此，审视和分析高校立德树人的现状，找出人才培养中存在的问题，是我们进一步研究推动新时代高校立德树人系统化实践的现实依据。

第一节　新时代高校立德树人实践的主要成效

我们党历来重视立德树人工作，党的十八大以来，以习近平同志为核心的党中央高度重视培养社会主义建设者和接班人，坚持把立德树人作为中心环节，采取一系列有力举措加以推进。经过多年来的努力和创造性的实践，高校思想政治工作不断加强，落实立德树人根本任务取得显著成效。

一　高校思想政治工作地位不断提高

近年来，各地各高校全面贯彻党的教育方针，落实立德树人根本任务，通过顶层设计、责任落实、制度建设、机制保障，不断提升思想政治工作地位与功能。一是顶层设计更清晰。实施高校思想政治工作质量提升工程，构建起课程育人质量提升体系等"十大"育人体系，扎实推进"一体化"育人工作，高校思想政治工作"四梁八柱"框架设计初步形成。二是思想政治工作责任更明确。各高校认真落实高校党委思想政治工作主体责任，以党的政治建设为统领，不断加强政治引领和价值引领。各地党委领导同志站在第一线，普遍到高校调研督查、作形势与政策报告，各地教育部门负责同志、高校党委书记和校长站上思想政治理论课讲台，加强了党对思政工作的领导、对思想政治理论课的指导。三是思想政治工作机制更具活力。各地各高校坚持把思想政治工作贯穿于教学管理和人才培养全过程，大力构建"党委统一领导、党政齐抓共管、学工部门组织协调、有关部门各司其职、全校上下积极参与"的工作机制，推动形成专业教师、学工战线、群团组织协调分工、合力做好思想政治工作的局面。

二　"思政课程"与"课程思政"建设有机结合

近年来，全国高校积极探索"思政课程"与"课程思政"有机结合的实现途径，坚持显性教育和隐性教育相统一，努力实现立德与树人、育人与育才的有机结合。一方面，"思政课程"的建设力度加大，取得了明显的成效。2020年12月，中共中央宣传部、教育部下发了《新时代学校思想政治理论课改革创新实施方案》，要求在大学阶段开设"思想政治理论课"必修课程和选择性必修课程。必修课程中，本科课程4门，专科课程3门，同时开设本科及专科选择性必修课程，确保学生至少从"四史"中选修1门课程。[①] 在提高高校思政课质量和水平的攻坚战之后，高校思政工作氛围、思想政治理论课气象为之一新，思想政治理论课的吸引力增强。在2017年的"高校思想政治理论课教学质量年"，教育部共组织200余位专家深入全国2516所普通高校，随机听了3000堂思想政治理论课，用手机扫码的方式随机邀请3万多名学生参与调查，完成了新中国思想政治理论课建设史上前所未有的"地毯式"大调研。调研发现，86.6%的受访学生表示非常喜欢

---

① 中共中央宣传部、教育部：《关于印发〈新时代学校思想政治理论课改革创新实施方案〉的通知》（教材〔2020〕6号），2020年12月18日。

或比较喜欢上思想政治理论课，91.8%的受访学生表示非常喜欢或比较喜欢自己的思想政治理论课老师，91.3%的受访学生表示在思想政治理论课上很有收获或比较有收获。[①] 近年来，特别是近三年以来，各地各高校都在围绕教师讲好思政课、学生学好思政课，在不断推进教学改革创新、丰富教学内容、创新教学方法，高校思政课的教学质量和水平总体上有了大幅度的提升，思政课的思想性、理论性和亲和力、针对性都在不断增强。特别是有些高校结合本校学科专业特点，开发建设了很多特色的思政课程，得到学生的好评。[②] 另一方面，各类课程与思想政治理论课协同育人的格局初步形成，"课程思政"建设效果初显。"课程思政"概念最早源于2005年上海市学校思想政治教育（德育）课程改革。2010年，上海市又承担国家教育体制改革试点项目"整体规划大中小学德育课程"，聚焦大中小学德育课程一体化建设；从2014年起，上海市将德育纳入教育综合改革重要项目，逐步从"思政课程"向"课程思政"转变。[③] 在2016年全国高校思想政治工作会议召开之后，教育部大力推行"课程思政"建设，全国各高校积极响应、因校制宜，加快推进"课程思政"建设步伐，"各类课程与思想政治理论课同向同行"效应也逐步显现。

三　大学生思想主流继续呈良好态势

经过长期的努力，高等院校强化党建引领，扎实开展思想政治工作，通过课堂和课程这个主渠道，在"思政课程"与"课程思政"同向同行的协同效应下，广大青年学生的人生观、世界观、价值观的总体趋势和主流是健康积极向上的，思想道德素质整体上呈现出良好的态势。一是自觉将社会主义核心价值观内化于心、外化于行。各高校以重要节日为契机，根据学生年龄特征，广泛开展形式多样的主题教育活动，切实培育和践行社会主义核心价值观。青年大学生也通过学习与实践，开展了支农支教、医

[①] 《着力培养担当民族复兴大任的时代新人——一年来我国高校思想政治工作创新发展综述》，新华网，2017年12月7日，http://www.xinhuanet.com/politics/2017 - 12/07/c_1122076126.htm。

[②] 《高校思政课学生抬头率、点头率低问题如何解决？教育部答澎湃》，澎湃新闻，2022年3月17日，https://baijiahao.baidu.com/s? id = 1727521240323170977&wfr = spider&for = pc。

[③] 高德毅、宗爱东：《课程思政：有效发挥课堂育人主渠道作用的必然选择》，《思想理论教育导刊》2017年第1期。

疗救护、扶贫开发、生态环保、应急救援等志愿服务和公益行动，在社会实践中受到锻炼，增长才干。向英雄模范和时代楷模学习道德风范，弘扬正气，传递正能量，青年学生成为社会主义核心价值观的实践者、弘扬者和推广者。二是更加坚定"四个自信"。广大青年学生通过学习熟知"四史"，深刻认识中国历史发展的"四个选择"，坚定"四个自信"。2020年有关调查显示，超八成受访青年认为"青少年国学热"的原因是"国人开始重视传统文化的内在价值"。中国青年对中华民族灿烂的文明发自内心地崇拜、从精神深处认同，传承中华文化基因更加自觉，民族自豪感显著增强，推动全社会形成浓厚的文化自信氛围。① 三是自觉地将个人理想追求融入中华民族伟大复兴的事业中。认同并自觉树立了与时代主题同心同向的理想信念，自觉将个人梦想融入中国梦之中，融入祖国和民族的发展之中，勇于担当时代赋予的历史责任，把家国情怀转化为奋斗实践，为实现中国梦发挥生力军的作用。2020年有关调查显示，绝大多数青年对中国特色社会主义道路由衷认同，对实现中华民族伟大复兴充满信心。用习近平新时代中国特色社会主义思想武装起来的中国青年，在展现国家发展成就的一系列生动事例、客观数字、亲身体验中，深切感受到"中国速度""中国奇迹""中国之治"，做中国人的志气、骨气、底气进一步增强，为实现中华民族伟大复兴中国梦团结奋斗的思想基础更加牢固。②

四　大学生综合素质整体性提升

只有德智体美劳全面培养，才有人的全面发展，立德树人的根本任务才算实现。正是基于人的全面发展目标，近年来，全国各高校不断加强德育、智育、体育、美育、劳动教育"五育并举"，大力培养学生的综合能力，促进大学生综合素质整体性提升。除了努力提升大学生的道德品质修养外，还加强对大学生的专业素质和创新创业能力、身体素质、心理素质、审美意识与劳动素养等方面的培养。2020年，新增劳动力平均受教育年限达13.8年，比十年前增加1.1年；大学专科以上在职青年占同等文化程度

① 《新时代的中国青年》，国务院新闻办公室官网，2022年4月21日，http：//www.scio.gov.cn/ztk/dtzt/47678/48169/index.htm。
② 《新时代的中国青年》，国务院新闻办公室官网，2022年4月21日，http：//www.scio.gov.cn/ztk/dtzt/47678/48169/index.htm。

就业总人口比例超过 50%，比在职青年占就业总人口比例高约 20 个百分点。① 这说明了中国青年通过教育获得成长成才、实现人生价值的机会，反过来，也说明了青年群体中受到大学专科以上教育的人所占比例相当大，总体的受教育水平大幅提升。具体表现在：一是知识素养不断提升。坚持"以本为本"的本科教育理念，围绕办学定位和市场需求，制定了学科专业建设与调整规划，构建与国家战略和社会发展相匹配的学科专业体系和人才培养结构，在课程设置上更加注重科学知识、思想品德、人文素养、实践能力与创新创业能力的融合，着力培养具有较强岗位适应能力的面向地方、面向行业企业的高素质人才，为经济转型升级提供高层次的智力支撑。二是树立起"健康第一"的教育理念，开齐开足体育课。高校系统地对学生进行体育教育和训练，体质健康测试与评价不断完善，促进学生积极参与体育锻炼，学生身体素质持续提升。随着体育课时持续增加，更多青年学生努力做到将"文明其精神"和"野蛮其体魄"有机结合起来，身心素质持续向好向强。三是推动美育在育人体系中的实质性实施。早在 20 世纪 90 年代，大多数高校就按照《中国教育改革与发展纲要》提出美育目标，积极开设美育课程，发挥美育在教育教学中的作用，培养学生健康的审美观念和审美能力，提高学生审美与人文素质。四是重提劳动教育，将劳动教育有机融入人才培养中，在专业实践中加大劳动技能和职业技能的培养；还加强劳动观念和劳动精神教育，促进劳模精神、劳动精神、工匠精神深入人心。

当今世界正经历百年未有之大变局，我国开启全面建设社会主义现代化国家新征程，向第二个百年奋斗目标进军。面对国内外环境的深刻复杂变化，高校要以更高的标准、战略思维审视立德树人全局，胸怀两个大局，增强机遇意识、危机意识。随着我国经济社会的不断发展，广大人民群众对优质高等教育的需求日益增长。与之相比，我国优质高等教育供给依然不足，高等教育的国际竞争力有待提高、高校落实立德树人根本任务的实践还有待深化。

---

① 《新时代的中国青年》，国务院新闻办公室官网，2022 年 4 月 21 日，http：//www. scio. gov. cn/ztk/dtzt/47678/48169/index. htm。

第二节　新时代高校立德树人系统化实践存在的问题与不足

高校"立德树人系统"本身是作为一个有机系统而存在的，包含育人队伍、育人时间、育人空间等维度。高校立德树人取得了显著的成效，然而，通过文献研究对当前高校立德树人现状进行审视，笔者发现立德树人不同主体之间的关系，以及要素的运行过程和方式都还不同程度地存在一些问题，这些问题集中体现为整体性功能和系统性运行的不足，主要表现在以下几个方面。

一　全员育人：不同主体间尚缺共同发力

（一）立德树人的主体窄化，缺乏共同育人担当

立德树人的主体即立德树人的承担实施者。就高校思想政治工作而言，在制度设计上，主体是多责任的主体，而在现实中主体则是一个个无责任的主体，或者责任主体被窄化为政工队伍。有关调研数据显示，一些教育教学中不可预见的因素也成为追求立德树人实效中的阻滞性因素。比如，目前高校教师认为师德师风方面存在"重科研，轻教学"（66.1%）、"育人意识淡薄，存在敷衍教学的现象"　（63.9%）、"团队合作精神不强"（44.8%）、"学术不端情况时有发生"（35.0%）等情况。这些阻滞因素首先反映在"科研"和"教学"不平衡的关系认识上，这也是当前高校立德树人过程中普遍存在的问题。① 具体表现为党政分工、党政工团配合问题，领导干部、政工干部、思想政治理论课和哲学社会科学课教师、辅导员和班主任、其他专业教师在具体的工作任务上存在差异，导致具体工作目标的差异，各自为政的现象依旧存在；同时，主体责任"泛化"和责任主体"窄化"现象明显，思想政治教育的责任往往演变成政工干部的责任，有的教师只管上课，其他一概莫论短长，育人作用未充分发挥；而政工干部对学生的专业学习、技能训练的参与或介入程度也不高，专业课教师和政工

---

① 常青、韩喜平：《立德树人系统化落实的协同机制构建——基于 12 所高校调查数据的分析》，《教育研究》2019 年第 1 期。

干部相互间缺乏有效的沟通与支持，无法形成一个协调的运作体系。这样最终导致全员育人的时空分割、前后不衔接、左右难合力。

（二）立德树人的主体与对象缺乏休戚与共情感

立德树人的主体与对象问题即师生关系问题。在新时代，高校的一切工作都是围绕立德树人这个目标展开的。随着时代发展，高校师生关系不是传统意义上的"你教我学"的关系，而是转变为相互依赖、相互作用的互动型的关系。立德树人实践已从"由一方主导一方"转向"双方共同主导"，这打破了师生原先被定义的主客关系，使师生彼此互为主体，关系平等。"面向学生开展有组织、有计划的教育活动，这种活动无疑是具有普遍性和统一性的。与此相对应的是，学生个体内在的构成日趋复杂，学生需求不断呈现出差异化、多样化趋势，这种趋势使得学生的差异化需求和教育的统一供给之间矛盾愈加凸显。"① 特别是当前的社会大环境变化深刻影响着高校的办学方式，也影响师生之间的关系。在市场经济条件下，工具理性、经济效益渗透到高校办学，量化的考核评估指标体系制约着高校办学的方向，难免存在功利主义和实用主义倾向。同时，由于高校间的竞争日益激烈，一些高校为了求生存，一味追求"大而全""小而全"，或者纷纷调整学科专业，重理轻文，过度注重应用知识传授和专业技能训练，一味追求高就业率，没有协调好学业、德业和就业的关系，不同程度地轻视或忽视德育工作。一些教师立德树人意识不够、心态浮躁、急功近利，偏离教书育人主业，与学生相处沟通花时甚少，关系疏远，缺乏休戚与共情感；还有的高校绩效考核体制和评价导向主要体现在科研业绩上，直接导致教师把主要精力和努力方向放在了科研上。这也在一定程度上导致作为立德树人主体的教师在立德树人效能上的弱化。

（三）立德树人的对象缺乏"自我教育"意识

师生关系首先要基于交互性，才有共同性的发展。如果学生本身缺乏"自我教育"意识，缺乏主观能动性，那么，即使教师的主体性发挥得再充分，师生关系也很难形成互动性的共同发展，最终难免会形成一种挟持性、

---

① 王辉、陈文东：《基于"育人共同体"的全员育人探究》，《思想教育研究》2021年第4期。

被动性、对立性的师生关系，师生共同体很难形成。正如有学者指出，这种现象是"学生主体客体化，体现在学生主观客体化和学生客观客体化两个方面"①。一方面，学生本身"人到心没到"，学习源动力不足。随着家庭经济和生活条件变好，以及文化泛娱乐化，部分当代大学生人生目标不清晰，缺乏追求人生价值的动力，独立意识、自律能力偏弱，难以真正养成"自我管理、自我服务、自我教育、自我监督、自我完善"的习惯，出现了一系列的"成长痛点"。有教育机构针对"大学生的成长痛点"进行调查，其结果显示，当代大学生的痛点多而分散，28%的受访者对未来感到较迷茫，24%认为自己不会表达，22%苦恼于不会攒钱，21%觉得自己能力不强，此外还有一些人认为自己成绩不好、情商不够、有点懒等等。② 由于缺乏明确的学习目标和积极主动的学习态度，部分当代大学生的主体意识与自我教育的意愿不强，将自己看作是教师教学的被动接受者，亦步亦趋，不会主动确定学习目标、进行职业规划，进而使自身陷在被动的、被迫接受式的学习困境之中，缺乏包括学习的主动性与能动性品质。另一方面，学生的主体发展需求没有很好地被激发。如果学生的学习动力不足，主动性缺乏，主体惰性行为就会越发明显，从而导致难以培养学生的批判性思维和创新能力。自我意识体现在大学生成长过程中，他们的进取精神和成就欲望及自我责任感明显增强，正视并积极追求个人的价值尊严和利益，努力在社会中实现自我价值。但是，随着时代的变化，加上心智还未完全成熟，他们在理想与现实这两极碰撞中时常出现矛盾，处于过渡性的"准成人"状态。在这个过程中，青少年对自我和自己的生活方式感到困惑，处于理想与现实矛盾中，加上不断增加的成长压力，导致自我意识产生混乱，这就是心理学家埃里克森所提出的"自我同一性"危机。"青年无法决定自己的未来，不能在这样的价值体系中找到自己的理想与价值，即失去了自己活生生的生命存在感，失去了与世界的一体感，其结果是使青年陷

---

① 任欢欢：《主体间性：师生共同体发展的内在逻辑》，《中国教育学刊》2016年第12期。

② 转引自李静《〈2022中国大学生学习与发展白皮书〉：过半大学生欲继续深造》，经济观察网，2022年4月9日，https://baijiahao.baidu.com/s? id = 1729638928983629803&wfr = spider&for = pc。

入烦恼、苦闷、绝望的心理混乱之中。"① 虽然在 20 世纪 90 年代学者已经发现和关注这种心理危机，但尚未找到彻底克服这种危机的有效办法。

二 全过程育人：不同育人阶段还缺少有效衔接

（一）入学教育、专业教育与就业创业教育缺乏连贯性

从大中小学德育一体化的全过程来看，大学新生适应性教育处于一个阶段向另一个阶段转变的"断裂处"。"转段"的过程不顺畅就直接导致不适应，只有找准了"断裂处"，才能做到有的放矢、有效衔接。② 目前，大学本科教育的四个学年侧重点不突出，缺乏整体性规划和有效的阶段性建构，存在着典型的教育路径张力失度现象。虽然全国各高校已基本上都开展入学教育，对新生适应大学生活起了一定作用，但是入学教育方式单调落后，入学教育的内容缺乏时代性和创新性，入学教育时间短暂，导致入学教育在大学生成才成长中作用不明显。尤其是二级学院在承担入学教育工作过程中，往往只将入学教育作为新生入学的一个环节来"例行公事"，缺乏入学教育的内容设计、评估和总结，仅对校史校规、校园环境、安全健康、专业设置等方面进行集体的宣讲教育，缺乏交流和互动，很难激发学生树立专业意识，更谈不上跟专业思想、专业基础等方面的衔接。专业教育是上大学掌握专业知识的重要环节，既有专门的思想政治理论课教学，也有各类专业基础课和大量专业课教学，既要培养学生的思想道德素质，又要培育学生的专业素养，目的在于促使学生成为德才兼备、全面发展的人才。从时间递进上看，大学四个学年的专业学习、实习实践、毕业设计等环节融通衔接至关重要。在创业教育方面，近年来国内一些高职院校和应用型本科院校已在这一方面进行了一些有益的探索，但还存在未能将创业教育渗透到教育教学全过程，创业教育与专业教育还存在脱节的现象。即使有部分高校开设职业发展与就业指导课程，也仅将其作为一门公共选修课，很少将大学生就业创业知识融入专业课程的教学过程当中。培养学

---

① 〔日〕关忠文编著《现代青年心理学》，王永丽、周浙平译，江西人民出版社，1994，第 207~208 页。

② 林立涛：《全过程育人视阈下大学新生适应性教育探析》，《学校党建与思想教育》2018 年第 24 期。

生就业创业能力的工作基本上是由学校就业指导部门和辅导员、创业导师承担，一般是等到毕业前夕，才对毕业生进行一些就业政策的指导。这时，已很难针对学生的兴趣、特长等个性因素进行细致的个性化的指导，更难以对他们进行有效的职业生涯测评。

（二）大学教育的前后纵向教育缺乏有效衔接

大学入学教育不仅是大学本科教育的起点，也是对大学生过去中学教育的衔接与过渡。虽然大学教育与中学教育有很大区别，但从人的身心发展规律来看，两者有着紧密的联系。比如，在德育体系制定方面，大中小幼不同学段德育之间的衔接还不够，教学目标内容的针对性与独特性也不强，没有随着学生年龄特征的变化而进行差异化教学。同时，也没有把触角伸向更高层次的研究生教育，使广大大学生获得更加前沿的知识，来反观大学本科的教学方案和知识体系。总之，缺乏一种"中大研"相互衔接的宏观德育全方位理念和体系，使得大学德育及思想政治工作缺失"瞻前""顾后"的安排。此外，不少高校都存在大学生思想政治教育的断点空白期，例如，节假日、寒暑长假的持续思想政治教育等，"这就使理应处于闭合链条的大学生思想政治教育在实际工作中存在链条断裂、环节脱钩的现象"①。

当然，大学教育和中学教育的衔接是不容易的，很多方面受限于现有的教育管理体制和机制，至少主管部门不是同一个层级部门。还有节假日和寒暑假的思想政治教育持续的问题都是需要各方协同发力才能解决的。因而，推动大学教育与中学教育的衔接，需要在一些体制和机制方面进行改革和突破。

三 全方位育人：不同育人载体、育人资源还需共建共享

（一）思想政治理论课教学和日常思想政治教育尚未有机衔接

对大学生的思想政治工作主要通过思想政治理论课教学和日常思想政治教育开展，体现路径的多样化、协同化。虽然两者在总的教育目标上是

---

① 胡守敏：《新时代背景下高校"三全育人"研究》，《学校党建与思想教育》2019年第14期。

一致的，但在教育方式方法上还尚未有机衔接。学界专家很早就呼吁要重视此问题，认为"思想政治理论课因其学科特质，注重系统性理论的灌输，而日常思想政治教育则力图通过各种日常事务性工作达到管理育人、服务育人目的，两者之间缺乏相互的支持，互享互通的渠道还未形成，无法形成一个完整的教育系统"①。虽经过多年的努力与创新性实践，但如何使两者成为一个完整的有机的教育系统还是一个亟待解决的问题。此外，思想政治教育理论研究与实践相脱节现象依旧存在，思想政治教育学科建设对思想政治理论课教学与实践的支撑作用有待加强，学术成果向教学实践的转化程度不深，回应现实问题的能力不强等等。理论研究专注于理论的体系化、学术性，出现了以宏大主题和晦涩话语为特征的学院化倾向，既不能对思想政治教育的现实问题给予充分关注和有效回应，也没有将那些实际工作部门的经验成果提升到理论层次。② 这种倾向导致思想政治教育理论研究与实践工作相脱离，成为一种"书斋式"学问，使思想政治教育问题成为一个"纯粹经院哲学的问题"。而日常思想政治教育者，由于日常工作烦琐、工作压力较大，理论知识学习时间不够，往往认为理论研究对实际工作指导作用不强，理论总结提升能力也不足，对理论的运用自觉性也不强，无形中导致"两者之间的鸿沟在日益加深"③。

（二）思想政治理论课、哲学社会科学课和专业课程还需协同

从目前高校课程体系现实状况来看，思想政治理论课与其他课程之间的协同效应尚未真正实现，日常思想政治教育与专业教学衔接不紧，思想政治教育存在的"孤岛化、标签化"的现实困境未能根本改变，发挥哲学社会科学课程、专业课程育人功能仍处于局部探索阶段，未能形成整体设计。一方面，思想政治理论课的教育教学理念强调的是自上而下的意识形态"灌输"和政治"认同"，注重的是对大学生进行系统性理论灌输，有时还简单机械地传达一些文件精神，没有体现出思想政治理论课的亲和力和感染力。有的教师只顾种好自己的"责任田"，没能主动与哲学社会科学

① 王炳林、张润枝：《关于思想政治理论课与日常思想政治教育相结合的思考》，《思想理论教育导刊》2009年第5期。

② 戴锐：《思想政治教育共同体的运行机制与发展战略》，《思想政治教育研究》2014年第6期。

③ 余双好：《思想政治教育学科发展的问题与走向》，《思想教育研究》2014年第1期。

课、专业课教师进行必要的交流和互鉴。有的教师因人文知识储备不够、专业功底不深，授课限于教材教纲，对问题的阐述不深刻，无法做到旁征博引，对其他课程知识也无法融会贯通。另一方面，有些哲学社会科学课、专业课教师对思想政治理论课存在偏见，不把思想政治理论课当作科学课程，或者"敬而远之"，更不会主动发掘各类课程的思想政治理论教育资源，发挥所有课程育人功能。有些哲学社会科学课的教学，不同程度地存在以"国际化"之名，而将西方学术理论作为本学科的理论根基，并潜移默化地鼓吹哲学社会科学所谓的"价值中立"和"去意识形态化"，从而使马克思主义的指导地位受到影响，而渗透在西方这些理论当中的价值观，深刻地影响大学生的价值导向。[①]

（三）以文化人、以文育人以及人文关怀的程度有待提高

学生的成长需要与之相适应的情境和环境。校园文化活动和校园环境在立德树人中具有很强的隐性教育功能。我国的大学校园文化建设从理论到实践都有所发展，形成各自的特色，但当前高校校园文化建设中仍存在忽视自身内在优势、校园文化活动育人功能减弱等问题。比如，"热衷于追逐所谓的文化热点，从而导致校园文化建设目标游离于各种文化范式之间的现象，忽视了对校园文化立德树人本体功能的修炼，结果导致校园文化徒有其形而无其用的尴尬局面"[②]。个别的校园文艺活动还出现"泛娱乐化"趋向，内涵浅薄、品位低下，缺乏思想性、教育性。在校园环境建设方面，随着高校办学规模的扩大和办学空间的拓展，以及大学新校区的建设加快，校园基础设施日益完善，但部分学校为了追求立竿见影的效果，校园缺乏整体规划，校园建筑缺乏人文底蕴和内涵。校园制度文化建设方面也缺乏人文关怀，制度在制定执行过程中从管理者的角度出发，缺乏师生的民主参与。有些高校还出台一些奇葩的制度或规定，给学生的思想认识和成长带来负面影响，无法体现高校良好的管理方式和自治权的合理运用，更无法适应现代大学制度的要求。因此，如何改变高校校园文化活动现状，开

---

① 陈锡喜：《高校哲学社会科学类课程与思想政治理论课"同向同行"的必要性和可行路径》，《马克思主义理论学科研究》2017 年第 1 期。
② 周萍：《立德树人视域下高校校园文化建设研究》，《思想教育研究》2020 年第 6 期。

展更高品质校园文化活动，开展更多富有人文关怀的行动，更好地发挥校园文化在立德树人实践中以文化人、以文育人的功能，成为亟待解决的问题。

（四）线上教育与线下教育还未深度融合互补

随着时代的变化、新媒体的应用，线上教育、移动终端教育已成为高校思想政治教育的新途径。继 2012 年"慕课"涌现后，各种网络在线教育的新模式如雨后春笋般出现，如大众开放在线实验室（Massive Open Online Labs，MOOL）、大众开放在线研究课（MOOR）、私播课（Small Private Online Courses，SPOC）、分布式开放协作课（Distributed Open Collaborative Course，DOCC）等。[①] 此外，青年大学生使用智能手机等智能移动设备，通过微信公众号和线上学习 App，利用碎片时间进行新闻阅读、信息交流、个性化学习，"移动社群"逐渐增多，影响日益广泛。2022 年 2 月 25 日，中国互联网络信息中心（CNNIC）在京发布第 49 次《中国互联网络发展状况统计报告》（以下简称"《报告》"）。《报告》显示，截至 2021 年 12 月，我国网民规模达 10.32 亿，较 2020 年 12 月增长 4296 万，互联网普及率达 73.0%。[②] 随着互联网在青少年群体中的高度普及，网络已经成为当代青少年重要的学习、社交、娱乐工具，在其成长过程中发挥的作用日益凸显。这些基于"互联网+"的多种教育模式，以其新颖性、分享性等时代特点，吸引了众多的学生参与，创造了一个多时空、多维度、多疆界的教育教学创新空间，有着传统教育方式不可替代的优势。但是，自互联网诞生以来，许多错误思潮也都以网络为温床生成发酵、产生影响，这使意识形态教育更为困难，对思想政治教育的成效评估也难以实现。我们既要发挥网络学习、线上教学的作用与优势，同时也要对各种错误思潮保持警惕，有效防范制止其通过网络渠道以隐蔽形式渗透进入高校宣传思想阵地，同我们争夺人心，确保意识形态领域安全。

---

① 冯培：《审时度势借"式"化事 提升思想政治教育的针对性与亲和力》，《思想理论教育导刊》2017 年第 1 期。
② 中国互联网络信息中心：《CNNIC 发布第 49 次〈中国互联网络发展状况统计报告〉》，2022 年 2 月 25 日，http://cnnic.cn/gywm/xwzx/rdxw/20172017_ 7086/202202/t20220225_ 71724.htm。

一个非常有效的线上教学系统设计需要考量很多因素，线上教学不是简单把现场教学做成视频放在网上。线上教学过程中出现了有的教师备课下载视频、上课播放视频的现象，视频播放完了教学任务也完成了，整个教育活动完全脱离教育本质。线上教学缺少人与人之间面对面的交流、情感的传递，以及现场感的营造，用线上简单机械的视频或 PPT 演示来取代传统的教学方式，这完全不符合教育的本质。现代信息技术不可能完全取代传统教育方法，我们应借助它对教学方式和教学资源进行优化与整合。线上教育有线上教育的优势，有其资源获取的便利性，通过在线社群可迅速吸纳大批量学习者，迎合"数字土著"学习者的需要；而线下教育也有线下教育的传统优点，如具有师生情感语态传递、教学质量可控等优势。

四　高校、家庭、社会的系统合力还未完全形成

（一）家庭教育缺乏共同育人的责任意识

家庭教育是关乎立德树人能否真正实施的重要环节。立德树人的成效与家庭环境、家庭教育直接相关。中国青少年犯罪研究会统计资料表明，近年来青少年犯罪总数已经占到了全国暴力犯罪总数的 70% 以上，其中 14~18 岁未成年人犯罪案件又占到了青少年犯罪案件总数的 70% 以上。根据专家对 135 名违法犯罪青少年的调查，他们中父母或其他家庭成员有劣迹行为的占 76%，父母离异的占 34%，父母教育不当的占 91%，其中溺爱型的占 48%，放任型的占 34%，粗暴型的占 13%。[①] 家长是孩子的第一任老师，家庭教育是教育的重要方面，但目前中国家长在这方面是缺失的。[②] 这种缺失具体表现在父母对教育责任认识不清、教不得法等。一是把教育的责任推给学校。他们认为，只要学生一进校园，就如同进了"保险箱"，学生成长成才就是学校和老师的责任了。尤其是当学生面对突发事件时，不管学校是否有监管方面的责任或者存在着其他方面的原因，有些家长便认为学校应承担全部的责任，将学生安全责任"无限转移"给学校，把教育的责任完全推给学校。这种责任主体窄化、责任无限化终将导致高校经常

①　教育部关心下一代工作委员会《新时期家庭教育的特点、理念、方法研究》课题组：《我国家庭教育的现状、问题和政策建议》，《人民教育》2012 年第 1 期。
②　《教育改革要从家长教育开始》，《人民日报》2013 年 10 月 31 日，第 18 版。

处于被动状态。二是教不得法。有的家庭教育内容单一，没有因材施教，存在着重智育轻德育现象；教育方式过于简单，没有因人而异，存在着过高期望、过分溺爱、过度激励、过多干涉等问题。

（二）社会力量参与高校立德树人机制尚未建立

参与高校立德树人的社会力量是多样的，包括企事业单位、科研机构、社区、社会中介组织、公益组织机构、社团、大众传媒等等。由于缺乏共同育人的合作机制，社会力量参与高校立德树人的程度还不够。一是参与形式较为单一。一些社会团体、企业家、校友参与高校建设发展事业，主要是通过捐款、提供就业创业服务等形式，并没有参与高校立德树人的整个过程。二是参与渠道、机制不健全。政府的主导作用没有得到有效充分的发挥，引导社会力量参与高校立德树人的政策法规尚未健全；也缺乏建立社会参与的激励机制，包括经济资助、励志关爱、心理辅导、能力提升、感恩回报的资助育人体制机制，无法体现公益导向和经济导向相统一的原则。

（三）网络育人价值生成机制有待完善

"网络育人是着眼于以互联网为核心的新技术革命这一新形势、新环境所带来的机遇与挑战，基于马克思关于人的全面发展理论和思想政治教育规律，研究契合青年大学生群体的心理需求和成长要求、增强大学生思想政治教育针对性实效性的系统工程。"[①] 随着互联网的快速发展，网络已经成为舆论斗争的最前沿和重要阵地，网络意识形态安全问题也得到了前所未有的重视。在以互联网为基础平台的社会化媒体时代，社交媒体有着令人惊奇的发展速度和传播形式，深刻改变着人们的信息利用方式、思维方式和生活方式，甚至是价值观念，成为互联网时代的一种传播活动的特殊场域。随着新媒体的发展，"群体极化""沉默的螺旋"效应，微博的"网络广场"效应，微信的"网络包厢"特质，"朋友圈"升级为社交神器等网络现象也表明，当今的中国社会舆论场早已突破传统的二元结构，变得复杂多变、多样多元。网络的主体受众是青年学生，受众不再是被动单向接

---

① 白海霞：《"网络育人"价值生成机制建构》，《人民论坛》2016年第23期。

受主流媒体的影响，这要求舆论引导和主流话语权构建需要进行时代性的革新。境外敌对势力插手网络意识形态争论也日益频繁，想方设法通过网络这一隐性渠道，向青年群体灌输资本主义意识形态和西方文化，冲击社会共识，搅乱青年人思想。面临社会化媒体的快速发展、互联网话语权的下移、舆论引导格局的重构等新问题，如何发挥网络的育人价值和功能，探索网络育人的生成机制及其实现路径是网络时代高校立德树人的重要课题。

第三节　新时代高校立德树人系统化实践
存在问题的成因分析

针对全国 12 所高校的调查数据显示，新时代高校立德树人系统化实践还存在"科研"和"教学"不平衡、"育人"意识不强等问题。教师认为，产生这些问题的内部原因依次是"教师管理制度不健全"（56.3%）、"无硬性考核"（52.5%）、"校园文化氛围不浓"（49.2%）、"奖惩机制不完善"（43.2%）、"学校组织领导不到位"（26.8%）；而产生这些问题的外部原因依次是"功利化风气"（81.4%）、"社会道德滑坡"（57.4%）、"市场经济的负面影响"（49.2%）、"教师社会地位偏低"（47.0%）。从这些问题和归因来看，其在一定程度上体现出教师对立德树人实效的追求很大程度受外部因素左右。政府和高校教育、管理、监督机制的不全面、缺少协同，也是教师育人理念离散化、功利化和庸俗化的原因。因此，我们要分析高校立德树人系统化实践存在的问题，就得从其根植的土壤去剖析，除了教育者与教育对象对人的主体认识之外，还有高校立德树人的内外环境变化的原因。

一　教育者的"系统性育人"理念还不清晰

在高校立德树人实践过程中，教育者还没有完全树立长期提倡的"全员育人""以生为本"的理念。究其原因，具体有：一是还没有完全认识到自己的身份和职责。教育者有狭义和广义之分，从广义概念来看，对受教育者施加有意识的教育影响的人都属于教育者。而在现实中，一些教师"全员育人""全课程育人"理念没有完全树立起来，还不能正确处理育德与育才之间的关系，不能正确认识思想政治教育与知识传授之间的关系；一些从事教育管理的行政人员还没有意识到他本身也是"教育者"，没有认识到其工作对象是人，自然而然没有自觉承担起育人职责，没有把育人工作融入本职工作之中，也谈不上什么管理育人、服务育人。二是还没有充分掌握教育技术与艺术。有的教师教学观念较为陈旧，教学方法单一，没有主动顺应学生心理发展规律和教育学发展要求，去改变传统的灌输教学方法，改变学生原有的被动吸纳知识的地位，也没有积极引入现代教育技术手段，未能掌握各种教学艺术，在教学中所表现的语言艺术、情绪艺术与教态艺术缺乏，师生间情感交流不充分，无法调动学生学习兴趣，无法达到预期的教学效果。三是没有充分考虑教育对象的实际诉求。有的教育者课程教学脱离了教育对象的主体要求，把人异化为知识的容器和经济发展的工具，背离了人的全面发展之目标。有的教育者在教学过程中习惯于"讲大道理""讲学理"，或者使用"哲学意义上的价值话语"，忽略了"日常生活的价值话语"，使教学语言过于晦涩、目标过于抽象，表现出一种类似于"期货式"的教育行为。这就会造成少数的教育对象在接受教育的过程中产生抵触情绪，从而降低思想政治教育的亲和力，也降低教书育人的成效。也有的教育者脱离了生活的基础，没有把人的价值追求、教育的目的放在生活世界中去考察，体现不出人文关怀，导致了师生关系的疏离。

二 教育对象"自我同一性"的矛盾冲突

教育是他育与自我教育的统一。立德树人虽是教育者的根本任务，但离不开受教育者自身的"自我思考""自我教育""自我发展"，这也是高校立德树人系统化实践的题中之义和重要环节。自我教育意识是一种意识形式，是对自我价值的认识表现，关系到主观能动性发挥的程度。现在的教育对象已是"95后""00后"的新生代，他们的主体意识不断增强，思维活跃，具有新生代独特的价值判断、审美情趣、人格倾向及思维方式。在青少年时期，他们会有意识地关注"我是谁""我将来的发展方向""我如何适应社会"等问题，尝试着把与自己有关的各方面综合起来，形成一个自己决定的、协调一致的、不同于他人的自我。这是个体成长的主观意识和判断，也是个体自我发展和成熟的一个标志，直接影响到青少年日后的健康成长。如果这种意识引导正确了，他们的自我认同感就建立了，对后面成才以及职业发展有着重要导向作用，从而获得较好的角色同一性；反之，则会对自己认识不清，出现角色混乱，无法很好地适应社会。可见，"自我教育"意识的缺失会直接导致"自我角色"混乱。究其原因，笔者借用了心理学中一个很重要的概念"自我同一性"来解释这样的现象。埃里克森认为，自我同一性是一种发展的结构，有时指一个人对其个体身份的自觉意识，有时指他对个人性格连续统一体的无意识追求，有时指自我综合的无言操作，有时则是对某个群体的理想和特征的内心趋同。[①]简单来讲，自我同一性是对"我是谁"问题的回答，是个体在寻求自我发展的过程中，对自我确认和自我发展中诸如人生观、价值观、职业观等问题的思考和选择。面临"自我同一性"危机或困境，大学生自我价值意识常常会出现明显的分化，出现主观的、理想的"我"与客观的、现实的"我"，个体价值实现与社会价值承认之间严重失衡与错位，即自我意识上的二律背反，这使得个体精神生活中的思想观念、道德信仰、心理状态出现失衡，个体的主体性不足，对个人发展失去信心和动力，自我品德修为锤炼、自我能力提升方面也就无从谈起。并且"存在于社会活动与各种关系之中的个体在发展过程中有时会带有发展的不平衡性、排他性、盲目性以及价值判断矛盾等特性"[②]。从以上分析可以发现，自我同一性的矛盾冲突是当代人特别是当代青年方向感迷失、自我角色混乱的直接根源。同时，分析和研判在高校立德树人系统化实践中出现的实例，也会发现在高校立德树人系统性制度建构上还应重视教育者"打铁还需自身硬"这一支点的重要性。

三　立德树人环境的"时代性变化"带来的深刻影响

改革开放40多年来，全新的生活方式与时代环境深刻影响着高等教育，赋予高校人才培养全新的视域与发展空间。"改革开放打破了传统意识形态的栖息环境，推动着意识形态的创新与发展，推动着思维方式、生活观念

---

① 〔美〕埃里克·H. 埃里克森：《同一性：青少年与危机》，孙名之译，浙江教育出版社，1998，第115页。

② 杨青莉：《个体发展与社会调控之间的契合与完善》，《人民论坛》2014年第11期。

和社会意识的进步。"① 面对各种思想文化交流交融与激烈交锋，全新的时代环境对高校立德树人依旧产生重要影响。从社会宏观环境看，一方面，市场经济的负面影响依旧存在，德育功能相对弱化。市场经济有着功利主义和实用主义的一面，其社会工具价值遮蔽了人的发展价值，导致教育的人本价值与工具价值存在分化与矛盾，甚至会使人逐渐成为"经济动物"。我们如果坚持"社会本位"原则，一味追求适应商品经济发展的需要，社会倡导什么，高校德育就追求什么，甚至有些课堂教学内容会出现"西化"倾向，这会使德育陷入成为"适应生产力的发展的工具"② 的困境。这种适应只是机械的、消极的适应，缺乏独立的精神品质，使得德育忽视人文关怀的目的，以功利化的道德教育主张去培养和塑造社会需要的人才，那么，人的全面发展就被断片化、功利化。另一方面，受到西方社会思潮的冲击，不同的价值观念相互激荡。我们的物质生活获得了长足的发展与进步，以及网络、自媒体快速发展，带来了生活方式与价值观念的急剧转变。同时，新自由主义、历史虚无主义、"普世价值"、民主社会主义等西方社会思潮影响依旧；个人主义、拜金主义、享乐主义等一些错误的思想观点也在滋长，精神危机、道德滑坡、文化贬值、心灵空虚等现象层出不穷。由于社会系统内在结构的变迁，立德树人的社会环境基础相应发生了现代性变化。这种环境与人的交互作用，引发了立德树人系统中的人的思想观念现代性转变。诸多价值观念的滥觞和社会思潮的冲击，深刻影响着"新生代"大学生群体的价值取向和道德标准，给他们精神世界带来现实的不适与巨大的反差。

从高等教育自身发展环境看，经过这么多年的发展，我国高等教育的总量供给短缺状况已经发生质的变化。数据显示，中国高考人数一直在持续变化。2011 年高考报名人数为 933 万，2012 年下降到 915 万，2013 年继续下降到 912 万，2014 年至 2017 年 4 年间高考人数稳定在 940 万左右。2018 年增长至 975 万，2019 年突破千万大关，达到 1031 万，此后高考报名人数持续上涨。2022 年全国高考报名人数 1193 万，连同历年高考报名人

---

① 杨立英、曾盛聪：《全球化、网络化境遇与社会主义意识形态建设研究》，人民出版社，2007，第 35 页。

② 董晶：《高校人文性与科学性的立德树人模式研究》，硕士学位论文，南京财经大学，2013，第 22 页。

数，已经连续 4 年突破千万大关。① "00 后" 出生人口数量下降了，高考人数却创新高，这是为什么呢？究其原因，主要就是高职扩招、中职毕业生参加高考人数增加。从高考录取率来看，虽然高考报名人数增加，但近年来的高考录取率不减反增，且录取率的上升势头，赶超报考人数的涨幅。在招生录取人数及录取率上，2011~2021 年全国录取人数呈不断增长态势，2011 年全国录取人数为 681.5 万，录取率为 73.04%；2017 年录取率首次超过 80%，为 81.01%；2020 年超过 90%，为 90.33%；到 2021 年录取率已上升到 92.89%。② 从这几组数据对比，我们不难看出，现在高等教育已经不再是精英教育了，而变为实实在在的一个普通教育。也就是说，每一个人的教育程度，未来都可以达到高等教育。这也说明了我国高等教育正在步入一个 "人人""时时""处处" 可接受教育的时代。至此，高等教育是否需要继续区分为普通高等教育、成人高等教育、网络高等教育等类型，还需要重新加以审视。③ 高考持续的扩招、高校人才培养的模式选择、人才培养体系升级，导致了生源质量参差不齐、学校办学经费紧缺、生师比扩大、教学资源紧张等困境，这给新时代高校育人、系统性整合资源育人带来不小的压力和挑战。

本章小结

党的十八大以来，以习近平同志为核心的党中央高度重视培养社会主义建设者和接班人，坚持把立德树人作为教育的根本任务，不断开创我国教育事业发展新局面。在习近平新时代中国特色社会主义思想指引下，经过多年的共同努力和创造性实践，新时代高校立德树人工作取得显著成效，表现在思想政治工作地位不断提高、"思政课程" 与 "课程思政" 建设有机结合、大学生思想主流继续呈良好态势、大学生综合素质整体性提升等方

---

① 杨菲菲：《高考人数连续 4 年破千万，考大学更难了吗？》，中国教育在线，2022 年 6 月 5 日，https：//baijiahao.baidu.com/s？id=1734723698743511276&wfr=spider&for=pc。
② 杨菲菲：《高考人数连续 4 年破千万，考大学更难了吗？》，中国教育在线，2022 年 6 月 5 日，https：//baijiahao.baidu.com/s？id=1734723698743511276&wfr=spider&for=pc。
③ 梁国胜、孙庆玲：《我国高等教育改革发展进入新阶段》，《中国青年报》2019 年 4 月 15 日，第 6 版。

面。同时，在对高校立德树人的新老问题和不足进行归纳时，仍可以看出高校立德树人依然存在着教育主体上的"全员"共同参与性不强，教育时间上的"全程"不持续，教育空间上的"全方位"不够等问题，这些问题集中体现为立德树人实践在系统性和整体性上的合力不足。究其原因，在于教育者教育理念还不完全清晰，教育对象存在"自我同一性"矛盾冲突，以及高校立德树人环境的"时代性变化"带来的深刻影响，等等。以上种种问题是新时代高校立德树人所面临的亟待解决的问题。如果教育力量不是系统的、融合的，而是割裂的、分散的，那么，所形成的育人瓶颈就显而易见，也无法实现人的自由全面发展。因此，在新时代高校深入推进立德树人系统化实践的过程中，必须从战略的高度，深刻认识、精准把握其中的重点和难点，为有针对性地解答这些问题提出正确的思路。

第四章　新时代高校立德树人系统化实践的科学思想方法

从推动事业发展来说，从思想方法入手打开新局面是我们党的优良传统。在《辩证唯物主义是中国共产党人的世界观和方法论》一文中，习近平总书记指出："要学习掌握马克思主义哲学，努力提高探索解决新时期基本问题的本领。"[1] 针对新时代立德树人实践面临的新形势新问题，高校应继续深化"三全育人"模式，构建具有更强的平衡性、全面性和协同性的立德树人系统化实践机制，发挥不同育人主体的作用，把各类要素集聚起来，形成强大合力，推动立德树人实践向纵深发展。

马克思主义哲学即辩证唯物主义和历史唯物主义，集中体现了马克思主义立场观点方法，是科学的世界观和方法论。马克思主义哲学是马克思主义全部学说的基础，其中蕴含丰富的系统观点，描绘了事物普遍联系的"辩证图景"，强调联系具有客观性、普遍性、条件性，正好为我们推动高校立德树人系统化实践提供了方法论指导。党的十八大以来，习近平总书记就坚持系统观念作出一系列重要论述和指示要求。在党的二十大报告，习近平总书记再次强调："继续推进实践基础上的理论创新，首先要把握好新时代中国特色社会主义思想的世界观和方法论，坚持好、运用好贯穿其中的立场观点方法。"[2] 我们要深刻领会这些重要论述的含义，善于把高校立德树人实践实际工作中的问题提升到哲学理论层面来思考和把握，充分运用这些理论武器来系统化推进立德树人实践，不断开创高校育人的新局面。

---

[1] 习近平：《辩证唯物主义是中国共产党人的世界观和方法论》，《求是》2019年第1期。

[2] 习近平：《高举中国特色社会主义伟大旗帜 为全面建设社会主义现代化国家而团结奋斗——在中国共产党第二十次全国代表大会上的报告》，人民出版社，2022，第18~19页。

第一节　马克思主义系统观与系统论

系统论把事物当作一个整体或系统来考察，集中体现了马克思主义中事物之间"普遍联系"的思想，而这种"系统"思想发展到现在仍然是我们认识世界的重要方法。马克思主义哲学中关于事物的普遍联系观点和系统思维是指导我们构建立德树人系统化实践机制的科学方法。

一　马克思主义系统观

"马克思虽然没有独立形态的关于系统思想的专门著作，但马克思主义的唯物辩证法和历史唯物主义当中贯穿着浓厚的系统思想，尤其是现代系统科学的许多重要思想在马克思主义经典著作当中都有初步的表达。"① 马克思和恩格斯批判继承前人的系统观点和思想的优秀成果，提出和自觉使用"系统"概念。他们在自己的著作中多次使用过"系统"、"整体"、"有机系统"以及"过程的集合体"、"社会体系"、"社会有机体"、"统一的整体"等包含着系统观点的概念。② 马克思主义哲学的唯物辩证法、认识论和唯物史观中都蕴含着丰富的系统论思想。

（一）唯物辩证法中的系统观点

系统观是马克思和恩格斯的唯物辩证法的核心思想，对唯物辩证法在自然和社会科学领域的运用都起了巨大的推动作用。马克思和恩格斯的经典著作，字里行间均有体现"系统思想"。马克思恩格斯对"我们的世界"进行描述，描绘出物质世界普遍联系和永恒发展的辩证图景。恩格斯指出，物质世界"是一幅由种种联系和相互作用无穷无尽地交织起来的画面，其中没有任何东西是不动的和不变的，而是一切都在运动、变化、生成和消逝"③。随着自然科学从19世纪开始快速发展，人类对自然过程的相互联系的认识更加深入。恩格斯进一步指出，"由于这三大发现和自然科学的其他

---

① 赵国营、张荣华：《论马克思主义中的系统思想》，《广西社会科学》2017年第1期。
② 丁国卿：《浅谈马克思主义哲学中的系统论研究》，《科海故事博览（科技探索）》2013年第6期。
③ 《马克思恩格斯选集》（第3卷），人民出版社，1995，第359页。

巨大进步，我们现在不仅能够说明自然界中各个领域内的过程之间的联系，而且总的说来也能说明各个领域之间的联系了，这样，我们就能够依靠经验自然科学本身所提供的事实，以近乎系统的形式描绘出一幅自然界联系的清晰图画"①，以及"我们所接触到的整个自然界构成一个体系，即各种物体相联系的总体，而我们在这里所理解的物体，是指所有物质的存在，从星球到原子，甚至直到以太粒子，如果我们承认以太粒子存在的话。这些物体处于某种联系之中，这就包含了这样的意思：它们是相互作用着的"②。

这也就是说，从无机界到有机界，从自然界到人类社会，任何事物都处在普遍联系、相互依存之中，整个世界是相互联系的统一整体。马克思和恩格斯通过总结19世纪自然科学的三大成果，对古代辩证法思想，取其精华、去其糟粕，从而创立唯物辩证法。"事实上，直到上一世纪末，自然科学主要是搜集材料的科学，关于既成事物的科学，但是在本世纪，自然科学本质上是整理材料的科学，是关于过程、关于这些事物的发生和发展以及关于联系——把这些自然过程结合为一个大的整体——的科学。"③ 由此可见，马克思主义的物质观、运动观和发展观，都包含着丰富系统的思想，为现代系统思想的产生和发展奠定了坚实基础。

（二）认识论中的系统观点

人的认识过程，是主观与客观相符合的过程。实际上，人的认识是一个复杂的过程，处于不断进步、不断完善和不断发展之中。恩格斯认为，人的认识是"一方面，人的思维的性质必然被看作是绝对的，另一方面，人的思维又是在完全有限地思维着的个人中实现的。这个矛盾只有在无限的前进过程中，在至少对我们来说实际上是无止境的人类世代更迭中才能得到解决。从这个意义来说，人的思维是至上的，同样又是不至上的，它的认识能力是无限的，同样又是有限的。按它的本性、使命、可能和历史的终极目的来说，是至上的和无限的；按它的个别实现情况和每次的现实

---

① 《马克思恩格斯选集》（第4卷），人民出版社，1995，第246页。
② 《马克思恩格斯选集》（第4卷），人民出版社，1995，第347页。
③ 《马克思恩格斯选集》（第4卷），人民出版社，1995，第245页。

来说，又是不至上的和有限的"①。可见，人的思维"至上性和非至上性"，认识能力"无限和有限"的辩证法决定了整个马克思主义认识论是无限发展的。"事实上，一切真实的、穷尽的认识都只在于：我们在思想中把个别的东西从个别性提高到特殊性，然后再从特殊性提高到普遍性；我们从有限中找到无限，从暂时中找到永久，并且使之确立起来。然而普遍性的形式是自我终结的形式，因而是无限性的形式；它把许多有限的东西综合为一个无限的东西。"② 真理是客观的，既是绝对的，也是相对的。"真理是在认识过程本身中，在科学的长期的历史发展中，而科学从认识的较低阶段向越来越高的阶段上升，但是永远不能通过所谓绝对真理的发现而达到这样一点。"③ 人的认识来源于实践，又高于实践，实践和认识的不断反复，构成了认识的系统，认识具有反复性、无限性、上升性。从以上的概述中可以看出，马克思恩格斯不仅坚持实践第一的观点，而且阐述了认识发展的辩证过程，指出认识过程是一个复杂的动态系统。

（三）唯物史观中的系统观点

马克思和恩格斯在揭示整个人类社会发展一般规律时，始终坚持对人类历史发展的辩证分析，强调了人类历史发展统一性与多样性的辩证关系。从目前来看，人类社会包含了经济关系、政治制度、政治斗争、阶级斗争、市民社会和国家这些内容。"在现代历史中至少已经证明，一切政治斗争都是阶级斗争，而一切争取解放的阶级斗争，尽管它必然地具有政治的形式（因为一切阶级斗争都是政治斗争），归根到底都是围绕着经济解放进行的。因此，至少在这里，国家，政治制度是从属的东西，而市民社会，经济关系的领域是决定性的因素。在现代历史中，国家的意志总的说来是由市民社会的不断变化的需要，是由某个阶级的优势地位，归根到底，是由生产力和交换关系的发展决定的。"④ 人类社会发展的影响因素是多样的，因素与因素之间的联系也是紧密的、相互作用的，共同影响人类社会的发展与进步。马克思还说："人们自己创造自己的历史，但是他们并不是随心所欲地创

---

① 《马克思恩格斯选集》（第3卷），人民出版社，1995，第427页。
② 《马克思恩格斯选集》（第4卷），人民出版社，1995，第341页。
③ 《马克思恩格斯选集》（第4卷），人民出版社，1995，第216页。
④ 《马克思恩格斯选集》（第4卷），人民出版社，1995，第251页。

造，并不是在他们自己选定的条件下创造，而是在直接碰到的、既定的、从过去承继下来的条件下创造。"① 这意味着人类社会发展是继承性与创新性辩证统一的过程，从原始社会、奴隶社会、封建社会到资本主义社会，甚至是未来的共产主义社会，社会形态的不断更迭是一个漫长的过程，一个前进性与曲折性的辩证统一的过程。总之，"辩证方法要我们把社会看作活动着和发展着的活的机体"②。所以说，马克思的历史观与认识论一样，同样包含着系统的思想，这对系统论的发展起了重大的作用。

整体来看，系统论是 20 世纪 40 年代兴起的一门新兴学科，它隶属于系统方法论。系统论和马克思主义哲学之间存在着必然的关联。在一定意义上，系统论同马克思主义哲学均属于方法论，都包含着运动和发展的观点。③ 可见，马克思主义哲学中的系统观与系统论既有关联之处，也有一定区别。马克思主义系统观是一种哲学思想方法，而系统论更接近于具体的研究方法。因此，我们要学习马克思主义哲学和现代系统论，研究两者之间的关系，掌握系统论，为研究高校立德树人系统化实践活动提供强大的思想工具。

二 马克思主义系统观在系统科学理论中的地位

在系统论的发展史中，几乎所有的系统论研究者无不谈到马克思主义哲学，特别是唯物辩证法与系统论的关系。④ 马克思主义系统观 "成功地创立了关于整个世界的统一的唯物辩证的系统论，这在人类思想史上是一个伟大的、史无前例的创举"⑤。一般系统论同马克思主义哲学的联系是紧密的。系统论的创始人贝塔朗菲（L. V. Bertalanffy）认为，"虽然起源有所不同，普通系统论的原理和辩证唯物主义理论的类同，是显而易见的"⑥。美国 D. 麦奎因和 T. 安贝吉认为，马克思是一位早期的系统论者，"他的理论

---

① 《马克思恩格斯选集》（第 1 卷），人民出版社，1995，第 585 页。
② 《列宁全集》（第 1 卷），人民出版社，1984，第 159 页。
③ 史春琳：《马克思主义哲学与系统论的关联性研究》，《人民论坛》2014 年第 2 期。
④ 丁国卿：《浅谈马克思主义哲学中的系统论研究》，《科海故事博览（科技探索）》2013 年第 6 期。
⑤ 刘炯忠：《马克思的方法论与系统论》，中国人民大学出版社，1994，第 116 页。
⑥ 叶立国：《哲学思想：系统科学形成的形而上学基础》，《系统科学学报》2012 年第 2 期。

工作的主要部分都可以看作是富有成果的现代系统方法研究的先声"①。这足看出马克思主义系统观在系统科学理论中的地位。

(一) 从内容构成的关联角度来看

马克思主义哲学的产生有着深厚的阶级基础和自然科学基础,直接理论来源之一是德国古典哲学,其中主要是黑格尔的辩证法和费尔巴哈的唯物主义,主要的研究对象是自然科学、人类社会以及思维规律。系统论主要是以 19 世纪一些自然科学成就作为主要的依据,其中涵盖了细胞学说、能量守恒和转化定律、生物进化论等体现了哲学思想的自然科学理论。自然科学的进步,使人们用联系和发展的观点看待周围的世界成为可能。20世纪 40 年代,先后创立的系统论、控制论和信息论等三门系统理论的分支学科,在系统科学领域中处于基础地位,也称"老三论"。耗散结构论、协同论、突变论是 20 世纪 70 年代以来发展起来的三门系统理论的分支学科,俗称"新三论"。系统科学理论不仅很大程度上改变了人们对客观世界和人本身的认知,也改变了人们的思维模式和思想方法。② 系统理论的"老三论"中的系统论指的是 20 世纪二三十年代,贝塔朗菲提出的"一般系统论"学说。1947~1948 年,他明确提出了系统论是一门新学科,即适用于各种不同的具体科学系统的理论。信息论是 20 世纪 40 年代后期从长期通讯实践中总结出来的一门学科,是专门研究信息的有效处理和可靠传输的一般规律的科学。① 美国数学家克劳德·香农 (C. E. Shannon,1916~2001) 是信息论的创始人。控制论是研究系统在动态变化的环境条件下如何调节和控制的科学。美国应用数学家诺伯特·维纳 (Norbert Wiener,1894~1964) 是控制论的创始人。③ 由于系统科学极其复杂,内容丰富,以及防止其偏离思想政治教育学科的方向,本书侧重于阐述和借鉴"一般系统论"的相关观点,其他的系统科学理论就不加以阐述了。

而马克思从哲学视角概括了自然科学的成就,全面、深刻地揭示自然界唯物辩证性质的条件已经成熟,不仅对社会科学,对自然科学的发展也起到

---

① 叶立国:《哲学思想:系统科学形成的形而上学基础》,《系统科学学报》2012 年第 2 期。
② 参见侯勇《社会视野中的思想政治教育系统研究》,人民出版社,2016,第 17~18 页。
③ 参见侯勇《社会视野中的思想政治教育系统研究》,人民出版社,2016,第 17~18 页。

了积极的推动作用。系统论主要建立在自然科学的基础上，并在唯物辩证法系统观的影响下产生和发展起来。系统论的一些基本原则，如整体原则、关联原则、动态原则等，都与唯物辩证法有着直接的渊源关系。对于这种渊源关系，无论是一般系统论的创始人，还是现代系统论的后继研究者，都毫不讳言地加以肯定。可见，马克思主义哲学和系统论从内容构成上有着一定渊源关系，都是以自然科学为基础的，又都结合社会科学形成各自理论体系。

（二）从贯穿其中的主要观点看

马克思主义哲学和系统论都体现着发展和联系的观点。唯物辩证法是关于联系和发展的学说，认为世界是普遍联系的整体，联系具有客观性、普遍性和多样性，要求从普遍联系的总体上把握事物的本质和功能，认为世界是永恒发展的过程，事物发展是有规律性的。而系统论主要揭示普遍联系的微观机制和系统特征，把对事物联系的研究定量化、模型化。系统论包括科学和数学系统论、系统技术（工程）、系统哲学等三个方面。贝塔朗菲强调的是系统观点、动态观点和层级观点，注重系统内部要素之间、系统与外部环境之间的动态平衡关系。信息论认为，客观世界有物质、能量和信息这三大基本要素。要素与要素、系统与环境之间的作用都需要通过信息的交互来实现。控制论的基本概念与核心问题是反馈概念和反馈问题。通过信息输出、输入、反馈，起到制约、调节和控制系统的作用。可见，这三种理论的共同之处在于，都承认世界是普遍联系发展的，每个要素在系统中都处于一定的位置上，不是孤立地存在着，并起着特定的作用与功能。作为一种指导思想，系统论要求把事物当作一个整体或普遍联系的对象来考察，强调要素之间的联系与作用构成了系统发展和变化的根本规律，这符合马克思主义关于物质世界普遍联系的哲学原理。

（三）从方法论和指导作用的关联性来看

马克思主义哲学和系统论之间存在着很多的关联点，二者均是方法论，但是也不能把两种理论混为一种。系统论是处于具体科学与哲学之间的具体研究方法。马克思恩格斯所创立的唯物辩证法是研究自然界、人类社会和人的思维发展一般规律的科学，是无产阶级认识世界、改造世界的科学方法论。系统论、控制论、信息论三门学科的关系密切。系统论提出系统概念并揭示其一般规律，信息论则研究控制的实现过程，控制论研究系统演变过程中的规律。因此，信息论是控制论的基础，二者共同成为系统论的研究方法。信息这个概念，在不同学科中有着不同的内涵与外延。信息以物质介质为载体，反映世界各事物之间的联系和运动状态。控制论把信息归结为信号；物理学和信息论把信息定义为熵；哲学认为信息是物质的一种存在形式，是对客观世界的反映，可以被认识是对事物的描述，可以有不同的表达和传播方式。系统论提出了要素、结构、层次、功能等新概念，这都是唯物辩证法范畴体系中所没有的，其还肯定了可知论，对其中一些关于感性和理性的认识进行了抽象和具体的辩证表达，丰富和深化了唯物辩证法，但总体上没有超出唯物辩证法的范畴，是辩证法在现代科学中的具体运用。因此，两者都作为一种指导思想和科学方法，有力指导了人类认识世界、改变世界。

第二节　新时代高校立德树人系统化实践的原则与方法

马克思主义系统观阐明事物运动的方向性、整体性、关联性和动态性原理，是一种哲学思想方法，在系统科学理论中具有重要的地位，有力指导了人类认识世界、改变世界。运用马克思主义系统观来构建新时代高校立德树人系统化实践机制与评价体系，就是要求我们把握系统观的整体性，以全面的、发展的、辩证的、普遍联系的观点认识和解决"系统性育人"问题，使高校立德树人系统发挥最大效能、实现最优目标。因此，高校在推进立德树人系统化实践过程中应树立"系统的自觉"和"系统的思维"，自觉遵循马克思主义系统观的几个原则和把握科学的思想方法。

一　遵循的原则

（一）方向性原则

"只要我们造成某个运动在自然界中发生时所必需的那些条件，我们就能引起这个运动……并且我们能赋予这些运动以预先规定的方向和范围。"①

---

① 《马克思恩格斯选集》（第4卷），人民出版社，1995，第328页。

通过一定条件的设置，定能达到预设目标，这是系统动态运行的方向性。方向性原则是指构建立德树人系统化实践机制要有一个"管总"方向，以方向原则统摄各种具体目标，确保立德树人整个系统朝着同一方向运行。教育不能离开一定的社会制度，也无法脱离一定的社会需要而孤立存在。依据立德树人与社会历史条件相互制约的规律，构建立德树人系统化实践机制要始终与我国社会主义社会发展的要求相一致，坚持正确的政治方向不动摇，坚持社会主义办学方向不动摇。这一方向原则集中反映了立德树人的本质要求和基本规律，也是高校立德树人系统化实践的首要原则。首先，只有坚持方向性原则，才能保证党对高校办学坚强有力的领导，才能保证人才培养同国家发展的现实目标和未来方向紧密联系在一起，保证我国高等教育的社会主义特色。一所学校一旦在办学方向上走错了，在培养人的问题上走偏了，那就像一株歪脖子树，无论如何也长不成参天大树。因此，高校立德树人实践只有坚持正确的办学方向，才不会偏离了教育的初心，才不会动摇教育的根基。正如习近平总书记指出的，"我国高等教育发展方向要同我国发展的现实目标和未来方向紧密联系在一起，为人民服务，为中国共产党治国理政服务，为巩固和发展中国特色社会主义制度服务，为改革开放和社会主义现代化建设服务"①。其次，只有坚持方向性原则，才能统一高校立德树人各教育主体的行动，协同社会各方面的力量，把立德树人作为中心环节，把思想政治工作贯穿教育教学全过程，使各主体同向发挥作用，增强自觉性，减少盲目性，真正形成育人合力，实现全员育人、全程育人、全方位育人。最后，坚持方向性原则是实现立德树人价值的根本要求。立德树人的价值实现与否，必须以是否完成培养德智体美劳全面发展的社会主义建设者和接班人这一根本任务为评判标准。高校立德树人系统化实践只有紧扣培养什么人这个根本问题，才能真正把党的教育方针贯彻到教学管理工作全过程，才能培养德智体美劳全面发展的中国特色社会主义事业建设者和接班人，才能确保党的事业后继有人。由此可见，把握立德树人的方向性原则需要深入考察当前我国所处的历史阶段、时代特征、国际环境以及所面临的主要社会矛盾。在此基础上，才能进一

---

① 《习近平：把思想政治工作贯穿教育教学全过程 开创我国高等教育事业发展新局面》，《人民日报》2016年12月9日，第1版。

步明确构建立德树人系统化实践机制的目标、方法与具体路径。

(二) 整体性原则

整体性观点是马克思主义系统观的主要内容,也是系统论的核心。马克思主义认为自然界是一个有机的整体系统,而且也认为人类社会历史也是一种运动变化发展的系统过程。马克思从组成社会有机体不同的要素、结构、功能、环境等方面解释了社会有机体的运动规律,认为"不同要素之间存在着相互作用。每一个有机整体都是这样"[1]。社会有机整体的平衡发展是通过各要素的相互协调来实现的,整体发展是真正实现系统最优化的前提条件。整体思想在马克思主义哲学的系统观中占有重要地位,整体性是立德树人系统化实践机制建构的重要原则,其主要目的是协调与控制各种影响因素,使之同向同行地发挥作用。[2] 首先,整体性把握立德树人系统与社会经济基础、上层建筑之间的关系。立德树人属于意识形态范畴,受经济基础和社会存在的决定和制约,也受上层建筑中政治、法律等意识形态的影响和制约。这就要求立德树人必须与该社会的经济基础和上层建筑相适应并为其服务,必然要向教育对象传输主流意识形态和价值理念。这也要求我们要把立德树人系统同经济基础和上层建筑的矛盾运动结合起来观察,把立德树人同社会发展需要作为一个整体来观察,这样才能全面把握整个立德树人系统的基本状况。因此,必须深入把握立德树人的内涵,坚持其教育内容、时间安排、方法选择、环境设计都要由社会历史条件和受教育者思想品德发展状况来决定,要与之实际状况、群体特征相适应。其次,要把握立德树人系统化实践机制内部各构成要素整体性的有效配合。由于青年学生德智体美劳的形成和发展受多种因素的影响和制约,诸育之间存在互为条件、互相渗透、互相促进的状况,形成的渠道也是多样的。立德树人系统的人、物、环境等要素之间的关系是一种相互联系、相互作用的关系。在构建立德树人系统化实践机制的具体途径上,要充分考虑高校领导者、教育者、受教育者以及教育内容、方法、载体等要素与相互关系,并不断解决由这些要素构成的几个子系统之间的矛盾,使之有效配合,

---

[1] 《马克思恩格斯文集》(第8卷),人民出版社,2009,第23页。

[2] 陈万柏、张耀灿主编《思想政治教育学原理》,高等教育出版社,2015,第148页。

最大限度地发挥立德树人系统整体性功能。最后，要把握立德树人系统与其他社会系统之间的协同关系。"思想政治教育既不是一个孤立的自我封闭的系统，也不是一个仅仅与经济基础、上层建筑发生纵向联系的系统，而是一个与其他社会系统有着纵横交错的复杂联系的开放系统。"[1] 既然思想政治教育是一个开放系统，那么扩展到立德树人系统，它与社会各平行系统之间同样也存在广泛的人员、物质能量和信息的交流，也是一个开放系统。因此，从立德树人系统的内涵外延来看，立德树人系统化实践机制的构建，应整合高校、政府、家庭和社会等各方力量，使内外机制协同运行，全方位协同推进立德树人系统化。

（三）关联性原则

只有掌握事物的内在结构与要素的关联性，才能清楚地把握其内在的系统性。关联性原则，也可以称为"非加和性原则"。马克思主义系统观认为，由各要素组成的整体，具有不同于各要素简单相加的新特质，如新的特性、新的功能、新的规律等，即认为系统具有非加和的性质。[2] 对于社会现象，恩格斯又提到了系统整体与部分功能关系，特别强调了"整体大于部分"这个基本命题。"许多人协作，许多力量融合为一个总的力量，用马克思的话来说，就产生'新力量'，这种力量和它的单个力量的总和有本质的差别"[3]。这就要求我们不仅从整体上把握"有机体"运行的基本原理，而且要分析内部诸要素之间的关系，把握系统各要素在系统结构中表现出的多层次状态的特征。立德树人系统是在立德树人实践中形成和发展起来的一个多层次的立体体系，不是静止的横向截面。所以系统内部的关联性、非加和性要求我们在推进立德树人系统化实践的过程中，不能只把目光限定在单一领域的发展上，不仅要树立全局意识、加强整体谋划，而且要做到善于"庖丁解牛"，对全局和局部之间的相互关系进行综合立体式剖析，以使整个育人系统获得最佳效能、实现最优目标。首先，准确把握教育对象的差异性。教育对象的个体差异，个体的思想观念、价值取向、利益诉

① 陈万柏、张耀灿主编《思想政治教育学原理》，高等教育出版社，2015，第 200 页。
② 转引自鞠俊俊《马克思主义系统观的几个原则》，《学习时报》2021 年 5 月 10 日，第 A2 版。
③ 《马克思恩格斯文集》（第 9 卷），人民出版社，2009，第 133~134 页。

求、认知程度的不一样，要求我们根据被教育对象的潜质特征和自我价值倾向等因素，尊重学生的个性差异因材施教，分层次开展教育活动。立德树人系统化实践机制的构建要根据这种差异性，所组成的要素和子系统应该依照由整体到局部，由一般到个别的次序，分层次加以区分，在一定范围和条件下发挥自己特殊的功能与作用。其次，采取不同形式、不同层次的教育方法与手段。根据教育对象的差异性来确定教育内容，选择的教育载体和方法也存在差异性。只有这样，才能从不同层次的教育对象的基础出发，采用适宜的教育载体和方法，保证系统从层次内容到层次形式的真正统一。最后，坚持以发展递进方式进行教育。根据受教育者的思想品德和知识体系的形成规律，分层次、分阶段对其进行教育与培养，加强小中大研教育有机衔接，以打造学生成长成才的循序渐进、螺旋上升的全程教育链。需要指出的是，将立德树人分层次、分阶段进行，仅仅是为了提高育人的针对性和实效性，而不是把立德树人活动片面地划分等级，把各环节割裂开来，忽视其内部的关联性。

（四）动态性原则

在恩格斯看来，整个自然界永远处于运动、变化和发展之中，同时，他进一步指出了世界是一个过程的集合体。世界是存在整体联系的，也是普遍运动的，即动态性。"我们所接触到的整个自然界构成一个体系，即各种物体相联系的总体，而我们在这里所理解的物体，是指所有的物质存在，从星球到原子，甚至直到以太粒子，如果我们承认以太粒子存在的话。这些物体处于某种联系之中，这就包含了这样的意思：它们是相互作用着的，而它们的相互作用就是运动。"[①] "整个自然界被证明是在永恒的流动和循环中运动着"[②]；物质世界总是处于运动、变化和发展之中，"世界不是既成事物的集合体，而是过程的集合体"[③]。这些论述阐明了"集合体"处于运动、变化和发展中，按照机制运行的特点，构成的要素也要根据环境的变化不断调整、稳定、再调整、再稳定，才能持续发挥其功能。受此启发，立德

---

① 《马克思恩格斯文集》（第9卷），人民出版社，2009，第514页。
② 《马克思恩格斯文集》（第9卷），人民出版社，2009，第418页。
③ 《马克思恩格斯文集》（第4卷），人民出版社，2009，第298页。

树人系统化机制构建需要遵循动态性原则。从空间维度上看，高校立德树人系统化实践机制，不是一个静态的概念，它是系统内部动态的运行方式和过程，是一个与外界环境不断互动的、开放的、动态的系统。从时间维度上看，立德树人实践过程中存在连续性与阶段性的共向问题。这都相应地要求我们要以动态和发展的眼光看待立德树人内在的运行方式和过程，根据内外部条件的变化，因事而化、因时而进、因势而新，"以预先规定的方向和范围"来及时调整各构成要素的关系，确保立德树人系统化实践运行机制处于一个不断完善、更新的动态循环和持续改进的过程中。

二　新的思维与方法

新时代思想政治教育对象在多元文化的影响下，在思想认识、价值取向、行为方式、生活习惯等方面都具有新的成长特征，他们对成长的内涵与外延有自己的界定，不仅体现在他们对国家、民族发展充满期待上，同样体现在对自己的成长充满期待上。面对新生代的新特征和新变化，如何构建具有系统性和协同性的立德树人实践体系，解决教育者所提出的教育目标要求与受教育者发展状况的矛盾，提升思想政治教育整体质量，是新时代高校思想政治教育的新使命和新任务。在新的时代条件下，高校立德树人要完成各项艰巨繁重的改革发展任务，必须增强实践基础上的理论自觉，掌握科学的工作方法，按照马克思辩证唯物主义的思维逻辑，运用系统思维来分析事物的本质和内在联系、把握事物的发展规律、处理事物发展的矛盾，才能真正有效地推进立德树人系统化实践，促进学生全面健康发展，回应时代之需。

（一）教育主体要坚持系统观念

马克思主义系统观是我们认识世界、改造世界的基本思维方式和重要工作方法。按照马克思辩证唯物主义的思维逻辑，我们应把系统看作由不同要素基于一定关系或结构结合而成的具有特定功能的有机整体。在新时代，随着社会基本矛盾和学生群体特点发生改变，高校立德树人这一任务也变得更加复杂艰巨。因此，高校应根据时代的变化，进一步贯彻落实把思想政治工作贯穿于教育教学全过程的"新思政"理念，坚持系统观念，着力于构建以立德树人为中心环节的一体化育人体系，强化立德树人系统化实践举措的系统集成、协同高效。

一是善于以系统思维统揽全局。各教育主体要同心同向。新时代的思想政治教育要突破传统概念的限制，从狭义思想政治教育走向广义思想政治教育，转变思政工作形态，构建起高校大思政工作格局。无论是高校领导干部、政工干部、共青团干部，还是思想政治理论课教师、专业课教师、教育管理者等都要纳入思想政治教育的主体系统，引导全体教职员工在完成立德树人这一根本任务上始终同心同德、同心同向，协同推进、形成合力，而不是各自为政、分散用力；注重与家庭教育、社会教育的有机衔接，整合育人资源，打造区域性的"三全育人共同体"，形成高校、家庭和社会教育有机结合的协同育人机制。同时，还要注重形成育人体系闭环，对每一个环节、每一项工作都有总体规划、具体指导、督查评估、总结反馈，健全层层传导压力、级级落实责任的责任链条，既做到明确主体责任、分管责任、具体责任，又达到尽责人到位、奖惩有依据、失责有人追、落实有合力的目的。

二是坚持问题导向、目标导向、结果导向相结合。紧紧抓住新时代高校立德树人系统化实践的重大理论和现实问题，特别是协同育人不平衡不充分的问题，从纵向横向比较中找差距，从受教育群体反映中找问题，聚焦受教者反映强烈的短板、人民群众普遍关注的教育热点、教育主管部门推进的难点，谋实策、出实招、求实效。要坚持正确办学方向，盯紧教育发展"四个服务"这一目标导向，从坚持和发展中国特色社会主义、建设社会主义现代化强国、实现中华民族伟大复兴的高度来对待，要向学生生动而深刻地诠释中国共产党为什么"能"、马克思主义为什么"行"、中国特色社会主义为什么"好"等重大问题，保证我们培养的人才是社会主义建设者和接班人，而不是旁观者，更不是反对派和掘墓人。要聚焦加强课程思政建设、深化教育教学改革、建设高水平人才培养体系等重点工作，以精细化战术推动破题开篇，既避免把整体目标任务一分了之、层层加码，又避免把长期目标短期化、系统目标碎片化。

三是强化协同意识，提升课程思政协同效应。一方面，深入推进思政课程与课程思政同向同行。既要用好课堂教学这个主渠道，又要确保其他各门课守好一段渠、种好责任田，使各类课程与思想政治理论课同向同行，形成协同效应。同时，思想政治理论课程以外的其他课程教学也要相应融入思想政治教育内容，要根据不同课程的特殊性发挥具有不同侧重点的"课程思政"功能。除了使学生具有过硬的专业能力外，还需要使学生形成良好的德行和正确的价值观。人文社会科学类课程教学要对国内外有关学术思想、观点作全面理解，而不能片面地甚至断章取义地介绍，要引导学生客观、理性地看待社会现实和中国发展问题。自然科学类课程重点是在课程教学中培养学生崇尚创新、尊重实践的科学精神，并用国家的重大科技成果和科技人员的感人事迹，激发学生学习专业知识的热情，也培养他们对国家的科技进步、国力提升的自豪感，从而进一步增强他们对中国共产党治国理政、社会制度优越性的认同感，使其立志成为为中国特色社会主义事业奋斗终身的有用人才。另一方面，注重第一课堂与第二课堂的相互衔接、相互贯通。坚持将第二课堂建设作为立德树人的一个重要环节，侧重学生的实践锻炼和行为养成，将实践育人理念贯穿到人才培养机制改革中。着力开展社会调研、志愿者服务、创新实践等活动，探索设立实践学分，将实践育人融入学生党建、专业教学、社团活动、社会服务、就业指导等环节。同时，不断强化实践指导，打造由学业导师、常任导师（辅导员）、朋辈导师组成的实践育人团队。出台相关办法，明确导师在项目设计、过程管理、成果转化等环节中的地位和责任，鼓励专业教师积极参与第二课堂实践育人工作，切实解决思想政治工作与日常教学工作"两张皮"、思想政治理论教育与社会实践不连贯、群团组织活力与大学生群体成长需要不一致等问题。

（二）教育内容要充分抓住用好"新语新喻"

习近平新时代中国特色社会主义思想蕴含着丰富的紧扣时代主题的思想政治教育新观点、新思想、新论述。习近平多次运用比喻对思想政治教育工作理念、内容思路、方法手段予以通俗易懂、形象具体的阐述，这是对新时代思想政治教育话语的一种有益创新，更是对新时代思想政治工作的一次全新理解。我们要用好这些"新语新喻"，丰富思想政治教育的内容，使思想政治教育不囿于呆板空洞的理论说教，增强其时代感和亲和力。

一是坚持抓好"总开关"教育。习近平非常重视世界观、人生观、价值观的意义及其教育。要求党员干部要坚定理想信念，"通过学习教育真正解决好世界观、人生观、价值观这个'总开关'问题"。"我们每一个人，包括我在内，都有一个不断解决好世界观、人生观、价值观的问题。活到老学到老，世界观改造永远没有完成时。"① 同样，理想信念也是青年学生思想行动的"总开关"。当前，我们要把加强理想信念教育贯穿立德树人的全过程，坚定不移用习近平新时代中国特色社会主义思想武装青年大学生，引导他们正确认识和理解我国社会所处的历史方位、社会主要矛盾，把握和感悟习近平新时代中国特色社会主义思想的真理魅力和习近平总书记作为党的领导核心、人民领袖的人格魅力；要坚持不懈传播马克思主义科学理论，抓好马克思主义理论教育，持续引导青年大学生读原著、学原文、悟原理，掌握和运用马克思主义的立场观点方法，解决好世界观、人生观、价值观这个"总开关"问题，为学生一生成长奠定科学的思想基础。

二是持续进行补"钙"教育。习近平同志高度重视理想信念教育问题，多次强调"革命理想高于天"。2013 年 5 月 4 日，习近平总书记同各界优秀青年代表座谈时指出："广大青年一定要坚定理想信念。'功崇惟志，业广惟勤。'理想指引人生方向，信念决定事业成败。没有理想信念，就会导致精神上'缺钙'。"② 他关于理想信念方面的突出贡献是将共产主义远大理想、中国特色社会主义共同理想与中华民族的历史命运结合起来，提出中华民族伟大复兴的中国梦，并强调要通过内蕴着国家富强、民族复兴、人民幸福的中国梦的教育，激励、引导全体人民凝心聚神、为祖国建设事业奉献力量。我们要广泛开展理想信念教育，帮助大学生树立正确的理想信念，把握好人生奋斗的方向，引导大学生自觉把个人理想追求融入国家和民族的伟大事业中，使他们成为新时代的建设者，更是中国梦的承担者与实现者；要把"四个自信"融入思想政治理论课教学中，增强大学生对中华优秀传统文化、革命文化、社会主义先进文化的认知和认同，从中汲取中华民族思想道德精华，传承红色基因，弘扬民族精神和时代精神，以更加充沛的精神状态、更加鲜明的价值追求，汇聚起实现中国梦的青春力量。

三是抓好扣好"扣子"教育。习近平高度重视社会主义核心价值观在青年自身成长，在国家、民族和社会发展中的作用。2014 年 5 月 4 日，习

---

① 《习近平在河北调研指导党的群众路线教育实践活动时的讲话》，《人民日报》2013 年 7 月 15 日，第 1 版。
② 习近平：《在同各界优秀青年代表座谈时的讲话》，《人民日报》2013 年 5 月 5 日，第 2 版。

近平总书记到北京大学考察时强调:"青年的价值取向决定了未来整个社会的价值取向,而青年又处在价值观形成和确立的时期,抓好这一时期的价值观养成十分重要。这就像穿衣服扣扣子一样,如果第一粒扣子扣错了,剩余的扣子都会扣错。人生的扣子从一开始就要扣好。"[①] 在新时代,我们要切实把社会主义核心价值观融入学校课堂教学、主题教育、文化建设和日常管理中,开展和建设好日常思政主题活动以及道德讲坛、传统文化论坛、志愿服务等价值观教育平台。同时,习近平指出:"一种价值观要真正发挥作用,必须融入社会生活,让人们在实践中感知它、领悟它。要注意把我们所提倡的与人们日常生活紧密联系起来,在落细、落小、落实上下功夫。"[②] 这要求将社会主义核心价值观融入社会生活,融入一些礼仪制度和庆典活动,突出情感体验,增强青年学生的认同感和归属感。通过先进人物、典型事件、好人好事等教育素材,将社会主义核心价值观从理论概念变成可亲可信、可知可感的榜样,通过形象化的感受与人格化的感染,营造出学生喜爱的环境氛围,调动大学生在情感上充分融入,引导青年大学生真正成为社会主义核心价值观的坚定信仰者、积极传播者、模范践行者。

(三) 教育方式需有时代性创新

教师工作的创新性体现为教育方式的创新性。立德树人是一个动态发展的过程,育人的方式方法,也是随时代变化和学生身心特点变化而不断创新。"教师面对的每一名学生,都是一个特殊的个体,既要了解学生的共性,掌握学生学习认知的科学规律,又要掌握其形形色色的个性,使每一名学生都得到充分发展。""所以,一名好老师,需要像一名农民,埋首于三尺讲台,苦苦耕耘;需要像一名工人,既熟悉流水线上的每个环节,又能切实负责自己的教学;需要像一名哲学家,对人生的价值意义有着高屋建瓴的通盘思考;需要像一名设计师,能够把所有思考绘制为精确的蓝图;需要像一名工程师,能够把蓝图中描绘的一切美好,化作不断得到落实的细致行动;需要像一名发明家,面对行动中出现的各种新问题,随时随地

---

① 习近平:《青年要自觉践行社会主义核心价值观——在北京大学师生座谈会上的讲话》,《人民日报》2014年5月5日,第2版。

② 《习近平:把培育和弘扬社会主义核心价值观作为凝魂聚气强基固本的基础工程》,《人民日报》2014年2月26日,第1版。

以新的方法及时解决；需要像一名艺术家，敏锐地发现美好，热情地鼓舞和讴歌。"① 在新时代，思想政治教育者根据教育对象采用适当的方法极为重要，要在手段创新上下足功夫，创新主流叙事，创新呈现方式，有效地巩固壮大主流阵地，唱响主旋律、主基调。

一是教学要充分开发利用网络技术、现代传播技术。全力打造"互联网+"思想政治教育新形态，以求与时代同步，充分利用微信、微博新媒体技术，主动开发 MOOC、微课、翻转课堂等网络教学形式，还要加快探索移动直播、微视频、动漫、VR 等新时代下的各种学生喜闻乐见的形式，及时向大学生传递党的声音，传授马克思主义理论知识，并逐步提升同步解答、在线回答能力，全面推动课程教学从课堂延伸到线上，解疑释惑又从线上延伸到生活中，提升青年大学生参与理论学习的热度，从而增强理论认知和认同。

二是话语表达要充分渗透情感。作为新生代，大学生有其特有的话语风格、表达习惯和接受偏好，教育者在思想政治教育过程中要在话语的内蕴上融入更加积极的情感，使传播话语既有思想、有品质，又有温度、有温情，注重情感激发，切忌单纯的政治说教。要用大学生喜闻乐见、接地气的话语开展教育教学，丰富话语类型，创新话语表达方式，实现官方话语与民间话语相通、政治话语与学术话语相辅、理性话语与感性话语相融，要说出学生想听、愿意听、听得懂的话，使用青年学生所想、所喜欢的话语符号。这就要求思想政治教育者在讲授马克思主义理论时，要用马克思主义基本原理去启发学生思考和分析中国实际，而不是离开中国实际、现实社会问题去讲授马克思主义，要善于用通俗易懂的话语、贴近生活的事例去把马克思主义讲清楚，还要善于从世界观、方法论的意义上讲透马克思主义，把对马克思主义的学习"落实到怎么用上来"。

三是掌握"吃盐"的教育艺术。习近平总书记将思想政治工作巧妙地比喻为"盐"：好的思想政治工作应该像盐，但不能光吃盐，最好的方式是将盐溶解到各种食物中自然而然吸收。② 这个比喻启示我们，教师要发挥思想政治工作在立德树人实践中的作用，要像技艺高超的厨师一样，使思政

---

① 教育部课题组：《深入学习习近平关于教育的重要论述》，人民出版社，2019，第 132 页。
② 《习近平：把思想政治工作贯穿教育教学全过程 开创我国高等教育事业发展新局面》，《人民日报》2016 年 12 月 9 日，第 1 版。

教育如盐在肴、化于无形，有机融入专业教学全过程。新时代思想政治教育要坚持将解决实际问题与解决思想认识问题和思想意识问题结合起来，重视学生的内在需要，关注学生的切身利益，通过做好大学生心理健康咨询和教育、贫困家庭学生资助、毕业生就业服务指导、后勤管理和服务保障等一系列工作，有针对性地帮助大学生处理好学习成才、择业交友、勤工助学、健康生活等具体问题，巧妙地把教育内容转化为学生的内在需要，切实将思想政治教育渗透到多为大学生做实事、做好事的过程中，在办实事中贯穿思想教育，通过解决实际问题引导大学生提高思想境界，着力培养学生自立自强、知恩感恩的良好品质。

（四）教育视野应国际化

进入新时代，中国日益走近世界舞台中央，中国将在力所能及范围内承担更多国际责任和义务，为构建人类命运共同体而努力。"今天的世界是各国共同组成的命运共同体。战胜人类发展面临的各种挑战，需要各国人民同舟共济、携手努力。教育应该顺此大势，通过更加密切的互动交流，促进对人类各种知识和文化的认知，对各民族现实奋斗和未来愿景的体认，以促进各国学生增进相互了解、树立世界眼光、激发创新灵感，确立为人类和平与发展贡献智慧和力量的远大志向。"[1] 这需要我们在认识世界和中国发展大势的过程中，将中国的发展置于更宽广的国际视野和纵深的历史视角中。这也要求高校思想政治教育要准确认识中国在世界舞台中所扮演的重要角色和不断上升的国际地位，培养既有中国灵魂又有世界眼光的新时代青年。

一是培养青年大学生的世界眼光和国际思维。"世界的希望在青年，教育的主要对象是青年，教育对外开放的工作重点在青年。"[2] 新时代高校立德树人要培养的新时代的青年，是既在专业领域有高水准，同时也具有国际意识、国际思维、国际交往能力的复合型人才。习近平总书记特别强调："要加强国际理解教育，增进学生对不同国家、不同文化的认识和理解；促进中外语言互通，进一步深入推进友好学校教育深度合作与人文交流，在

---

① 《清华大学苏世民学者项目启动仪式在京举行》，《人民日报》2013 年 4 月 22 日，第 1 版。

② 教育部课题组：《深入学习习近平关于教育的重要论述》，人民出版社，2019，第 254 页。

青少年心中打牢相互尊重、相互学习、热爱和平、维护正义、共同进步的思想根基。"① 要大力引导青年大学生了解党情、国情，主动地、深入地了解世情，把握世界与中国的发展大势，真正做到胸怀祖国、放眼世界，使学生能够以世界眼光、在更高层次上认识到中国人民选择马克思主义、选择中国共产党、选择社会主义的历史必然性，认识到坚持和发展中国特色社会主义对推动科学社会主义在21世纪新发展的世界意义；要教育大学生加强对国家对外政策的宗旨、重要原则的认识和把握，加深对建设相互尊重、公平正义、合作共赢的新型国际关系的认识，准确理解"坚持和平发展道路，推动构建人类命运共同体"的主张。

二是培养青年大学生树立具有国际视野的爱国主义。"中国的命运与世界的命运紧密相关。我们要把弘扬爱国主义精神与扩大对外开放结合进来，尊重各国的历史特点、文化传统，尊重各国人民选择的发展道路，善于从不同文明中寻求智慧、汲取营养，增强中华文明生机活力。"② 我们要引导青年大学生深刻理解中国在新的世界格局中面临的机遇与挑战，充分理解读懂中国特色大国外交战略布局，引导学生充分认识我国在世界中的地位和作用变化以及对世界的贡献，增强学生的民族自豪感，弘扬他们的爱国主义精神；又要教育大学生认识到爱国不是情绪的宣泄，而是在法律和道德框架内以负责的态度、平和的心态理性表达爱国情感，摒弃狭隘的民族主义情结，合理合法、文明有序地践行爱国行为；"要结合弘扬和践行社会主义核心价值观，在广大青少年中开展深入、持久、生动的爱国主义宣传教育，让爱国主义精神在广大青少年心中牢牢扎根"③，注重爱国主义的实践养成，来增强大学生的爱国主义情怀和意识，积极引导大学生把爱国主义精神体现在日常生活行为之中，将爱国之志转化为实实在在的报国行动。

三是培养青年大学生服务"一带一路"的意识与素质。"教育对外开放对国家建设的影响是全方位的，有的是显性的……也有许多是隐性的，正如习近平总书记所说的那样，不同文化的交流会发生奇妙的'化学反应'，

---

① 《"一带一路"五年来中外文化交流成果丰硕》，《人民日报》（海外版）2018年11月29日。
② 《习近平主持中共中央政治局第二十九次集体学习》，新华网，2015年12月30日，http://www.xinhuanet.com//politics/2015-12/30/c_1117631083.htm。
③ 《习近平主持中共中央政治局第二十九次集体学习》，新华网，2015年12月30日，http://www.xinhuanet.com//politics/2015-12/30/c_1117631083.htm。

改变着人们的思维方式和生活方式，促进着人类文明的进步。"① 高校应引导鼓励青年大学生在实施"一带一路"倡议中自觉肩负使命、积极行动起来，发挥他们在"一带一路"建设中的作用。要大力搭建"一带一路"青年学术交流平台，通过举办夏（冬）令营、社会实践、志愿服务、文化体验、学科竞赛、体育赛事、艺术展演、创新创业活动和新媒体社交等方式，促进青年大学生之间交流往来，倡导不同文明交流互鉴，带动民心相通；要逐步将国际理解课程、丝路文化遗产保护等相关内容纳入通识教育课程体系，适时开设"一带一路"国家历史、地理、文化等方面的课程，加强"一带一路"知识普及；鼓励青年大学生加入汉语教学志愿者队伍，以更自信的姿态传播中华文化，传播中国理念、中国声音，增信释疑、汇聚认同，为"一带一路"建设贡献青年智慧和青年力量。

本章小结

科学的系统观是由马克思恩格斯创立的。马克思主义哲学是马克思主义全部学说的基础，马克思主义哲学的唯物辩证法、认知论和唯物史观中都蕴含着丰富的系统论思想，描绘事物普遍联系的"辩证图景"，强调联系具有客观性、普遍性、条件性，为我们推动高校立德树人系统化实践提供了方法论指导。马克思主义系统观是一种哲学思想方法，也是现代系统科学的许多重要观点来源。

新的时代条件下，高校立德树人要完成各项艰巨繁重的改革发展任务，必须增强实践基础上的理论自觉，高校在推进立德树人系统化实践过程中应树立"系统的自觉"和"系统的思维"，以全面的、发展的、辩证的、普遍联系的观点认识和解决"系统性育人"问题，自觉遵循马克思主义系统观的几个原则，即方向性原则、整体性原则、关联性原则和动态性原则等。同时，还要掌握科学的工作方法，按照马克思辩证唯物主义的思维逻辑，运用系统思维来分析事物的本质和内在联系、把握事物的发展规律、处理事物发展的矛盾，才能真正有效地推进立德树人系统化实践，使高校立德树人系统发挥最大效能、实现最优目标。

---

① 教育部课题组：《深入学习习近平关于教育的重要论述》，人民出版社，2019，第256~257页。

第五章 新时代高校立德树人系统的运行机理

构建新时代高校立德树人系统化实践机制,是基于高校立德树人本身就是一个有机的育人系统的考量,其必然性和可行性在于所要协调的要素之间互动规律存在的客观性。为了有效地构建新时代高校立德树人系统化实践机制,首先必须弄清楚高校立德树人系统本身的运行机理。也就是说,阐明新时代高校立德树人系统本身的运行机理是推动构建高校立德树人系统化实践机制的关键环节。机理指的是"为实现某一特定功能,一定的系统结构中各要素的内在工作方式以及诸要素在一定环境条件下相互联系、相互作用的运行规则和原理"①。按照这一定义,任何系统机理都必须具备三个要件:一是系统中的构成要素,二是要素的内在工作方式,三是要素之间的关系。机制正是遵循这种内在机理,把事物的各个要素联系起来,使它们协调运转、发挥作用,是一种具体的运行方式和调节方式。这是一条清晰的研究逻辑,即新时代高校立德树人系统→高校立德树人系统本身的运行机理→构建新时代高校立德树人系统化实践机制,是一条逐一递进的研究逻辑。因此,构建新时代立德树人系统化实践机制,首先要分析高校立德树人系统本身内在的运行机理,分析立德树人过程中不同教育主体、不同教育形式及其组成结构、相互作用原理。

第一节 新时代高校立德树人系统化实践的目标

新时代高校立德树人系统的构成要素相互联系、相互作用,构成一个有机的运动系统。这个有机系统在运行实践过程中,总是围绕着特定的目

---

① 《现代汉语词典》,商务印书馆,2016,第 581 页。

标，促使各要素能够为实现某一特定功能而进行整合与联系，推动系统朝着有序、共享、互补、融通的目标运行。"培养德智体美劳全面发展的社会主义建设者和接班人"这一特定目标，不仅规定了立德树人系统自身各构成要素的运行规则，也规定了构建立德树人系统化实践机制的目标方位。

一　总体目标

马克思人学理论是整个教育目的和教育方针的理论基础，教育内容是以人的全面发展理论为基础展开的。马克思恩格斯以劳动异化为逻辑起点，层层分析，批判资本主义生产方式下个人的片面发展状况，进而提出人的全面发展的理想。教育要培养社会人，就要将人的全面发展作为一个社会人的全部特征和属性。高度发展的社会要"使自己的成员能够全面发挥他们的得到全面发展的才能"①。

教育与政治的关系主要表现为教育受到政治体制、政权性质以及政治纲领的制约，反过来教育又服务于政治，有利于实现社会的政治目标。我国教育界对人的全面发展的界定，除了马克思主义经典作家关于个人全面发展学说中特定的内容外，还包括道德、审美等方面的发展，明确教育总体目标是培养人"德智体美劳全面发展"。1995 年颁布的《中华人民共和国教育法》对我国的教育方针作了规定："教育必须为社会主义现代化建设服务，必须与生产劳动相结合，培养德、智、体等方面全面发展的社会主义事业的建设者和接班人。"2010 年 7 月出台的《国家中长期教育改革和发展规划纲要（2010—2020 年）》中提出的教育目标是"培养德智体美全面发展的社会主义建设者和接班人"，该纲要强调"德智体美全面发展"，"劳"没体现，但提出了"美"。2015 年 12 月，新修改的教育法第五条对"全面发展"的界定增加了一个"美"字，表述为"德、智、体、美等方面全面发展"。2018 年，习近平总书记在全国教育大会上的讲话中提到"德智体美劳全面发展"，把"劳"置于五育之中，强调要在学生中弘扬劳动精神，加强劳动教育。这都充分表明了我们党对教育所固有的本质的深刻认识，对教育发展规律的自觉运用。

"我国是中国共产党领导的社会主义国家，这就决定了我们的教育必须

---

① 《马克思恩格斯文集》（第 1 卷），人民出版社，2009，第 689 页。

把培养社会主义建设者和接班人作为根本任务，培养一代又一代拥护中国共产党领导和我国社会主义制度、立志为中国特色社会主义奋斗终身的有用人才。"① 这是教育工作的根本任务，也是方向目标。因此，我们要坚持"用习近平新时代中国特色社会主义思想铸魂育人"，"努力培养担当民族复兴大任的时代新人，培养德智体美劳全面发展的社会主义建设者和接班人"②，教育才算成功，社会主义事业才后继有人，中华民族伟大复兴才能实现。不管从人的自由而全面的发展维度，还是从社会主义事业后继有人的政治高度看，高校立德树人始终将"培养德智体美劳全面发展的社会主义建设者和接班人"作为方向目标。因此，我们要把这一总体目标贯穿到教学教育和管理各领域、各方面、各环节，把多种力量汇集成一个总的力量，促使整个立德树人系统中的各个育人要素都朝着这一共同目标互相协作，有序实践。

二　具体目标

习近平总书记在全国教育大会上的讲话中提出，要着力在坚定理想信念、厚植爱国主义情怀、加强品德修养、增长知识见识、培养奋斗精神、增强综合素质上下功夫，促进学生健康成长。③这"六个下功夫"进一步明确了新时代高校立德树人的基本要求，从"德智体美劳全面发展"来明确立德树人的所要"立"和"树"的具体内容，也进一步明确了立德树人系统化实践的具体目标。在新时代，将"立德树人"的定位置于"全面发展"之上，这是以习近平同志为核心的党中央继承、丰富和发展党的教育方针的集中体现，是党的教育理论创新的最新成果，强调立德树人的深刻内涵是德智体美劳"五育"的共同任务，只有坚持"五育"并举，才能培养全面发展的堪当民族复兴重任的时代新人。④

---

① 《习近平：坚持中国特色社会主义教育发展道路 培养德智体美劳全面发展的社会主义建设者和接班人》，《人民日报》2018 年 9 月 11 日，第 1 版。
② 《习近平：用新时代中国特色社会主义思想铸魂育人 贯彻党的教育方针落实立德树人根本任务》，《人民日报》2019 年 3 月 19 日，第 1 版。
③ 《习近平：坚持中国特色社会主义教育发展道路 培养德智体美劳全面发展的社会主义建设者和接班人》，《人民日报》2018 年 9 月 11 日，第 1 版。
④ 张志勇：《培根铸魂 育好时代新人——坚持把立德树人作为根本任务》，《中国教育报》2021 年 7 月 1 日。

（一）德育目标

人的思想品德发展状况决定立德树人的德育内容生成和发展。"一定阶级和社会总是对其社会成员的个体品德做出应然规定，提出政治、思想、道德、法纪、心理等方面的全面性要求，从而形成由政治教育、思想教育、道德教育、法纪教育、心理教育组成的思想政治教育内容的形态结构。"[①]目前，学界对思想政治教育内容或德育内容的研究比较成熟，成果也很丰富，对思想教育、政治教育、道德教育、法纪教育、心理教育等提出要求，集中体现为要在坚定理想信念上、在厚植爱国主义情怀上、在加强品德修养上[②]三方面下功夫。

在坚定理想信念上下功夫的目标是广泛开展理想信念教育，持续进行补"钙"教育。帮助大学生树立正确的理想信念，把握好人生奋斗的方向，引导大学生自觉把个人理想追求融入国家和民族的伟大事业中，使自己成为新时代的建设者，成为中国梦的承担者与实现者；把"四个自信"融入思想政治理论课教学中，增强大学生对中华优秀传统文化、革命文化、社会主义先进文化的认知和认同，从中汲取民族思想道德精华，传承红色基因，弘扬民族精神和时代精神，以更加充沛的精神状态、更加鲜明的价值追求，汇聚起实现中国梦的青春力量。注重引导受教育者理想、信念、认知、情感、行为有机统一协调发展，充分发挥各种教育内容、教育因素、教育影响的作用，使得思想政治教育内容的有效实施同样具有整体性，能够变单一为多样、变分散为合力。

在厚植爱国主义情怀上下功夫的目标是引导青年大学生了解党情、国情，教育引导学生热爱社会主义祖国，拥护中国共产党的领导，立志服务人民、奉献国家，树立正确的政治方向。引导大学生主动地、深入地了解世情，树立国际视野，把握世界与中国的发展大势，真正做到胸怀祖国、放眼世界，使学生能够以世界眼光、在更高层次上认识到中国人民选择马克思主义、选择中国共产党、选择社会主义的历史必然性，认识到坚持和

---

① 熊建生：《思想政治教育内容结构论》，中国社会科学出版社，2012，第95页。
② 《习近平：坚持中国特色社会主义教育发展道路 培养德智体美劳全面发展的社会主义建设者和接班人》，《人民日报》2018年9月11日，第1版。

发展中国特色社会主义对推动科学社会主义在 21 世纪新发展的世界意义。

在加强品德修养上下功夫的目标是注重培养学生的德行修养，教育和引导学生能尊重社会公德、遵守公序良俗、维护社会公共利益。"教育应和着更全面的人的塑造这一时代节拍，把教育的目标清晰地定义为塑造未来的中国人。立德就是要加强品德修养，更重要的是引导人能守住公共秩序，拥有公德。教育要在这个基础上发生很大的改变。"① 公共精神是现代社会对公民提出的一种最基本、最重要的美德要求。"公共精神的本质特征是公共性，并以此与具有私人性的私德相区分。公共精神是公民在参与社会公共生活时，以利他的方式积极关注公共利益，体现出理性风范和美好风尚。"② 太过沉重的生命代价和教训，应该激起每位公民自觉树立规则意识、培养公共精神、遵守社会公德的行动。

从德育的三个方面下功夫的目标是同一内容表现不同形态的层次结构。各自有自身系列的层次要求，但是多层面构成的复合体，在时间上也有着连续性。它们各自有着丰富的、多样的内容要素以及由这些要素组成的序列。比如，社会主义核心价值观的内容包括了国家、社会、个人三个层面的核心价值要求。在国家层面要建设一个"富强、民主、文明、和谐"的国家，对社会层面的要求是"自由、平等、公正、法治"，对个人层面的要求是"爱国、敬业、诚信、友善"，这都完全呈现出时空结合的坐标系列。

（二）智育目标

智育任务是向学生传授文化知识、技能，发展学生智力，并使之学会运用知识的教育任务，"要在增长知识见识上下功夫"③。不同的时代、社会制度和不同的教育学派对智育的具体要求有所不同，④ 但为国家和社会培养有用人才的基本要求是不变的，要求所培养的人才要有相当的科学文化水平和相当的知识、见识和能力。

---

① 余闯：《"德智体美劳"一个都不能少》，《中国教育报》2018 年 12 月 11 日，第 2 版。
② 傅慧芳：《公民意识的要素结构探新》，《福建师范大学学报》（哲学社会科学版）2012 年第 2 期。
③ 《习近平：坚持中国特色社会主义教育发展道路 培养德智体美劳全面发展的社会主义建设者和接班人》，《人民日报》2018 年 9 月 11 日，第 1 版。
④ 顾明远主编《教育大辞典》，上海教育出版社，1998，第 144 页。

首先，要提高专业知识水平与能力。这里的知识是广义上的知识，包含了陈述性知识和程序性知识。经济、科技、社会都具有全方位、多层次变化的特点，智力教育作为人的全面发展教育的重要组成部分，理应体现更多的时代特征。经济、知识形态的快速发展，人对知识、技能、智力和能力的要求不仅仅体现在学习与认识上，还体现在人的创造性，即对快速变化的世界的不断掌握与创新上。随着软件/IT、网络和人工智能等行业快速发展，现代的劳动者只有掌握不断更新的技能，才能跟上现代经济的前进步伐。众所周知，随着高新技术的发展，人工智能已成为近年来的大热门。2017年，国务院发布了《新一代人工智能发展规划》，对设立人工智能专业、完善人工智能领域学科布局、推动人工智能领域一级学科建设提出了指导意见，提出要加快我国人工智能学科人才培养。这也鼓励高校在原有基础上拓展人工智能专业教育内容，形成"人工智能+X"复合专业培养新模式，重视人工智能与数学、计算机科学、物理学、生物学、心理学、社会学、法学等学科专业教育的交叉融合。[1] 2018年，教育部下发的《高等学校人工智能创新行动计划》中提出，"支持高校在计算机科学与技术学科设置人工智能学科方向，完善人工智能的学科体系，推动人工智能领域一级学科建设"[2]。这意味着在下一阶段，高校将科学合理、稳步有序地扩大人工智能领域的人才培养规模，更意味着使新时代的劳动者掌握人工智能技术是一项紧迫任务，对人工智能知识的学习也将成为新时代智育内容之一。

其次，要发展智力与增长见识。"教育目的隐含着其理想的新人形象，亦包括其对教育在社会中作用的理解。人的理想形象和教育的理想作用往往是结合在一起的，在某种程度上可以说理想的人的形象是按照其对教育的理想作用的理解来设计的。"[3] 党的十九大提出"培养担当民族复兴大任的时代新人"，这一重要思想观点直接阐明新时代所要培养的是能够肩负使命担当的社会人才，也把"培育什么样的价值观"同"培养什么样的人"更加紧密地结合起来。[4] 这也意味着立德树人系统化实践的智育目标不仅蕴

---

① 转引自金振娅《人工智能呼唤建立一级学科》，《光明日报》2017年7月28日，第6版。

② 教育部：《高等学校人工智能创新行动计划》（教技〔2018〕3号），2018年4月2日。

③ 陈秉公：《思想政治教育学原理》，辽宁人民出版社，2001，第3页。

④ 《党的十九大报告辅导读本》，人民出版社，2017，第326页。

含着智育理想的新人标准，也蕴含着智育在国家和社会中的作用。所以，智育的目标要坚持以国家战略和社会发展需要为导向。思想政治教育的本质属性决定了"培育什么样的价值观"与"培养什么样的人"都应同党的奋斗目标和国家战略保持一致。立德树人是为社会的发展和进步服务，这是由经济社会发展的规律决定的。高校要从国家发展的战略定位来思考思想引领和人才培养的目标，认识到人才培养在实现中华民族伟大复兴的"中国梦"的历史进程中，处在什么样的位置、扮演什么样的角色。

此外，还要"在培养奋斗精神上下功夫"①，努力培养学生的创新能力。教育者要准确把握时代脉搏，适应现代社会发展与人的全面发展的需要，传递新时代新观念，培育学生的创造能力和创新素质；不断加强当代大学生的改革开放精神教育，树立"当代中国人民最鲜明的精神标识"②，在弘扬改革开放精神中实现大学生对改革开放的价值认同；教育引导学生适应经济全球化发展的需要，在掌握国际化知识与技能上下功夫，培养他们树立国际意识和视野，以及具备与国际经济文化交流相适应的能力。

（三）体育目标

体育的首要任务就是"帮助学生在体育锻炼中享受乐趣、增强体质、健全人格、锤炼意志"③。体育是教育的基本组成部分，为全面素质发展提供生理前提。青年时期身体发育状况如何，对一个人终身的健康状况具有决定作用。体育教育是作为活动形式范畴的"身体素质"在教育领域的具体映现，有体育课教学、课外体育锻炼、体育竞技活动和课余体育训练等具体形式。学校要系统地对学生进行体育教育和训练，"从跑、竞走、跳、攀登、投掷等方面提高学生的基本活动能力，从速度、灵敏、力量、耐力和柔韧等方面发展学生的身体素质"④，让学生获得体育知识和基本技能；组织各类体育竞技活动，激发学生参加体育锻炼的积极性和热情，促进他

---

① 《习近平：坚持中国特色社会主义教育发展道路 培养德智体美劳全面发展的社会主义建设者和接班人》，《人民日报》2018年9月11日，第1版。
② 《习近平在庆祝改革开放40周年大会上的讲话》，《人民日报》2018年12月19日，第2版。
③ 《习近平：坚持中国特色社会主义教育发展道路 培养德智体美劳全面发展的社会主义建设者和接班人》，《人民日报》2018年9月11日，第1版。
④ 石佩臣主编《教育学基础理论》，东北师范大学出版社，1996，第360页。

们体格健康、身心健康。

倡导与生活实践相结合的生命教育。科技发展、社会进步，给人提供更多的自由全面发展的条件与空间，也增强了人对物质的崇拜、技术的依赖，"而人则作为实现上述目的的手段，成为一种被动的物，原本在生活世界中的人被生活世界遗忘，在生活世界中被异化，人不能感受到生活的意义和健康地走向生活"[①]。"人的生命具有唯一性和最高的价值。"[②] "生命作为教育的基础，生命的价值是教育的基础性价值，生命的精神能量是教育转换的基础性构成，生命体的积极投入是学校教育成效的基础性保证，人是教育的对象，教育成为生命的教育，才能真正找到教育的归宿。"[③] 人意识的形成、行为的发出总是需要依赖于人的生理结构，身心健康是人全面发展的前提条件。毕竟，人的精神生命往往和人的生物生命密切相关。

"学校体育要以'身体'、'生活'和'生命'这三个场域发生关联。它们三者之间的基本关系是：身体是外显于人的生命的物质存在状态，生命是在相当程度上是对身体生物属性的超越，与生活共同构成了人类较为核心的价值性存在。三者都不同程度地为制度化的学校体育提供了一定的合法性基础。"[④] 体育作为完善人性的活动，应该以尊重人的生命、珍惜生命的价值为目的，因为人的社会价值和生命本体价值是内在统一的。

（四）美育目标

美育对大学生全面发展和综合素质培养起着不可替代的作用。2018 年 9 月，习近平总书记在全国教育大会上强调："要全面加强和改进学校美育，坚持以美育人、以文化人，提高学生审美和人文素养。"[⑤] 再次肯定和阐释了美育的功能和地位。中华民族自古就有用礼乐教化人格之传统，培养人的美德或美的情操，这是最早的艺术教育。"虽然美育的典型形式是艺术教育，但美育却不等同于艺术教育，更不等同于画画和唱歌等简单的艺术技

---

① 陈飞：《回归生活世界：思想政治教育研究的一个视角》，人民出版社，2014，第 21 页。
② 陈飞：《回归生活世界：思想政治教育研究的一个视角》，人民出版社，2014，第 25 页。
③ 冯建军：《生命与教育》，教育科学出版社，2006，第 137 页。
④ 沙金：《全面发展视域中的学校体育》，博士学位论文，东北师范大学，2012，第 98 页。
⑤ 《习近平：坚持中国特色社会主义教育发展道路 培养德智体美劳全面发展的社会主义建设者和接班人》，《人民日报》2018 年 9 月 11 日，第 1 版。

法教育"①，美育是审美教育，是审美与情感相结合的教育实践活动。美育不仅具有情感涵养、道德教化功能，也是一种通过具体形象认识世界的途径；不仅促进身心协调发展，也丰富人的精神世界。

在近代，美育是作为一门理论而被提出的。德国哲学家、美学家席勒就曾系统地提出要对人们进行审美教育，认为要把审美教育作为一门理论加以研究。我国近现代美育的发展也受到席勒美育理论的深刻影响。20世纪初叶，王国维、蔡元培等先驱人物便开启了中国近代美育先河，并赋予了美育以明确的目的性，即通过引入审美情感的教育，弥补中西传统德性教育的不足，改变近代以来专注于技艺培养而缺乏情感性教育之局面，"化育"人的精神心智，达到培养完整的人的目的。不过，无论是席勒还是我国近代学者的美育观，大都存在着与现实社会实践脱节、追求纯粹理想境界之"美育"的问题。

审美教育是通过美感教育、美学知识的普及和以美的规律贯穿其中的普遍教育，促进个体的审美发展，从而推动人的全面发展。在马克思看来，"具有高度文明的人"是离不开审美享受能力作为生存条件的。从人所独有的生产特性来看，"人也按照美的规律来构造"②。可见，马克思主义美育观具有更为全面而深刻的本质和特征。历史和社会生活对人的美育作用表现在劳动生产力的发展带来了"每个人的自由发展是一切人的自由发展的条件"③，而"个人的充分发展又作为最大的生产力反作用于劳动生产力"④。所以，个人的充分发展包含审美能力的发展。当代高校的美育目标集中指向人性的建构、人格的完善，即"以美成人"。

（五）劳动教育目标

劳动与人的全面发展密切相关。在全国教育大会上，习近平总书记指出，培养德智体美劳全面发展的社会主义建设者和接班人，⑤把"四育"扩展为"五育"，突出了劳动的价值，彰显了劳动教育的意义。"要在学生中弘

---

① 赵伶俐：《美育：使人格完美和谐的教育》，《人民教育》2014年第21期。
② 《马克思恩格斯文集》（第1卷），人民出版社，2009，第163页。
③ 《马克思恩格斯文集》（第2卷），人民出版社，2009，第53页。
④ 《马克思恩格斯文集》（第8卷），人民出版社，2009，第203页。
⑤ 《习近平谈治国理政》（第三卷），外文出版社，2020，第328页。

扬劳动精神,教育引导学生崇尚劳动、尊重劳动,懂得劳动最光荣、劳动最崇高、劳动最伟大、劳动最美丽的道理,长大后能够辛勤劳动、诚实劳动、创造性劳动。"[①] 这句话充分体现了马克思主义的劳动观。"坚持马克思劳动价值观的核心在于树立'劳动光荣'的价值理念。"[②] 因此,应对青年大学生进行劳动教育,教育引导他们崇尚劳动、尊重劳动是立德树人的题中之义。

《中国百科大辞典》对"劳动教育"的释义为"以劳动实践为主,结合进行思想教育"[③]。当然,劳动教育基于技术教育,如果学生不掌握一定的生产知识和劳动技能,哪能谈得上是合格的建设者呢?我们可以看到智育培养了人的技术能力,而劳动教育培养了人的劳动意识和劳动精神。劳动教育的目标在于促使人自觉参加劳动实践,有意识地通过劳动实践改造客观世界也改造主观世界,从而促进人的全面发展。如果没有劳动教育这一环节,人才就只能在"纸面上"完成所谓的"成长"。

在这里,我们把新时代高校立德树人系统化实践的目标分为各个组成部分,是为了更好地认识、研究教育层次,而不是人为地割裂人的全面发展概念。毕竟人是"德智体美劳"各种素质的统一体,这些素质在教育内容上也相应表现为德育、智育、体育、美育、劳动教育等各个部分。但是,每一类素质都是一个整体的人发展的不同方面,它们互相渗透,有机统一地构成人的完整的素质整体。各教育内容和环节之间也是相互渗透的,在现实生活中不可能存在纯粹的德育、智育、体育、美育、劳动教育,每一环节的内容都是教育整体的组成部分,是不能机械分割的。

第二节 高校立德树人系统化实践机制的基本要素

"要素"是依据系统论提出的,是机制的基本单元。学界对要素概念有两种解释:第一种,要素是奥地利哲学家马赫的哲学用语,指构成心理学

① 《习近平:坚持中国特色社会主义教育发展道路 培养德智体美劳全面发展的社会主义建设者和接班人》,《人民日报》2018 年 9 月 11 日,第 1 版。
② 唐爱军:《马克思劳动观及其现实意义》,《毛泽东邓小平理论研究》2014 年第 3 期。
③ 《中国百科大辞典》,华夏出版社,1990,第 460 页。

研究对象的感觉和感觉复合体。① 第二种，根据《现代汉语词典》的解释，要素是指事物具有的实质性或本质的构成部分，"是构成事物的必要因素"②。高校立德树人系统化实践机制是以人的主体要素为主导，不是机械式的组装，而是一个真正的"教育共同体"，各要素之间有机运转、和谐共处，功能得到有效发挥，共同促进这一机体的良性运转。因此，按照要素的概念，以及要素与系统的辩证关系，构成立德树人系统化实践机制的基本要素应包括人的主体要素（实践的主体）、实践的介体、实践的环体等。

一　实践的主体

在立德树人系统化实践机制的诸要素中，人的主体要素是逻辑架构与次级排序的最根基部分。主体要素之于系统化机制而言即如细胞之于有机体，缺少了主体要素，系统化机制的建构便无从谈起。马克思的人学理论中人不是抽象的生物学意义上的人，而是处于一定的社会历史条件下的，具有一定社会关系的、现实的人。主体与客体是表示活动者和活动对象之间特定关系的哲学范畴，两者相对而存在，并且通过人的活动可以将二者结合在一起，二者的相对地位随着特定环境或活动环节的变化而变化。如前文所述，在立德树人实践中"人"是处于核心地位，"教育者和教育对象都是活生生的人，都有自己的主观能动性，两者都具有主体性，都是主体"③。因此，从某种意义上审视，教育者与受教育者是对立统一的关系，二者作为人的主体要素而存在。

（一）教育者

教育者在诸要素中居于主导地位。立德树人过程包括高校教育者通过系统的思想政治教育完成价值认同、价值传承、价值传导；进行系统的专业教学和知识传授，完善学生知识和能力结构，培养基本专业能力和创新能力；通过加强实践教学，促进受教育者学以致用，将所学知识转化为推动经济社会发展的实践能力。当然这一系列的教育实践活动，首先是由教

---

① 金炳华：《哲学大辞典》，上海辞书出版社，2007，第179页。
② 《现代汉语词典》，商务印书馆，2016，第1526页。
③ 侯勇：《社会视野中的思想政治教育系统研究》，人民出版社，2016，第74页。

育者发出和主导的。

目前理论界将思想政治教育系统中的教育者要素，定义为"对思想政治教育对象的思想品德施加有目的、有计划、有组织的教育影响的个体或群体，是思想政治教育活动的发动者、组织者和实施者"[1]。立德树人是立德与树人相结合的教育实践，教育者并不仅仅是就思想政治教育而言的，它包含从事思想政治教育在内的更为广泛的教育主体，指对受教育者在思想、品德、知识、技能等方面起到教育影响作用的人。所以，人的主体要素中的教育者应该是所有人。本书所谈的教育者要素主要指高校内部的人员，而把高校外部共同参与立德树人的家长、社会人士、团体和机构等群体归到"系统社会教育力"中。

（二）受教育者

受教育者即教育对象。"在接受教育过程中，受教育者也具有主动的教育功能，它既是教育的客体，同时也是自我教育的主体"[2]，受教育者不管是个体，还是群体，本身也是人的主体要素之一。本研究所指人的主体要素既具有狭义的特征，也具有普遍性，它意味着受教育者不仅作为教育对象而存在，而且是整个立德树人过程的参与者，具备一个共同的特征——主动性，是具有主体能动性的客体。受教育者必须具备"正确的学习和修养目的，强烈的学习和修养需求，基本的自我控制、自我教育能力，良好的生理智力"[3] 等基本条件，在立德树人系统中主动地发挥自己的功能与作用。

教育者和教育对象的内涵和关系随着新时代实践发展而丰富和变化。"在新的实践中主客体产生了新的互动关系。主体方面增加了客体性，但仍然是主体；客体方面增加了主体性，但仍然是客体，不应该把哲学上的主客体概念及其关系简单搬用到思想政治教育学领域"[4]，也就是说，教育者与受教育者的主客体关系是日渐隐性化的。到目前为止，学界关于思想政

---

[1]　陈万柏、张耀灿主编《思想政治教育学原理》，高等教育出版社，2015，第150页。

[2]　陈秉公：《思想政治教育学原理》，辽宁人民出版社，2001，第111页。

[3]　蒋笃运：《德育系统论》，郑州大学出版社，2007，第62~65页。

[4]　刘书林、高永：《思想政治教育的对象及其主客体关系》，《思想理论教育导刊》2013年第1期。

治教育主客体问题的观点很多，尚未达成统一的认识，主要有"教育主体说""双主体说""双向互动说""主体际说"等观点，也有学者提出尝试以主体间性理论、生态系统理论来构建新的思想政治教育主客体关系。20世纪90年代末，哲学中的主体间性概念被引入教育学界，部分学者提出以主体间性重构教育者与受教育者关系，以超越两者主客对立的对象化关系。"思想政治教育主体是'施教主体'或'教化主体'，思想政治教育对象是'受教主体'或'对象主体'"[1]，"由主客二分的主体性思想政治教育向主体间性思想政治教育转向"[2]，这意味着在新时代思想政治教育领域，教育者与受教育者之间已不是明确划分的主客体关系，而是主体间性的关系，是以教育者和教育对象为主体的双边互动的关系。相对于主客体的关系界定，主体间性关系的提出是一种进步。

构建主体间性或双边互动关系的观点主要是把教育者与受教育者传统的"主—客"关系变为"主—主"关系，"我与你"关系变为"我们"关系。目的是促使受教育者在教育者的积极引导下，充分发挥自主性，独立建构知识体系，成为自我教育、自我学习的主体。只有这样，才有利于跳出传统的"单主体说"、"双主体说"、"相对主体说"、"多元主体论"，以及"不使用主客体"、"无主体论"等观点。构建主体间性关系的观点认为，受教育者应作为自我教育的主体，作为立德树人的"人"的主体要素来确认，这呼应了前文关于"现实的人"是立德树人系统化实践机制研究逻辑起点的观点。

二 实践的介体

介体是教育者与受教育者之间的"桥梁"，是两者相互联系、相互作用的中介因素。教育者对受教育者进行教育、产生影响，以及受教育者向教育者反馈信息必须通过一定的介质，这个介质就是介体。联接教育者与受教育者之间的介体既包括一定的教育信息内容，又包括传递这些信息、内容的具体活动形式或载体。立德树人实践离不开一定的介体，当然也是离不开一定的载体。学界对于"载体"的界定还未达成一致，但大部分学者

① 孙其昂：《思想政治教育学前沿研究》，人民出版社，2013，第161页。
② 张耀灿等：《思想政治教育学前沿》，人民出版社，2006，第342页。

认为载体是"教育活动的物质性的手段、工具"①。载体与途径、渠道之间有共通之处，也有区别。途径泛指"在教育者与受教育者之间、起点与目标之间的中介系统，主要包括教育的方法、载体和渠道"②。介体要素是整个立德树人实践过程中，能为教育者所运用，在教育者与教育对象之间的互动中起纽带作用、传递信息的一种活动形式与物质实体，包括物质性的手段、工具、方法、载体和渠道。介体是联结人要素的物要素，有明确的界限，与一些组织形式、环境要素是有本质区别的。根据介体在立德树人中所起的作用和表现形式，可分为教学方式、管理手段、活动形式、现代教育媒体等几种类型。

（一）教学方式

课堂教学是高校思想政治教育的主要方式。"在高校思想政治教育过程，课堂教学是主渠道，这是因为课堂教学是思想政治信息传送的主要通道，起着主要的作用。"③ 课堂教学由思想政治理论课、其他公共课、专业课、实践课等"几段渠"构成。其他公共课包括大学英语、计算机、军事理论、公共体育等公共必修课，以及由各类通识课程组成的公共选修课程。课堂教学具备其他信息渠道、手段所不具备的育人优势，体现在其系统性、连贯性和集中性上。课堂教学能够针对大学生在这一阶段的年龄特征和思想素质状况，进行有目的、有计划和有步骤的教育，以及有针对性的指导和引导。课堂教学的整个课程设置、教学实践安排是以学生成长规律为依据的，课堂教学能系统地对学生思想政治品德和专业知识体系进行全方位培养和构建。所以说，其他渠道、其他形式的教育虽然对学生成长来说也是不可或缺的，但它们是对主渠道的延伸和补充。

（二）管理手段

管理手段为高校党政领导者、教育者在立德树人实践中广泛运用的基本手段之一，指的是通过"寓教于管""教管并用"方式，达到提高学生的

---

① 陈秉公：《思想政治教育学原理》，高等教育出版社，2006，第 2 页。
② 刘建军：《论思想政治教育的主渠道与微循环》，《思想理论教育》2014 年第 9 期。
③ 刘建军：《论思想政治教育的主渠道与微循环》，《思想理论教育》2014 年第 9 期。

思想道德素质、规范学生行为、提升学生专业素养的目的。立德树人以管理手段为介体，是由管理自身的特征，管理与立德树人的内在联系以及学生自身发展的要求决定的。其实质是调节人与人之间的关系，调节人与环境之间的关系。运用管理手段，起到理顺关系、化解矛盾的作用，使教学教育保持有序的状态。对学生实施有效管理，能够引导学生自觉遵守规章制度，养成良好的道德品德，把管理要求的规范内化为自觉的意识，久而久之，养成和塑造良好的行为习惯。管理者、教育者利用教学管理、班级管理、宿舍管理等方式，依托规章制度、组织纪律、行为准则，通过书面的、条文的形式，规定学生"可做什么""不可做什么"，"评价什么""奖惩什么"等内容，促使学生从他律走向自律，自觉地形成端正的学习态度和良好的生活习性。

（三）活动形式

作为立德树人实践介体之一，活动形式是指受教育者将理论付诸实践，做到知行合一，包含专业实践形式、社会服务、参观访问、社会调查、科学考察以及生产劳动等。载体之活动形式应具有思想性、目的性、可操作性与娱乐性的特征，要在贴近生活、喜闻乐见之中激发人的情感共鸣、启发人的思想觉悟。活动育人是指为达到一定的教育目的，有意识地开展各种活动，寓教育内容于活动之中，使受教育者在活动中受到锻炼，增长才干，提高综合素质。精心设计活动载体是要把思想政治教育的内容寓于生动的活动形式之中，通过组织开展内容丰富、形式多样的活动，春风化雨、润物无声，有效地对青年大学生进行理想信念教育和价值引领。

（四）现代教育媒体

现代教育媒体主要是指多媒体教学系统，以计算机为中心的多媒体群的运用。利用网络远距离双向传输的立体多元教学系统，可以对大脑产生多重刺激，创造沉浸式的体验场景，使得教学过程与教学效果达到最优化状态。教育者在教育教学中充分应用现代教育媒体，起到优化课堂教学的信息传递结构、学生认识结构、课堂时间结构、师生活动结构，促进教学模式、教学体系、教学内容和教育教学方法改革的作用。以互联网为基础的现代教育媒体，不仅在时空方面显得更加复杂，而且"恰恰激活了比机构更为基本的社会元素——个人，它使个人都成为这个传播系统中的一个元素、一个基本单位"；"使蕴含于个人身上的种种资源、价值和能力在互联网的连接之下被检索、被发现、被利用、被整合"①。因此，互联网是一种激活个人元素的"多维媒体"，以及从人被激活后的创造力看，未来媒体发展的重要模式可能是"平台型媒体"②。"平台型媒体"这一概念是美国学者乔纳森·格里克在 2014 年发表的《平台型媒体的崛起》文章中创造性地提出的。之后，杰罗姆综合了一些美国学者的说法，认为"平台型媒体"是指既拥有媒体的专业编辑权威性，又拥有面向用户平台所特有开放性的数字内容实体。这个模式可以在不同领域以人的社会关系和社会关联作为半径来构造教学的生态型平台，并拥有开放性的教学大数据。

在微时代，信息舆论的传播生态已经有着广泛而深刻的变化，大众接受习惯也呈现出新的特征，"互联网＋"、微媒体是现代大众传播媒介的一种具体形式。高校立德树人实践将新媒体新技术作为介体，即充分利用现代传播技术，打造"互联网＋"思想政治教育新形态，开发利用 MOOC、微课、翻转课堂等网络教学形式，探索移动直播、微视频、动漫、VR 等学生喜闻乐见的形式。随着互联网多样化发展，以及现代教育媒体的广泛运用，一种新的实践教学模式——"网络虚拟实践教学"③ 正在悄然兴起，成为育人新的重要方式之一。

三　实践的环体

人与环境不仅构成立德树人系统的重要组成要素，两者之间的关系也是立德树人系统化实践的基本保障。马克思恩格斯"人与环境"关系论是我们全面看待和理解人与环境的双向互动关系的依据，其内容主要包括"人与环境的双向互动性、人境关系的社会性特征、人的主体性以及人境关系的实践本质等"④。马克思强调，"环境是由人来改变的，而教育者本人一

---

① 喻国明：《基于互联网逻辑的媒体发展趋势》，《人民日报》2015 年 4 月 19 日，第 5 版。
② 转引自郭一鸣《刍议平台型媒体的发展历程及运营模式》，《记者摇篮》2017 年第 8 期。
③ 陈红、孙雯：《高校思想政治理论课网络虚拟实践教学研究》，《思想理论教育导刊》2016 年第 8 期。
④ 宇文利、杨席宇：《马克思恩格斯"人与环境"关系论及其思想政治教育应用》，《思想教育研究》2016 年第 5 期。

定是受教育的。……环境的改变和人的活动或自我改变的一致，只能被看做是并合理地理解为革命的实践"①。教育是人的实践活动，受到环境影响。"思想、观念、意识的生产最初是直接与人们的物质活动，与人们的物质交往，与现实生活的语言交织在一起的。人们的想象、思维、精神交往在这里还是人们物质行动的直接产物。"② 立德树人如果离开客观环境，就会失去了实践平台，失去了现实意义和检验标准。

在现代社会中，环境不仅是"教育的条件"，更是"条件的教育"。也就是说，"社会的教育责任不仅包括为教育提供发展的基础条件，还包括作为教育主体，参与承担部分的教育责任，如对学生的道德教育、基本劳动教育和经济活动教育，及其他培养教育等"③。社会要以促进人的自由全面发展为基本任务之一，把教育作为一个衡量社会进步和发展的尺度。社会各种教育力量应将自己作为教育主体，把教育责任和行为内蕴于社会实践行动之中，这必然受到立德树人所依存的环境影响。环体要素是指外部环境以及所提供的教育支撑条件。环境本身的变化，会直接影响到"立德树人系统"本身的运行，也是构建立德树人系统化实践机制所应考虑的。按照不同的标准，对环境的划分也不同。有大环境、小环境之分，也有物质环境和文化环境之别。

（一）高校立德树人的内部环境

就高校立德树人的内部环境而言，主要有受教育者感受性环境、教育者营造性环境。

1. 感受性环境

在立德树人实践过程中，受教育者不仅是教育活动的直接参与者，也是教育环境的主观感受者。所谓的感受性环境是指能为人主观直接感受的物质空间类资源。从横断面来看，可以分为校园环境、社会环境。校内校园环境具体包括高校自然环境、建筑、物力、财力等资源。虽然这些办学资源有着不同功能和属性，但共同为学生的学习、成长、生活起到持续的

---

① 《马克思恩格斯文集》（第1卷），人民出版社，2009，第500页。
② 《马克思恩格斯选集》（第1卷），人民出版社，1995，第72页。
③ 卜玉华：《我国当代社会发展的教育责任》，《探索与争鸣》2014年第5期。

保障作用。经过多年的投入和建设，目前各个高校办学条件已明显改善，硬件设施完备，校园环境优美，能保障与满足大学生在校基本生活学习需求。办学重心也已转移到内涵发展上来，所以在校园环境建设这一方面不再做过多的探讨。而相对校园环境而言的社会环境，从不同的视角对其有不同的理解和归类。从思想政治教育的角度审视，社会环境中的四个发展趋势对受教育者产生的影响不可忽视。具体表现在：经济全球化对高校立德树人价值导向的挑战，社会信息化改变了高校立德树人主客体的信息交流与分享模式，社会阶层分化考验高校立德树人的整合能力，以及"互联网+"和人工智能的兴起。这些影响因素共同构成了育人的社会环境大生态，深刻改变青年学生的思维方式、学习生活方式。为了更好地区分构建高校立德树人系统化实践机制的内外部途径，本书将社会环境和网络环境，归于外部大环境来探讨。

2. 营造性环境

营造性环境是教育者基于教育目的而对客观环境进行建构性的反映，是经过教育者的主观调控和创造形成的。[1] 就高校内部而言，主要包括制度文化和人际关系氛围两个方面。首先，制度文化主要包括大学章程、教学教育管理等一系列规章制度，具有很强的导向性。心理学家罗杰·巴克和郝伯特·赖特考察了环境中那些已知与某种特定的行为模式相关的固定情境，并创立了"行为场合"这一概念用以描述这样的情境。而进入这一情境的人不管有着怎样的个性特征，都会被迫采用一种相对统一的行为方式。[2] 教育者或管理者自觉运用这种管理手段，设计和维持的情境是主观有目的性的营造，是依据制度化特征对大学生进行有效的目标导向与行为规范教育，以形成一种制度性约束的"行为场合"。其次，和谐的师生关系、同学关系及其他各种人际关系也是主观营造性环境之一。良好的同学、同伴关系会产生明显的"同辈效应"。因此，由师生人际关系、班级人际关系、寝室人际关系、同辈人际关系等方面构成的营造性环境，在大学生集体认同与归属、各类群体情感凝聚与共鸣，以及自我社会性发展中都起着

---

① 杨建义：《大学生思想政治教育路径研究》，社会科学文献出版社，2009，第234页。
② 参见〔美〕博林、〔美〕德温、〔美〕里斯-韦伯《教育心理学》，连榕等译，机械工业出版社，2012，第258页。

直接影响作用，从心理影响上显现了较高层次的约束力和隐性教育功能。

（二）高校立德树人的外部环境

环境在教育中具有"教育的条件"和"条件的教育"双重作用。[①] 立德树人本质上是针对人的工作，主体是人，对象也是人。立德树人是以人为对象的社会实践活动，离不开社会现实的基础。对于整个社会而言，包括政治环境、经济环境、文化环境在内的社会环境的多样性和复杂化，直接影响着立德树人目的的实现。

立德树人系统是围绕人的全面发展而展开的社会系统的一部分，社会环境的变化对立德树人系统化实践的要素也会产生深刻的影响，表现在政府与高校关系、家庭与学校关系及学校与社会关系上。就政府而言，政府投入与大学自主办学的关系问题是核心问题，即政府如何全面落实高校办学自主权，激发高校办学活力，如何通过"放管服"，提高人才培养质量。就家校关系而言，核心问题是家校沟通不畅，以及家校权责的边界模糊。就学校与社会关系而言，虽然当前社会各界有认识立德树人"共在"的渴望，但缺乏将其进一步转化为"合作性共在"（共生）的动力，还须进一步引导作为育人重要主体的社会组织或社会其他团体力量参与。所以，解决这一问题的关键在于找寻一个共同价值纽带，帮助高校与社会实现由共在向共生转变，从而带动整个立德树人系统朝着社会化维度发展。

西方国家的一些思想家也从不同角度对环境育人的功能进行了探讨。"从其教育环境论发展的主要阶段可以划分为：自然经济条件下朴素的环境论；商品经济条件下理性主义的环境决定论；一体化时期进步主义的环境论和流派的形成三个时期。"[②] 这些理论虽有一些可取之处，但忽视了人的社会实践的作用，忽视了人的主观能动性，不能科学地揭示人与环境两者之间的关系。马克思在批判环境和教育决定人的性格形成的旧唯物主义观点的基础上，科学地阐释了人与环境的关系，提出了"人创造环境，同样，环境也创造人"[③] 的著名论断。恩格斯也从环境对人和人的活动影响角度强

---

① 张耀灿等：《思想政治教育学前沿》，人民出版社，2016，第167页。
② 张耀灿等：《现代思想政治教育学》，人民出版社，2006，第307页。
③ 《马克思恩格斯选集》（第1卷），人民出版社，1995，第92页。

调："人们自觉地或不自觉地，归根到底总是从他们阶级地位所依据的实际关系中——从他们进行生产和交换的经济关系中，获得自己的伦理观念。"①对于人与环境的辩证关系，马克思认为，人与环境是互相创造的，并且人的活动和环境的改变辩证统一于实践。

因此，高校应主动置于"共在共生"的社会场域中，使立德树人各责任主体、各方力量，都相互意识到其他共同体成员的存在，意识到共同体成员中的"他者"与自身的统一性，意识到自己的存在及活动的公共性品质，在育人目标、育人责任上达成共识。而社会应主动承担教育责任，既包括对教育的支持、投入，也包括对学生健康成长的引导。"一个有教育责任担当的社会，需要把教育作为衡量自己发展的尺度，把自主自觉的人的培育和利他能力的提升作为基本任务之一，并以非等级性的整体眼光构建我国社会发展的未来。"② 家庭及社会各方共同参与立德树人，有助于提升高校育人政策的民主性与科学性，有助于家校沟通与各方利益表达，有助于协调各利益相关者的利益诉求。

第三节　高校立德树人系统化实践机制的动力分析

高校立德树人系统化实践机制是由人、物和环境等基本要素构成的一个相对独立、功能独特的系统工程。这种实践机制首先以一个整体系统的形式而存在，系统中的要素动态地存在于有目的的建构活动和功能表现过程之中，"人"是最主要的构成要素。那么，对立德树人系统化实践的动力机制进行分析，必须以"人"为中心要素，以"教育者与受教育者"的关系为基点，分析人与诸要素之间的相互关系，分析诸要素之间相互结合的方式。

一　教育实践是教育力与教育关系的有机构成

历史唯物主义是马克思主义学说的重要组成部分，是关于人类社会发展一般规律的科学。恩格斯《在马克思墓前的讲话》中指出："正像达尔文

① 《马克思恩格斯选集》（第 3 卷），人民出版社，1995，第 434 页。
② 卜玉华：《我国当代社会发展的教育责任》，《探索与争鸣》2014 年第 5 期。

发现有机界的发展规律一样，马克思发现了人类历史的发展规律，即历来为繁芜丛杂的意识形态所掩盖着的一个简单事实：人们首先必须吃、喝、住、穿，然后才能从事政治、科学、艺术、宗教等等；所以，直接的物质的生活资料的生产，从而一个民族或一个时代的一定的经济发展阶段，便构成基础，人们的国家设施、法的观点、艺术以至宗教观念，就是从这个基础上发展起来的，因而，也必须由这个基础来解释，而不是像过去那样做得相反。"① 马克思和恩格斯将物质生产这一人类实践的基本方式作为整个人类社会历史发展的起点，把物质生产这一关键的动态因素作为社会发展的根本动力。生产力和生产关系的对立统一，构成生产方式。而"生产力表现为一种完全不依赖于各个人并与他们分离的东西，表现为与各个人同时存在的特殊世界，其原因是，各个人——他们的力量就是生产力——是分散的和彼此对立的，而另一方面，这些力量只有在这些个人的交往和相互联系中才是真正的力量"②。正因为这样，他们相应地结合成一定的交往关系（又称"交往形式"，后来表述为"生产关系"），彼此产生联系，才能进行生产。马克思恩格斯对这种矛盾的运动作出描述，即生产力是不断进步而发达化，要求生产关系与之适应。生产力与生产关系的矛盾推动社会历史的发展，社会发展主要在于生产力的提高。这是历史唯物论的最核心观点，对反对社会历史领域的唯心主义，"给力求阐明社会生产的真实历史发展的、批判的、唯物主义的社会主义扫清道路"③，为探索人类历史发展规律打开广阔的视野，指出了整个人类历史发展过程是"构成一个有联系的交往形式的序列"，历史发展的同时，个人的能力也得以发展。

实现人的全面发展以生产力和经济发展为基础，与社会发展的现实密切联系；反过来，通过教育，提升人的劳动能力，提高社会生产力。马克思在《资本论》中就指出："生产劳动同智育和体育相结合，它不仅是提高社会生产的一种方法，而且是造就全面发展的人的唯一方法。"④ 因此，"为改变一般人的本性，使它获得一定劳动部门的技能和技巧，成为发达的和

---

① 《马克思恩格斯文集》（第3卷），人民出版社，2009，第601页。
② 《马克思恩格斯文集》（第1卷），人民出版社，2009，第580页。
③ 《马克思恩格斯文集》（第1卷），人民出版社，2009，第813页。
④ 《马克思恩格斯文集》（第5卷），人民出版社，2009，第557页。

专门的劳动力，就要有一定的教育或训练"①。教育是社会生产的一种方法，要以马克思主义唯物史观来分析其性质和内在关系。

前文论述过，"人的需要"构成了实践活动的原动力。人的全面发展需要作为教育实践的本原性动因，只是提供了教育发展的可能性，但并未成为教育发展的现实动力。因为人的实践是客观的物质性的活动，实践的主体、对象、手段和结果都是客观存在的。单纯的需要动机不能引起对象世界和主体的改变。人的全面发展需要归根到底存在于人的实践中，必须通过教育实践活动发生交互作用而得到实现，从而使人获得一定的劳动技能和技巧，"成为发达和专门的劳动力"，造就全面发展的人。因此，提升教育力是解决受教育者施予的教育作用与受教育自身生理和心理发展状况之间矛盾的方式，是提升人的素质、促进人全面发展的根本动力。

从发生学和逻辑意义上看，教育对于人的全面发展既具有终极动因的性质，又确认了构成教育实践的各种因素的相互作用和互为因果关系，因此有学者提出了一种以教育力和教育关系为基本矛盾的教育动力论。教育力是指人类社会通过教育过程，使受教育者素质全面提升的能力，是教育者在一定的意识驱动下，依据课程计划与课程标准，运用教学设施和相应的教育方法，对受教育者实施系统影响的能力和效果。教育力可以理解为学校教育的总体实力，是教育的总体力度与教育的总体效能的统一，是学校教育水平和教育质量的综合体现。② 教育实践是以教育力为内容，以教育关系为形式。教育关系是人们为了实现教育目的，借助教育力的五要素（教师、学生、资金与设施、课程教学、教学教育方法与手段）建立起的一种社会关系，或教育行为运作的外部关系与教育者工作的客观驱动机制。③ 教育正是由教育力和教育关系有机统一构成的社会实践活动，教育活动的对象是活生生的受教育者，其成果是培养了社会所需的人才；教育活动的主体是教师等教育群体，人才的培养是依靠教师劳动力的再生产实现的，是一种复杂的创造性的劳动。

---

① 《马克思恩格斯文集》（第5卷），人民出版社，2009，第200页。
② 钱铁锋：《试谈教育力与教育关系》，《学校管理》2011年第6期。
③ 钱铁锋：《试谈教育力与教育关系》，《学校管理》2011年第6期。

二　高校立德树人系统化实践机制的内在驱动力

教育力是教育实践的驱动力，而教育力本身作为由劳动者（教育主体）、劳动资料（教学教育设施、条件、环境及手段工具）、劳动对象（学生）所构成的有机系统，是教育主体借助介体工具作用于教育对象的能力和效果。教育力取决于教育主体的素质与能力，对立德树人的整体过程和效果起决定作用。教育主体具有主导和引导作用，在实施教育活动时应采用恰当合适的教育形式和教育载体，教育对象通过"认知—内化—外化"的轨迹将教育内容纳入自己的知识认知结构之中，并外化为思想政治品德行为和其他专业能力。教育关系是指教育活动中所形成的社会关系，即教育者、教育对象、教育影响三者在教育活动中所发生的联系。整个教育关系都是通过一定的社会形式实现的，并有机地体现在教育者和受教育者的关系结构之中，使教育具有特殊的社会属性。教育关系对教育力具有反作用，既可能与教育力协同行动，也可能制约教育力发展；既可能对立德树人起激励作用，也可能起阻碍作用。合理地用恰当的管理方式把各种资源有效地组合起来，调整和优化教育关系，对实现高校立德树人目标具有重要意义。因此，"教育力与教育关系理论阐明了教育的内在有机联系和动态发展，从而揭示了学校教育的内在矛盾和运作规律"①。

那么，这一对基本矛盾又是怎样成为高校立德树人系统化实践的内在动力呢？研究立德树人系统化实践的内在动力，就要研究不同形态、不同形式的教育，对教育对象施加不同层面和内容的教育影响与作用。立德树人系统虽然是由多种要素组成的，但不是各个要素简单相加的结果，而是一个由各个要素按照逻辑统一性要求构成的有机体，立德树人系统化实践机制是该系统的各要素（或子系统）互相联系、互相作用、共同作用的结果。立德树人过程是由相互关联的若干阶段、若干环节组成，在充分考虑过程的基本要素的同时，也要考虑品德形成的各个阶段目标。这些环节是循序渐进、相互渗透、共同作用的，任何一个环节出了问题，都会对立德树人系统化实践过程及其成效产生负面影响。各种教育力量相互割裂或分散，比如单独研究德育，或单独研究"思政"课堂教学，或单独研究教育

---

① 钱铁锋：《试谈教育力与教育关系》，《学校管理》2011 年第 6 期。

管理育人、服务育人等，都会影响立德树人系统化实践的成效。

高校立德树人系统化实践过程，是教育者施教和受教育者受教之间相互依存、相互影响、相互作用的过程。这个过程的基本矛盾是教育者所掌握的一定社会发展和受教育者全面发展需要的育人能力与受教育者成长状况之间的矛盾。解决这个矛盾，是在教育主客体和其他介体、环体因素相互联系、相互作用的基础上实现的，其中系统的构成要素之间的具体矛盾，有教育者和受教育者之间的矛盾，教育者与育人形式、载体、手段之间的矛盾，教育者与社会环境之间的矛盾，受教育者与育人形式、载体、手段之间的矛盾，受教育者与社会环境之间的矛盾，等等。教育力和教育关系理论告诉我们，高校立德树人系统化实践的内在动力应该在教育力的全面联系中去研究，从教育力与教育关系的矛盾运动过程中去研究。也就是，研究如何按照系统思维优化不同教育形态、教育形式，提升整体教育力，共同对受教育者施加有效的教育影响，以及如何调整和优化教育关系，进行育人的体制机制改革，使不同教育形式在整体育人过程中发挥最大育人功能。

三　高校立德树人系统化实践机制的动力子系统

立德树人实质上是在空间和时间上表现出来的人的教育实践活动和实践关系。立德树人系统化实践机制的动力是在教育力与教育关系的矛盾运动过程中形成的。以影响人的全面自由发展的内外因素为依据，立德树人的动力系统可以分为自我教育力、高校教育主体教育力、"社会教育力"（"社会教育力"由叶澜教授提出，指的是社会所具有的教育力量）三个子系统，构建立德树人系统化实践机制的关键在于把握这三个动力子系统的内部矛盾及其相互作用。

（一）自我教育力

教育力本身是教育者相对于受教育者而言，在施教过程中所具备的能力。但在主体间性哲学思想的启发下，受教育者主体地位凸显，主体意识愈发强烈。立德树人实践必须改变传统片面强调教育者主体地位、忽视教育对象主体性的错误观念，应充分重视教育对象的主体性，不宜再停留于传统的主客二分关系，应向主体间性教育新方式转变。受教育者也不是被动地接受教育影响，他们会能动地践行思想品德规范并影响教育者及其他教育活动的主体，即他们既能发挥主体作用，又能体现自我教育的主体性。因此，自我教育力是指受教育者自觉主动地把一定社会所要求的德智体美劳诸育内容在内心加以认知、理解和体会，并通过实践外化为比较稳定的自觉行为的能力。也就是说，教育的价值在于受教育主体自觉接受教育，即"只有当人意识到价值客体并利用它时，只有当价值客体变为价值主体的对象时，其有益于人和社会的方面才能得以实现"[①]。

受教育者的自我教育力是其自身内化与外化对立统一的具体表现。内化与外化对立统一是受教育者接受教育，形成新的思想认识、理想信念和品德意志，又将所形成的思想品德信念付诸实践的过程，表现出具体的思想道德行为。在思想政治品德形成和发展的过程中，"思想政治教育价值的实现，亦即思想政治教育所蕴含的思想、认识、政治、道德等内容，只有为受教育者所接受，并内化为他们各自的某种深刻而稳定的心理结构，外化为一种现实的心理的能量以及个体意识和行为习惯，才能增强他们的主体意识和主体力量"[②]。在知识传授和能力培养方面，学习过程本身就是把所习得的知识跟已有知识关联起来，重新建构知识体系的过程。内化的过程离不开对原有知识的吸收与消化；而知识的外化过程，就是由"知"化为"行"的过程。知识运用是受教育者将理论知识付诸实践的过程。因此，受教育者的自我教育力是主体式的能动的学习能力。但需要特别指出的是，这种自我教育力本身也是在教育者的主导和指导下形成的。受教育者的主体性和自我教育潜力只有在教育者指导和引导下才能不断激发，而不是受教育者与生俱来、可以离开教育者而独立形成的。如果离开了教育者，就不存在所谓的教育关系，学校的教育概念和功能也不复存在。

（二）高校教育主体教育力

一般来说，高校教育者是依托于组织结构的存在来履职和施教。组织结构表现出的特征是"层次"和"维数"。"所谓层次，是系统的纵向结构体现出的相属关系"，比如校—院—系—教研室的组织结构层次；"维数是

---

① 陈万柏、张耀灿主编《思想政治教育学原理》，高等教育出版社，2015，第187页。
② 陈万柏、张耀灿主编《思想政治教育学原理》，高等教育出版社，2015，第187页。

系统或子系统中所具有的单位数，是系统的横向结构，体现出平行并列关系"①，比如，全体教学单位、各个科研平台之间的横向层次。我们所确立的结构形式，应反映出立德树人系统的各要素的客观联系与相互作用，这种结构才是科学的、合理的。立德树人的"人"作为个体在发展过程中不是孤立的存在，而是能动地与学校各种教育因素发生着千丝万缕的联系或进行着交互的作用，并受周围的环境影响。既然"人"是最主要的构成要素，我们对立德树人系统的结构分析，应该基于在组织结构上的教育者队伍结构来进行，基于"教育者与受教育者"这对核心要素所形成的联系方式、组织秩序及时空关系，就相对稳定，系统的层次性也相对明晰，结构也相对稳定。因此，根据教育主体在立德树人实践中的地位和角色，以及与个体发展的紧密程度和互动频次，我们可将立德树人系统分为四个子系统，即党的领导体系、大学生思想政治教育系统、教学科研育人系统和管理服务育人系统。这四个子系统是相互依存、相互联系、相互耦合的，从而实现育人功能最大化（如图5-1所示）。

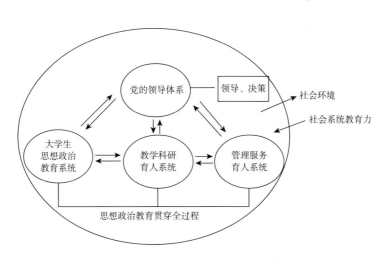

图5-1　高校立德树人系统的结构

　　整个立德树人系统正是通过高校党委核心领导作用的发挥，在加强和改进思想政治理论课教学与日常大学生思想政治教育的基础上，将思想政

────────────

①　蒋笃运：《德育系统论》，郑州大学出版社，2007，第76页。

治教育融入贯穿到专业教学、科研、管理与服务全过程。这些子系统之间也有一种严密的逐级推进的逻辑联系，组成了系统的结构层次。在党的领导体系中，校党委处于领导核心地位。高校党委对立德树人实行全面领导，充分发挥把方向、管大局、作决策、促落实的作用。高校党委全面领导，不是党委包揽一切，而是坚持和完善党委领导下的校长负责制，推进立德树人党政齐抓共管，健全党政领导干部立德树人责任制。在大学生思想政治教育系统层面，要"把思想政治理论课这一主渠道和日常思想政治教育这一主阵地有机结合起来，发挥两者各自的优势，形成思想政治教育的整体合力，不断增强教育的针对性和实效性"①。建构以思想政治理论课教学为核心的"六位一体"协同模式，即包含党政干部管理人员、思想政治理论课教师、辅导员、班主任、心理辅导专职教师与大学生主体自身的一体化育人模式，整合优化教育教学育人空间。教学科研育人系统中的人员，主要是指高校教学中直接或间接给学生传授知识、对学生进行专业训练的广大教师和科研人员。他们虽然不像思想政治理论课教师那样，专职从事学生思想品德教育，但是他们在授业解惑中进行传道育人、教书育人，他们的立场、价值观、思想品德、作风行为对学生的品德修养培育也有重要影响作用，广大教师和科研人员同样也肩负着重要的"立德"责任。在管理服务育人系统层面，高校管理、后勤、资助等部门虽不是育人的主阵地、主渠道，但它们是立德树人系统不可分割的重要组成部分。作为非直接教育主体、非直接教育媒介，管理服务育人系统具有间接性和隐性的特点，管理与服务也是一种行为养成教育。高校管理、后勤、资助、网络信息等部门人员，在大学生行为规范养成教育，保障学生生活条件和创造优良校园环境上发挥着重要作用，成为一支"不上讲台的教师队伍"。总而言之，这四个系统相互联系、相互作用，构成了高校的教育主体教育力，共同对大学生的成长成才施以影响。

（三）社会教育力

这种社会育人的力量，是基于"系统社会因素"的教育力量，简称

---

① 王炳林、张润枝：《关于思想政治理论课与日常思想政治教育相结合的思考》，《思想理论教育导刊》2009年第5期。

"社会教育力"，即"社会所具有的教育力量"，该概念由叶澜教授提出。主要包含两个层面：在社会系统层面上，不同系统以及作为社会全系统所具有的社会教育力，统称为"系统社会教育力"；在以个体的人为分析单位的层面上，贯穿每个人一生生命实践之时时、处处、事事的社会教育力可称为"个体社会教育力"。① 由于本书研究的是立德树人整体系统，这里我们要分析的是"系统社会教育力"。从社会教育力的内在构成与层次结构图（见图 5-2）①可以看出，当代"系统社会教育力"是由教育系统内开展的教育活动所综合生成的"教育作用力"，以及教育系统外其他各类社会系统进行的活动所内含的"教育影响力"两大部分构成。②

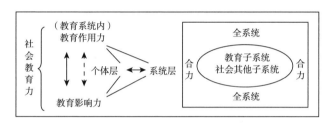

图 5-2　社会教育力的内在构成与层次结构

从立德树人系统同社会环境互动关系来看，立德树人系统与经济工作系统、文化工作系统、党政机关工作系统、生活消费系统的关系，都是平行融合的关系。立德树人系统不是一个孤立的自我封闭的系统，而是一个与其他社会系统有着交互联系的开放系统。随着高校开放办学程度提高和互联网的快速发展，立德树人系统已经不是封闭的，需要社会力量的支持与保障，以延伸工作手臂和触角。"系统社会教育力"的提出，符合《高校思想政治工作质量提升工程实施纲要》中提出的区域性"三全育人共同体"要求，③ 从理念的层面到实践的层面，系统社会教育力理论指导我们统筹家校政社企各领域教育力量和资源，以促进学生的自由全面发展为共同目标，构建与高校有利益认同、价值共识的多方共赢的外部协同育人机制。

---

① 叶澜：《社会教育力：概念、现状与未来指向》，《课程·教材·教法》2016 年第 10 期。

② 参见叶澜《社会教育力：概念、现状与未来指向》，《课程·教材·教法》2016 年第 10 期。

③ 中共教育部党组：《高校思想政治工作质量提升工程实施纲要》（教党〔2017〕62 号），2017 年 12 月 5 日。

第四节　高校立德树人系统化实践的过程

毫无疑问，高校立德树人系统化实践的过程是一个连续的、动态的过程。恩格斯在《自然辩证法》中指出："我们所接触到的整个自然界构成一个体系，即各种物体相联系的总体"，"这些物体处于某种联系之中，这就包含了这样的意思：它们是相互作用着的，而这种相互作用就是运动"。①高校教育主体教育力、自我教育力和社会教育力的交互作用构成了高校立德树人系统化实践的过程。这一过程也是教育过程，是教育者施教和受教育者接受教育的过程，即基于一致的育人目标，在教育者和受教育者共同参与、双向互动中，教育者遵循思想政治工作规律、遵循教书育人规律、遵循受教育者成长规律，对学生进行系统性的思想品德和知识技能培养和培训，帮助和引导受教育者实现内化和外化，实现德智体美劳全面发展的过程。

一　立德树人系统化实践机制的运行基本维度

高校教育主体教育力、自我教育力和社会教育力的交互作用，对于推动立德树人系统化实践起着重要作用。立德树人系统化实践机制运行应包含向度、量度与协同度三个维度。

一是向度，即动力方向。从立德树人系统化实践机制的动力方向来看，判断其是否适度，即视其是否与人的全面自由发展的总体目标相一致。基于"德智体美劳"全面发展需要这一深刻根源的高校教育主体教育力、自我教育力和社会教育力，应有利于提升学生成长的需要层次及需要满足程度期望值，有利于培养学生自身的积极性和自主性，有利于促进德育、智育、体育、美育、劳动教育的有机融合。

二是量度，即动力的大小和强度。学生成长的需要与教育者对教育价值追求的矛盾促进施教与受教的发展，但需要层次和对需要满足程度的期望值必须与学生成长成才的现实状况、水平与程度相适应。动力不足的实践机制是呆滞、缺乏活力的，然而，如果整个实践机制脱离了学生的需要

---

① 《马克思恩格斯选集》（第 4 卷），人民出版社，1995，第 347 页。

或违背成长规律，片面地强调改造物质世界和精神世界的工具价值，忽视这一工具价值是在教育主客体的交往实践中生成，忽视作为客体的"人"的主体性和主客体互动，以及单纯停留在无限度地发挥教师的"主导"作用，或者无原则地发挥学生的"个性"层面，都会引起所构建的机制运行无序或失效。适度的动力将学生的成长规律和良好的运行秩序结合起来，既能激活学生主体意识和自我教育的动力，又能将各种教育主体的作用和功能发挥控制在适度的范围内。

三是协同度，即各种要素功能发挥之间的协同和优化配置。人的发展是全面的，各教育主体、学生个体、社会各教育群体只有相互配合、协调合作，才有可能对立德树人发挥最有效的促动作用。对于教育个体来说，若片面追求某一方面的发展而忽视其他方面的发展，比如应试教育，这样的动力机制是畸形的；对于构建立德树人系统化实践机制来说，若只注重发挥一种教育力量的作用，不能协调各方力量，这样的动力机制是片面的、无效的。因此，构建立德树人系统化实践机制，要有一种系统思维，对诸种教育力进行优化配置，使之协同互动，以发挥整个系统的功能。

二　实践过程的主要环节

高校立德树人系统化实践过程是一个复杂的过程，也是循序渐进的过程。从机制运行的向度、量度与协同度三个维度来看，无论是教育主体还是教育客体接受教育过程需要有先有后，按照时间顺序、空间布局进行。因此，要对实践过程中的不同环节和阶段进行准确和深入把握。

（一）　凝聚共识环节

"所谓凝聚共识，就是在人们的利益和观念呈现多元多样态势的情况下，一定的社会主体在推进一项社会事业的时候，为了调动广泛的社会积极力量或至少是为了减少各方面的社会阻力，而寻求和扩大社会共同认知的过程。"[①] 在立德树人具体实践中，尽管存在不同层面的教育主体以及不同类型的教育体制机制，但它们都共同以"立德树人"为育人目标，共同遵循"教育尺度"，这是构建立德树人系统化实践机制的前提。有了共同的

---

① 刘建军：《习近平对凝聚共识的全面论述》，《思想理论教育导刊》2018 年第 9 期。

育人目标，才能协调各教育主体的利益诉求，才能保证立德树人系统化实践方向的一致。方向一致就能汇聚立德树人各方力量，促进这些力量都能参与到立德树人实践中来，拥有共同的育人愿望、共同的育人使命，经过能量流动、物质循环、信息传递等环节，形成系统性的合力，产生立德树人中人的要素"共生效应"①。

（二）激发学生主体性环节

凝聚共识不仅需要发挥教育主体的主导作用，而且需要培育和激发学生自身的主体性，最直接的体现就是对立德树人参与主体"人"的内在潜质的有效挖掘。作为教育之潜在动力的需要与激发学生主体性的活动，处于学生需要—内化—行动的转换过程之中。前文关于要素的论述之所以将学生自身作为要素之一，在于学生自身组织调节的适应性，自身"人"的内在潜质的主体性。"思想政治教育价值的实现过程是自身主体化的过程，哲学上称为客体主体化过程。价值实现是主体作用于客体，对客体产生实际的效应，这个过程是主客体相互作用中的客体主体化过程。"② 客体主体化是价值实现的过程。这一主客体相互作用的过程共有三个阶段。前两个阶段是受教育者"内化"、受教育者"外化"的两个转化阶段，这是比较好理解的。第三阶段，判断教育者和受教育者同为教育主体，是否能够同为价值主体。其实质是，"反馈调节和重新教育的阶段，是一种更高层次上的内化过程，也是新的思想政治教育创造活动的开始，即再创造。这三个阶段实际蕴含着客体主体化和主体客体化，即价值创造、实现和再创造的过程"③。立德树人是一种系统的存在，主体的需要和客体的属性是构成这一系统的两个基本方面，具有"教"与"育"两个层面的实践行为，这也是"内化"与"外化"不断地相互交织循环的表现。只有激发人的主体性，促进"内化"与"外化"交互循环，不断自我修正，才能更好地实现育人质量的实质性提升。

---

① "共生效应"是生物学中的一个术语，指生物群体生长生活在一起、相依共生的一种现象。转引自戴锐《思想政治教育共同体的运行机制与发展战略》，《思想政治教育研究》2014年第6期。
② 张耀灿等：《现代思想政治教育学》，人民出版社，2006，第187~188页。
③ 张耀灿等：《现代思想政治教育学》，人民出版社，2006，第188页。

（三）整合协同各要素环节

立德树人系统化实践，不仅要整合内部各要素的相互作用力，而且还要协调外部各种教育力量。"许多人协作，许多力量融合为一个总的力量，就产生'新力量'，这种力量和它的单个力量的总和有本质的差别。"① 系统的整体性、有序性，按一般意义解释是指系统的各种要素经过有序整合而达到协同运转，以及系统层次之间按照自己的职能沿着系统的总目标运行。系统的运行、管理及控制的过程，实际上是对系统层次进行协调的过程，包括信息转换、交流协调、沟通合作、协同行动开展等环节，在系统、整体的视域中优化整合教育主体、客体和介体，比如，进行大跨度组织模式的整合与创新，建构多维空间的全方位育人机制，建立协调各种利益主体关系的合作机制，以及整合和综合运用多种教育介体等，形成具有新功能的创新系统。

（四）与环境交互平衡环节

立德树人系统在环境相互作用中所表现出的能力，即系统对外部表现出的作用、效用、效能或目的。"环境对系统的塑造导致系统的变化，变化了的系统反过来导致环境的变化，进而再导致系统的变化，循环往复，以至无穷。我们称之为系统与环境互塑共生原理。"② 它体现了一个系统与外部环境进行物质、能量、信息互动交换的关系。在社会转型时期，与其他要素比较而言，环境的育人功能在不断强化。宏观环境包括经济、政治、文化等因素，微观环境包括校园环境、家庭环境、公寓社区环境等，"在现代社会，环境的多维性、复杂性和开放性进一步增强，并出现了媒介环境、虚拟环境和同辈群体环境等新的环境因素"③。立德树人环境是立德树人以系统形式赖以存在的条件。社会环境对立德树人系统的影响有正面的，也有负面的。立德树人系统应与社会（环境）发生交互作用，能动地回答社会（环境）提出的问题，比如人才培养的层次、专业设置、发展的规模等

① 《马克思恩格斯文集》（第9卷），人民出版社，2009，第133~134页。
② 苗东升：《系统科学精要》，中国人民大学出版社，1998，第45~47页。
③ 张耀灿等：《现代思想政治教育学》，人民出版社，2006，第294页。

都要与外部环境的客观条件相适应，保持人才培养的总输出与总需求大体平衡。

（五）评价反馈环节

经过凝聚共识、激发学生主体性、整合协同各要素、与环境交互平衡等环节，高校各教育主体教育力、社会教育力是否能推动"立德树人系统"本身的良性运行和持续发展，这需要高校和教育者通过评价反馈环节获得这些信息，评估系统运行实际存在的性能与质量状况，检验和评价各层次育人主体的工作效果。一方面是对教育者基本素质和教育教学效果进行评估，分析得与失，及时总结经验、改进教学教育方法，在此基础上形成更高层次的教学教育能力与水平；另一方面是对整个立德树人过程中受教育者的思想政治品德和知识技能体系的变化进行评估，分析其是否符合党的教育方针要求，是否符合社会发展的需要，进而为动力运作过程反馈信息，从动力方向、动力强度，或者诸种动力的结合方式等方面进行调整，从而有效、有序地实现立德树人的总体目标。

本章小结

新时代高校立德树人系统的构成要素相互联系、相互作用，构成一个有机的系统。这个有机体的运行是以其变化发展的内在机理为遵循。分析立德树人系统自身运行的机理是研究构建立德树人系统化实践机制的基础。这个有机系统在运行实践过程中，总是围绕着特定的目标，促使各要素能够为实现某一特定功能而进行整合与联系，推动系统朝着有序、共享、互补、融通的目标运行。"培养德智体美劳全面发展的社会主义建设者和接班人"这一特定目标，不仅规定了立德树人系统自身各构成要素的运行规则，也规定了构建立德树人系统化实践机制的目标方位。而高校立德树人系统化实践机制是由人、物和环境等基本要素构成的一个相对独立、功能独特的系统，包括人的主体要素、介体要素、环体要素。机制的建立是为了推动立德树人系统化实践向纵深发展。

教育实践始终把人的主导因素作为起决定作用的力量，贯穿于立德树人系统化实践过程。循着这样的思路，我们可以从高校教育主体教育力、社会教育力和自我教育力的交互作用出发，来分析立德树人系统化实践机制的动力构成。这三者的交互作用要遵循向度、量度与协同度相统一的原则，所形成的推动力才会协调一致。高校立德树人系统化实践是一个螺旋上升、循序渐进的过程。从机制运行的向度、量度与协同度三个维度来看，无论是教育主体还是教育客体接受教育过程都需要按照时间顺序、空间布局进行，凝聚共识、激发学生主体性、整合协同各要素、与环境交互平衡以及评价反馈等环节，是推动高校立德树人系统化实践的重要步骤。构建立德树人系统化实践机制，正是坚持系统观点，朝着同一目标对诸种教育力进行优化整合，使之协同互动，以充分发挥整个育人系统的功能。

第六章　新时代高校立德树人系统化实践机制与评价体系构建

高校立德树人实践活动是一个连续不断的过程。实践机制是指在人类社会有规律的实践活动中，影响这种活动的各因素的结构、功能及其相互关系，以及这些因素产生影响、发挥功能的作用过程、作用原理及其运行方式，[①] 是决定行为的内外因素及相互关系的总称。要构建立德树人系统化实践机制与评价体系，首先要积极探索构建一套内外协同共同释能的"三全育人"新机制，其次要探索如何评价这套新机制的"系统性育人成效"。回答与满足当前高校落实立德树人根本任务的迫切之问与紧要之需是构建新时代高校立德树人系统化实践机制与评价体系的前提。在对高校立德树人系统本身的内在机理和结构分析基础上，通过有效的机制与评价体系的构建，统筹多方主体协同育人，优化各环节之间的协调运作，实现各渠道、各载体协同作用，是高校提升立德树人效果的关键。

第一节　建立健全高校育人主导机制

党的领导是中国特色社会主义高校最鲜明的政治底色，必须加强党对高校的全面领导，牢牢把握立德树人的根本任务，坚持把党的领导贯穿办学治校、教书育人全过程，为立德树人系统化实践提供坚强的组织保证。加强高校党的建设，牢牢把握党对高校立德树人工作的领导权、主导权。在这种育人主导机制中，高校党委发挥领导作用，从巩固校党委领导下的校长负责制"中心线"，强化院系党的领导"中场线"，把牢党支部建设"生命线"

[①] 郑杭生主编《社会学概论新修》，中国人民大学出版社，2002，第40页。

等方面入手，着力构建"三线联动"、立体化的校院党建工作体系。① 在高校党委的统一领导下，党政齐抓共管、全校上下动员起来、各个部门密切配合，真正推动立德树人系统化实践，促进高校党组织育人提质增效。

一　构建党委领导的校长负责制的育人"新高地"

高校党委领导下的校长负责制实施 40 多年来，为高校全面贯彻党的教育方针，坚持社会主义办学方向，促进高校改革发展稳定，落实立德树人根本任务提供了有力的制度保障和组织保证。实践证明，党委领导下的校长负责制符合我国国情和高等教育发展规律，是中国特色现代大学制度的核心内容，是党对高校领导的根本制度。这一制度为坚持社会主义办学方向，掌握高校意识形态工作的领导权、话语权和管理权，培养社会主义的建设者和可靠接班人，提供了根本的制度保障。

一方面，发挥好高校党委在立德树人中的领导核心作用。我国国体政体决定了我国的高校必然要有鲜明的社会主义属性，必然要坚持中国共产党的领导，必然要坚持马克思主义，这也是我们中国特色社会主义高校的最大特色。高校领导班子要成为坚持社会主义办学方向、善于领导教育高质量发展、培养社会主义建设者和接班人的坚强领导集体，就必须有一个坚强的核心，这就是党委。一要管好政治方向。高校立德树人工作中的重大问题仍由党委决策，统一思想、统一部署、统一行动。党委要集中精力抓好学校基层党组织建设和思想政治工作，发挥其坚强的战斗堡垒作用和政治核心作用。二要把好育人方向。高校党委要全面落实党的教育方针，把好管好育人中学科发展、教材编写、课堂教学、师资建设等重要育人环节，确保党的意志主张在立德树人工作中落地生根、开花结果，确保中国特色社会主义大学的办学方向不偏航。三要传承好红色基因。加强革命文化的代际传承和发展，"让红色基因代代相传"，增强学生文化自信，唤醒民族共同记忆，而且有效抵制历史虚无主义错误思潮，促进青年一代对中国特色社会主义文化的认同，增强接力"中国梦"的担当意识，确保青年一代成为社会主义建设者和接班人。

另一方面，正确处理党委领导与校长负责在立德树人工作中的关系。

---

① 焦扬：《始终把立德树人作为学校立身之本》，《光明日报》2017 年 8 月 24 日，第 5 版。

"高校党委书记主持党委全面工作，对党委工作负主要责任，校长和其他行政领导班子成员要自觉接受党委领导，贯彻执行党委决定，书记和校长都应当成为讲政治的教育家、办教育的政治家、办学治校的管理专家。"① 一是高校党委书记、校长都要共同履行育人责任。党委书记和校长的职责也应进一步明确，二者要认清各自的角色与定位。只有加强党政沟通协调，建立健全党委统一领导、党政分工合作、协调运行的工作机制，才能更好地发挥党委在立德树人实践中的作用。二是党群部门和行政部门要履行好立德树人的分工职责。不能将党委领导与校长负责割裂开来。对于立德树人工作，党委和行政部门要适当分工，党委不能包揽一切，更不能搞以党代政。校行政部门不仅对学校的智育、体育、美育负责，也要对德育负责，并把德育工作放在首位，调动一切积极因素，发挥自己在思想政治工作中的功能与作用。作为学校的最高行政领导，校长要善于从政治的高度，利用战略的眼光认清并履行自己的使命，克服"重智轻德"的育人观念，坚持以育人为本、以德育为先。长远来看，学校领导全身心投入管理和服务工作，带动调动广大教师教书育人的积极性，突出"立德树人"的中心地位，其意义深远。

二 积极发挥院系党组织在育人中的"中场线"作用

随着高校内部治理结构调整，管理重心下移，院（系）一级教学单位不仅规模大幅扩大，而且功能也随之加强。院（系）级单位党组织是教育和团结广大师生员工的政治核心，是党在高校教学、科研、管理、育人第一线的战斗堡垒，在高校三级党组织结构中处于承上启下的关键位置，其功能发挥直接影响到立德树人根本任务的实现。

一是完善党组织会议和党政联席会议制度。高校在制定完善党组织会议和党政联席会议制度时，既要确保学院党委（党总支）在校党委的领导下充分发挥政治核心和保证监督作用，又要规范和完善学院重要问题议事规则和程序，提高学院决策的科学化、民主化和规范化水平。学院党组织会议是学院党组织的工作主要决策形式，要根据《中国共产党普通高等学校基层组织工作条例》等文件要求，有关党的建设，包括干部选拔任用、

① 教育部课题组：《深入学习习近平关于教育的重要论述》，人民出版社，2019，第42页。

党员队伍建设等工作，由党组织会议研究决定；涉及办学方向、教师队伍建设、师生员工切身利益等重大事项，应由党组织先研究再提交党政联席会议决定。要保证党政联席会议对院（系）重要事项的决定权，但不能用党政联席会议代替党组织会议。① 在此基础上，要把立德树人的重要问题都列入党政联席会议的议事范围，包括：全面贯彻落实党的教育方针的重要工作部署；思想政治工作、安全稳定工作中的重要问题和重大举措，重大人才培养模式改革方案、辅导员队伍建设，以及学生工作开展过程中遇到的重大问题。建立健全院（系）党组织的工作体制和运行机制，既能从制度上确保"立德树人"在院系工作中的重要地位，又能把立德树人融入教育政策的顶层设计与具体执行之中，打通"中梗阻"、提升执行力，积极创造有利于学生德智体美劳全面发展的良好条件。

二是试点开展院（系）党政主职"一肩挑"制度探索。目前，高校院（系）普遍实行党政共同负责制；个别高校在院（系）党政负责人的任用上，采取交叉任职、定期轮岗等方法，但也有一部分高校开展院（系）级单位党政主职"一肩挑"制度的探索。院（系）主要负责人身兼两职，肩负着"一岗双责"，能更好地统筹和整合院系的教学教育资源，使党建工作与业务工作相互促进，更好地实现立德树人根本任务。当然，对院（系）"一肩挑"人选的选拔、任命以及考核评价的整体体系更要严格审慎，确保不与《中国共产党普通高校基层组织工作条例》确立的院（系）党组织的工作体制和决策方式相矛盾，有效地改变党建工作与教学科研业务工作"两张皮"，以及院（系）党建压力传导衰减、党务工作弱化等现象。

三　强化高校基层党支部育人的"机体细胞"功能

高校党支部是党的组织系统中的基本细胞，是落实立德树人根本任务的重要力量，其在立德树人系统中的功能举足轻重。我们要坚持把党支部建在教研室、建在实验室、建在专业系别上，建在学生社区上，建在学生活动阵地上，确保立德树人工作推进到哪里，党的建设就跟进到哪里、党组织的育人作用就在哪里发挥。

---

① 中共中央组织部、中共教育部党组：《关于印发〈高校党建工作重点任务〉的通知》（组通字〔2018〕10号），2018年2月26日。

首先，优化高校教师党支部的支撑体系与话语空间。一要充分发挥教师党支部的主体作用，严格规范党支部各项党的组织生活制度，突出党性锻炼，着力发挥教师党员在政治引领、遵守道德规范、践行学术道德、引领良好风尚等育人方面的作用。教师党支部大多数以教学科研组织为基本单位，要充分发挥教学、科研和学科建设一线的战斗堡垒作用，提高教师党员的政治素质，通过发挥先锋模范作用来带动党外教师共同完成立德树人的各项业务工作；管理和后勤教辅部门党支部要引导干部职工切实做到管理育人、服务育人、资助育人；离退休教职工党支部发挥老同志在思想政治教育工作中的独特优势、政治优势和经验优势，动员关工委老同志当好"领路人"、站好"监督岗"、做好"传帮带"，开展好关心下一代工作，成为"三全育人"的重要力量。二要"积极适应高校组织结构、管理模式、学科设置、办学形式的新变化，不断优化教师党支部设置，探索依托重大项目组、学科组、课题组、创新团队、科研平台、中外合作办学项目和机构等设置教师党支部"[①]。这说明高校正在突破按院（系）内设的教学、科研机构设置教师党支部的传统做法，党支部设置可根据高校教学科研的需要，在科研与教学互相转化中，有利于科研攻关、科研育人，提高育人质量。

其次，构建师生党员良性互动长效机制。在立德树人过程中，积极探索把支部党建融入思想政治工作全过程的新模式。一是推进机关党支部、学院教师党支部与学生党支部联合共建或对口帮扶，在服务学生成长成才的同时，又增进教工党支部之间的交流学习，进一步加强教师党支部建设，实现党建工作与立德树人的双赢。二是探索建立师生合编党支部较为稳定的组织结构，重构师生关系，促进师生党员之间的自觉约束与相互监督，推动教师党员教书与育人结合更加紧密、学生党员更加严格要求自己，打造出特色的师生党员学习教育共同体，实现教师与学生党员共同成长、共同发展的目标。三是师生共同开展的党日活动。建立以党支部为核心、教师党员引领、师生共同参与的志愿服务体系，提升实践育人的功能价值。党员教师把德育蕴含在日常的课堂中，在共同开展的道德实践中，不仅要

[①] 中共教育部党组：《关于加强新形势下高校教师党支部建设的意见》（教党〔2017〕41号），2017年8月2日。

进行思想引领，还要与学生共同进行技能训练与道德实践或志愿服务，共同提高思想政治觉悟和专业技能，做到教学相长、教学同乐。

最后，要选优配强教师、学生党支部书记。党支部书记选配标准要以德为先。"实施好教师党支部书记'党建带头人、学术带头人'培育工程"[1]，努力探索把行政系统主要负责人、学科带头人培养成基层党组织负责人，逐步培养出"双带头人"，即既是懂政治的学术带头人，又是懂党建的行政领导者，做融合的文章，不做分割的文章。加强学生党支部书记选拔、培养和考核监督是育人环节的迫切需要。学生党支部书记作为高校学生党支部的领导者和示范者，直接对身边的同学起着"朋辈"影响作用。通过学生党员先锋岗、学生干部示范岗等平台，加强学生党支部书记以及学生党员的党性锻炼，让他们不断地接受锻炼和考验，充分发挥其在同辈群体中的政治引领和榜样示范作用。

总之，加强党的领导，完善高校党组织的育人工作机制是高校立德树人系统化实践的关键保障。党委领导下的校长负责制符合我国国情和高等教育发展规律，为落实立德树人根本任务提供了有力的制度保障和组织保证。高校基层党组织建设和党员队伍建设是高校党的建设的基础工程，是团结组织动员广大党员师生积极投入立德树人实践中来的重要抓手。高校基层党组织需牢记育人使命，激发教师党员担当重任，争做先锋，形成上下贯通的组织育人工作体系，全面提升新时代高校基层党组织育人质量。

第二节　建立多元主体共同参与的全员育人机制

教育大计，教师为本。立德树人，师者是范。习近平总书记高度重视教师队伍建设，明确指出坚持把教师队伍建设作为基础工作。他首先指出了新时代教师的作用："教师重要，就在于教师的工作是塑造灵魂、塑造生命、塑造人的工作。"[2] 在全国教育大会上，习总书记进一步强调教师的神圣使命："教师是人类灵魂的工程师，是人类文明的传承者，承载着传播知

---

[1] 中共教育部党组：《关于加强新形势下高校教师党支部建设的意见》（教党〔2017〕41号），2017年8月2日。

[2] 《习近平：做党和人民满意的好老师——同北京师范大学师生代表座谈时的讲话》，《人民日报》2014年9月10日，第2版。

识、传播思想、传播真理，塑造灵魂、塑造生命、塑造新人的时代重任。"[1]
2022 年，习总书记在中国人民大学考察时再次强调："培养社会主义建设者
和接班人，迫切需要我们的教师既精通专业知识、做好'经师'，又涵养德
行、成为'人师'，努力做精于'传道授业解惑'的'经师'和'人师'
的统一者。"[2] 从总书记的殷切期待中，我们深刻认识到，教师是落实立德
树人根本任务的责任主体和实施主体。在高校立德树人实践中，育人的主
体是教师，为了共同的育人目标，同心同向、协同发力；受教育者在新型
的师生关系和教育者积极引导下，发挥自主意识和主体性，成为自我教育、
自我学习的主体，教育者与受教育者之间不断进行着思想、情感、知识的
交流与互动，这种互动成为立德树人系统化实践的动力和轴心。

一 明确全员育人的范畴与责任

多元主体共同参与的全员育人机制是从立德树人的主客体要素出发，
在高校内部建立的统一领导、多元参与、多位一体、齐抓共管的育人工作
机制。这一机制是依据方向性、整合性和主体性原则建构的，因此，首先
得明确在高校立德树人系统化实践中全员育人的范畴与责任。

首先，要明确全员育人的范畴。依据立德树人系统化实践机制的主体
要素界定，全员育人的主体范畴应是实施和主导机制的机构与人员，即在
整个立德树人过程中，有目的、有意识的和有主动教育功能的组织或个人，
在立德树人的诸要素中起主导作用。不论是高校领导者，还是立德树人实
施者、施教者、管理者，都应该被纳入"教育者"群体，他们是这套机制
的主体和主导因素。毋庸置疑，教育者有广义和狭义之分。广义的教育者
不仅仅是高校内部的教育者，还包括家长、热心教育事业的社会人士、团
体和机构等。狭义的教育者主要是指领导、组织、实施思想政治教育和专
业教育的组织机构和人员，主要有高校党政领导干部、从事日常思想政治
教育的政工干部、思想政治理论课和哲学社会科学课教师、专业课教师、
共青团干部、管理和服务部门教职员工。

---

[1] 《习近平：坚持中国特色社会主义教育发展道路 培养德智体美劳全面发展的社会主义建设
者和接班人》，《人民日报》2018 年 9 月 11 日，第 1 版。

[2] 《习近平：坚持党的领导传承红色基因扎根中国大地 走出一条建设中国特色世界一流大学
新路》，《人民日报》2022 年 4 月 26 日，第 1 版。

其次，树立"同心同向"的育人责任意识。如果学生思想政治教育还被错误地认为仅仅是政工干部的责任、辅导员的"专利"，如果有的教师还停留在"只管学生学问事，其他概莫论短长"这一层面，如果教书育人、管理育人、服务育人仍处于缺失状态，那么高校立德树人任务就难以实现。因此，无论是高校领导干部、政工干部、共青团干部，还是思想政治理论课教师、专业课教师、教育管理者都要纳入思想政治教育的主体范畴，全体教职员工在立德树人这一根本任务上始终同心同向、协同合力，而不是各自为政、分散用力。这样才能改变以往某一教育主体"单打独斗"的局面，改变某一教育路径"孤掌难鸣"状况，解决全员育人的"时空分割前后不衔接、左右难共振"的长期痛点。

最后，构建多层级协同育人的大格局。全员育人的主体应是实施和主导这套机制的机构和人员，那么，就要从组织机构层级协同和人员力量整合方面寻求构建路径的突破。在组织机构层级协同方面，建立上下联动的多层级协同管理机制。以学校党委为第一责任主体，以学工部门为重点，构建各职能部门、二级学院、科研（实验）中心等不同主体和层级间的分工协同、有机统一的管理体制，搭建跨部门、跨院系、跨学科的思想政治工作平台，促进不同管理主体彼此之间产生相互作用、相互影响，形成整体联动的多层级协同育人的大格局。在人员力量整合方面，不仅要求在宏观上充分发挥课堂、科研、实践、文化、网络、心理、管理、服务、资助、组织等方面人员的育人功能，全面构建"十大"育人体系；还要在微观上实现这些领域内部各要素之间的相互合作与协同，打破思想政治理论课和专业课"各自为政"的状况，实现思想政治理论课与非思想政治理论课程间的联动、人员的交流、渠道的互通、资源的共享，从而产生融通效应。

二　激发学生的自主意识和主体性

所谓自主性，就是主体在作用于客体的过程中所显现的"主人翁"意识。这种"主人翁"意识具有独立思维判断能力和自主能力，不受外界的影响，并有自觉的、持续性的学习特性。主体性是人的自主意识的外化，是人的本质力量的显现。一个有主动性、主体性和创造性的人才是一个具有独立自主性的人。针对受教育者"自我教育"意识的缺失，以及"自我同一性"的矛盾冲突、"自我角色"混乱等问题，解决办法在于激发受教育者的自主意识和主体性。作为一种人的主体实践活动，"教育的整个过程应该是一个自我教育的过程"①。

首先，塑造学生独立人格。经过个人的观察、思考、领悟、训练和自觉运用、自我内省，学生将外在规范内化为自身的政治素质、思想素质和高尚的道德品质。在多元化的社会条件下，"当代大学生要通过提升自身的人文素养，把客观必然性决定的各种规律以及由此形成的各种法律、法规和道德规范内化为自身生存的内在要素，以获得真正的'自由'"②。因此，应根据教育规律和学生成长规律，牢固确立学生在教学教育中的中心地位，科学构建思想政治理论课程体系和教材体系，创新教育方式和教学方法，循循善诱、教导有方，以润物无声的方式方法将国家层面的价值导向、个人层面的价值规范，深深植入学生的心灵，使之内化为学生的思想品德认识。

其次，不断激发大学生内在的需求。在马克思"三级阶梯"式的需要理论中，人的自我实现和全面发展是最高级别的需要。教育的目的不仅在于传授和灌输某种外在的、具体的知识与技能，而且要从心灵深处唤醒学生与生俱来的自我意识和发掘其创造潜力，以实现自我生命意义与价值的建构。新时代的青年学生的需求是多样性的，并且随着社会条件的变化以及社会所造成的人自身的变化，其需要是不断产生、不断变化的。不仅要满足他们学习求知的基本需要，而且在文化娱乐和信息交流方面要采取更具针对性、更加行之有效的措施，对其内在需求加以规范和引导。

最后，探索对话式互动的教学方式。以问题为课堂教学导向，在课堂中创设有利于师生平等对话的情境，采用对话式、启发式、参与式等教学方式，引导学生主动参与问题剖析、问题辩论，进行自主思考、独立判断，改变传统教学过程"师→生"单向流动的状态，克服以往教学过程中"我说你听"和单方面"说教"的问题。这种将教师的主导作用和学生的主体地位结合起来的教学教育模式，实现了从"以教师为中心"向"以学生为中心"的转变，从填白式、灌输式教育向启发式、引导性教育转变，消除

①〔英〕斯宾塞·赫伯特：《斯宾塞的快乐教育》，颜真译，海峡文艺出版社，2002，第45页。
② 蔡华杰：《当代大学生应培养正确的自由观——从新颁布的〈普通高等学校学生管理规定〉谈起》，《江南大学学报》（人文社会科学版）2006年第3期。

师生的思想顾虑和话语"裂谷"，引发师生的思想共识、心理共鸣、情感共振，让理论教学入脑入心，做到了以情动人、以理服人。

三　构建教学相长、休戚与共的师生关系

"教育是一门'仁而爱人'的事业，有爱才有责任。"[1] 那么，何以立德树人，重振"师道尊严"，时时叩问教育者的心。师者，立德树人正当其时，传道与授业，绝不可偏废，努力做精于"传道授业解惑"的"经师"和"人师"的统一者，担当起培养堪当民族复兴重任的时代新人。教育者与受教育者作为立德树人实践的主体，是立德树人系统中最基本的"人"因素。两者的关系要由传统的"主—客"关系变为"主—主"关系，从主客二分主体性走向主体间性，努力实现双方目标同构、语境同构和情感共鸣。

（一）努力实现师生目标同构、相互促进

我们可以"通过寻找教育者与受教育者之间的共同属性或对应的关系"，借用视觉美学中的同构现象概念，利用"某个共同的元素"以同构方法实现教育者与受教育者自我发展的目标同构。"教育实践赋予了国家、学校、教师以教育主体地位，也赋予教育者之于受教育者具有'权威性'和'优先性'，受教育者'被培养'、'被型塑'则有了必要性和合理性。"[2] 在此教育实践逻辑下，虽然教育者与受教育者在此框架下地位有所不同，但学生的发展、对师德的要求以及教师自身职业的发展皆与培养受教育者目标是一致的，具体体现在教师职业生涯发展与学生成长成才的目标一致上。教育是培养人的工作，一个职业生涯成功的教师，育人工作在其生命价值中几乎占有决定性的意义，他们甘为人梯，始终把教书育人作为人生价值和生命价值的真谛，更作为人生幸福和快乐的源泉。因此，要求教师必须树立为人师表、甘为人梯的育人理念。这种育人理念贯穿着教师职业生涯发展全过程，不仅是业务方面的专业发展，也是教书育人的事业发展，这

---

① 《习近平：坚持党的领导传承红色基因扎根中国大地 走出一条建设中国特色世界一流大学新路》，《人民日报》2022年4月26日，第1版。

② 闫旭蕾：《道德与教育关系新探》，《教育理论与实践》2016年第34期。

与学生成长成才的目标是一致的。大学生的自主意识和主体性，影响他们人生设定什么发展目标，怎样为人生目标而努力。因此，在立德树人过程中，可以积极构建师生成长发展共同体。处于共同体中的师生是彼此尊重、互动交流的，就思想、行为、学业、教学、心理、情感等方面存在的问题进行交流，共同制定目标计划，共同探讨解决办法，不断实践反思，从而促进学生健康成长，也促进教师职业发展。教育者要善于将职业发展的需要与大学生自身发展的需求结合起来，找到促进个人发展的方式方法，使教师职业发展与学生成长成才相得益彰。此外，目标的一致，将推动师生在日常教育、管理服务活动中相互交往而形成对话式交流模式，"这种交流的理性意味着，在人类间存在着共同的东西，存在彼此理解的可能性，存在着在有关人生的目的和意义等价值观的问题上达成共识的可能性，存在着互相宽容和求大同存小异的可能性"①，意味着双方情感的"敞开"与"接纳"，能够减少双方的误会、冲突和矛盾，可以使双方相互尊重、相互促进。在新时代，高校立德树人实践的首要目标，就是把握时代脉搏，引导学生关注国家强盛、民族复兴，使学生把个人成长发展融入实现伟大中国梦的进程中去，培养他们成为担当民族复兴大任的时代新人。因此，要站在实现中华民族伟大复兴中国梦的战略高度来理解当前高校师生发展与成长目标的一致性，以实现中国梦的伟大目标凝聚师生共识，体现出"青年学生是中华民族伟大复兴中国梦的主力军，教师则是打造这支'梦之队'的筑梦人"②。

（二）努力实现师生语境同构、话语共享

教育者与受教育者之间只有话语共享，才能进行精神能量交换。因为教育者所传授的思想政治理论和专业知识能否被接受、在多大程度上被接受，不仅取决于教育者的传授能力，也取决于教育对象的认同程度和接受能力。课堂的教学"不能被简化为一个人向另一个人'灌输'思想的行为，

---

① 张庆熊：《自我、主体际性与文化交流》，上海人民出版社，1999，第228页。
② 中共教育部党组：《努力做中华民族"梦之队"的筑梦人》，《光明日报》2018年2月8日，第2版。

也不能变成由待对话者'消费'的简单的思想交流"①，需要师生之间话语交换。所以，要改变教师作为教育教学活动的主宰者、话语绝对权威的传统观念，积极构建生态课堂的教学方式，营造民主交流的话语氛围，变教育者独语为双方互动对话，构建师生真诚互动的话语生态，促进师生共享课堂话语权，实现师生有效互动。

"语境即言语环境，语境同构是指教育者与受教育者处于同一语境环境中，使教育者的语言交际方式、表达方式契合受教育者的期望和习惯，增强教育的说服力。"② 教育者要与受教育者达到语境的同构，需要把握新生代大学生的表达习惯、接受偏好和话语风格，在话语的内蕴上融入更加积极的情感，使传播话语既有思想又有温度，既注重系统理论传授，又不失情感激发。一方面，提高语言表达艺术。教学艺术归根结底是语言艺术，一切教育教学活动是通过教学语言这一信息传播渠道，向学生传授知识、传播信息。这要求教师根据不同的语境使用不同的言语策略和手段来建构自己不同的身份，不断创新话语表达方式，用大学生喜闻乐见、接地气的话语开展教育教学，掌握"官方话语与民间话语相通、政治话语与学术话语相辅"的表述方法，以此拉近师生之间的心理距离，以语境同构促进情感共鸣。另一方面，营造有共同话题的教学教育语境。在课堂教学或日常思想政治教育工作中，"话题是任何一个语境创设所必需的中介，也是一个相对稳定的因素，话题的选择、呈现和修缮对于语境效果的达成十分重要，师生双方通过对话题的分析和调控，实现语境效果的优化"③。教师要针对不同学科语言知识，在人与自我、人与社会、人与自然等社会语境和自然语境中灵活设置教学教育的主题，并注重不同知识在不同语境中的有效衔接与运用，为学科育人创设话题与语境。要积极选择阶段性的时政热点、难点、疑点问题，以激发学生的感知兴趣。教师在以通俗化的语言解答理论和现实问题的基础上，要注意充分调动和活跃学生的参与热情，适时地、有意识地设计一些开放性的话题，利用这些话题的延伸效应，引导学生共同体悟教学主题。

---

① 〔巴西〕保罗-弗莱雷：《被压迫者的教育学》，顾建新、赵友华、何曙荣译，华东师范大学出版社，2001，第97页。
② 叶飞霞、夏玉生：《大学生思想政治教育方式方法创新的四维视角——基于增强亲和力感染力的思考》，《福建农林大学学报》（哲学社会科学版）2011年第1期。
③ 王晓奕：《通过话题调控优化教学语境》，《基础教育参考》2017年第2期。

（三）努力实现师生心理契约缔结、情感共鸣

师生主体之间只有达成相互理解和共鸣，才能进入共同的情感领域。在这基于理解形成的情感领域中，主体如果把认知内化为自身的心理契约，将会产生明显的激励效应。为此，我们构建了师生心理契约缔结与达成的动态运行图式，来描述师生心理契约的缔结过程（如图6-1所示）。

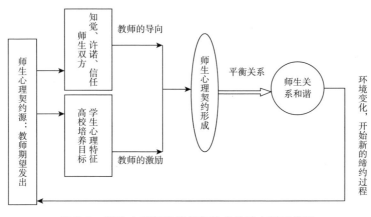

图6-1　师生心理契约缔结与达成的动态循环模型

可见，心理契约是双向、动态的，而非单方面的。教师对学生的期望要建立在能被学生认同与接受基础上，融合了高校培养目标、学生心理特征，会以知觉、许诺和信任为基础而形成的双方责任，在教师的主导和激励下，师生心理契约形成。该契约既可以激发学生自主学习的动力，又有效地促进教师与学生关系的融洽。因此，教师和学生相互尊重，观照彼此心理期望，以共同期望推动双方心理契约的达成，从心理契约又上升到情感共鸣，从而产生明显的激励效应。

总之，构建教学相长、休戚与共的互动师生关系，要"通过对话，教师的学生（students-of-the-teacher）及学生的教师（teacher-of-the-students）等字眼不复存在，新的术语随之出现：教师学生（teacher-student）及学生教师（students-teachers）。教师不再仅仅是授业者，在与学生的对话中，教师本身也得到教益，学生在被教的同时反过来也在教育教师，他们合作起

来而共同成长"①。教育者要实现从"我"教他人到"教育者先受教育"的观念转变，而不是以"教育者"身份自居、坐以论道，应该学会与学生互动，在同构语境中，应该有意识地弱化自己的权威以及职业身份，逐步拉近与学生的距离，应采取一种顺应的心理语境方式，可运用多种启发性的表达方式，起到引导者、领航者的作用。

第三节　构建"连续性与非连续性"相结合的全程育人机制

人的发展是连续性与非连续性的统一。既有规律性、连续性的一面，又受阶段性因素的影响，有非连续性的一面。"从人的发展的一般过程来看，连续性表现为显性，非连续性表现为隐性；反之，从人发展的具体过程来看，非连续性表现为显性，而连续性表现为隐性。"② 教育要与人的发展相适应，就必须实施全过程教育，需要实施具有完整性的教育。这意味着构建立德树人系统化实践机制，既要进行连续性教育，又要重视非连续性教育。因此，我们遵循人的发展规律，根据整体性、层次性和动态性的构建原则，坚持连续性教育与非连续性教育相结合，着力打造学生成长成才的循序渐进、螺旋上升的全程教育链。

一　构建中大研循序渐进的教育链条

人的发展之连续性不仅指人成长的不间断性，而且指人的发展顺序性与规律性。教育连续性，意味着教育实施过程的序列性。所谓"序列性"，是指"将教育内容系统有机地分解为若干要素，科学把握教育时间的规划和教育空间的布局，形成贯穿于各个教育阶段由浅入深、循序渐进、立体融合的教育序列，包括单一序列和复合系列"③。这种序列表现在时间序列上的递进、空间层面上的并存，或者在时间、空间结合的坐标系列上，体现了教育内容、教育方法的延续性。这要求教育环节、教育过程处在一定时空条件下。在学生成长成才的过程中，如果把培养人仅限在一个点上，既不溯其所源，也不

---

① 〔巴西〕保罗·弗莱雷：《被压迫者的教育学》，顾建新、赵友华、何曙荣译，华东师范大学出版社，2001，第 31 页。

② 庞学光：《完整性教育的探索》，重庆出版社，1994，第 129 页。

③ 熊建生：《思想政治教育内容结构论》，中国社会科学出版社，2012，第 235 页。

促其所向，那就无法实现人的全面发展。依据需要层次理论，人的需要的满足过程是一个由低级到高级、逐级形成并逐级得到满足的动态发展过程。在教育领域反映为从"有学上"到"上好学"再到"能就业创业"的需求变化，这反映了在不同时期人们对教育的不同需求。这就要求教育供给方从保障人民受教育机会的"一个不能够少"向保障教育过程的"为每个孩子提供适合的教育"，再向保障教育结果的"让每个孩子都能成为有用之才"转变。[1] 这是满足人民对教育需求的循序渐进的过程。反映在立德树人实践上，也是一个循序渐进的过程。但是，很多的教育主题和内容是长期的、一贯的，比如爱国主义教育贯穿幼儿园、小学、中学、大学全过程，不是某一阶段就可以完成的任务，而是一个阶段性与连续性相统一的任务。由于本书的研究对象是本科生和高职专科生，而大学教育与高中教育和研究生教育相衔接，因此本书立足于大学教育来探索构建中大研循序渐进的教育链条。

（一）促进高中教育与大学教育有效"交接"

经过40多年努力，目前我国各级各类学校共有51.4万所，在校生2.7亿人，教育规模居世界首位。小学学龄儿童净入学率从94%提升到99.9%，初中阶段毛入学率从66.4%提升到103.5%，高中阶段毛入学率从33.6%提升到88.3%，高等教育毛入学率从2.7%提升到45.7%。[2] 这不仅意味着当前我国高等教育规模庞大，而且从数量上也说明一点，那就是越来越多的学生进入高等教育阶段，大学教育与高中教育衔接越来越紧，从人才的培养连续性和教育整体化的设计与安排看，高中教育到大学教育要做好"交接"。

1. 发挥教育行政部门的主导作用

抓住高考综合改革这一关键环节，发挥"牵一发而动全身"作用，在招生考试、课程设置等方面进行综合改革与创新，有力推动高中教育与大学教育的衔接。一要遵循中学生成长规律，推进素质教育，深化课程改革，既引导学生认真学习每门课程，又切实减轻学生课业负担，促进学生全面发展又促进学生个性发挥。二要完善普通高中学生综合素质评价制度。普通高中在开展综合素质评价工作中，要结合本校的人才培养目标、培养计

---

① 教育部课题组：《深入学习习近平关于教育的重要论述》，人民出版社，2019，第181、182页。
② 陈宝生：《中国教育：波澜壮阔四十年》，《人民日报》2018年12月17日，第11版。

划、培养特色等，不断研究、改革和完善学生德智体美劳的评价制度，记录学生成长过程和素质培养情况，提前与高校综合素质评价体系衔接，提高学生在大学入学后的适应性和匹配度，发挥好正确的导向和激励作用。三要加大高等学校招生录取模式的改革力度。破除"唯分数论"，高校录取不能仅仅依据高考总成绩，可以参考考生综合素质评价择优录取，形成分类考试、综合评价、多元录取的高等学校考试招生模式。

2. 高校本身要着眼高中与大学有效衔接的整体考量

高校应主动衔接高中教育，推动基础学科专家老师到中学开展有针对性的大学教育通识讲座，关注高中生的心理特征和学习压力释放问题，引导他们正确看待升学和择校问题。主动适应高考综合改革趋势，面对未来生源结构从"二元制"变成"多元制"的新变化，高校应及时进行人才培养课程体系改革，或进行专业的改造升级，从按专业招生转变为按大类招生，以主动适应学生个性的发展。

3. 引导中学生主动了解熟悉大学教育

一方面，积极开展优秀中学生夏令营或其他体验观摩活动，使高中生能够初步接触和了解大学教育的一些概况。安排学科专家、教授主持学科前沿和产业发展报告、科研设施与实验室探究、相关高科技企业参观、大学生活动展示、团队座谈、学科笔试和综合素质面试等环节，使得中学生能感受体验大学精神；另一方面，通过心理学、心理健康教育学、心理咨询学等方面的理论与技术，对中学生进行有目的、前置性的心理健康训练，使他们获得新的应对技能，以防止他们从高中到大学过渡期间出现心理问题，为学生提前适应大学生活做好准备。

（二）做好大学的"层级性"教育

"从大学生成长规律要求的宏观教育过程来看，大学可分为初步、深入和毕业三个阶段，全程育人可确定相适应的阶段教育内容，主要有新生入学教育和基础教育、专业基础教育和专业教育以及就业择业教育和创业创新教育三大阶段。"[1]以下以大学本科为例进行分析。

---

① 罗映光：《重视根本问题围绕中心环节坚持全员全程全方位立德树人》，《思想理论教育导刊》2017 年第 1 期。

1. 初步阶段：新生入学教育和专业基础教育

这一阶段指从中学进入大学的过渡阶段和大学一年级，是大学"全程育人"的起始点。因此，需要重点关注新生心理素质和适应状况。要教育学生认识大学学习新特点、生活新情况，提高独立学习能力与生活适应能力；教育学生认识所学专业，开展专业入门教育，使学生树立牢固专业思想，立志成为本专业的优秀人才；为了更好地做好大学生职业生涯规划的教育和指导，学校应在大学一年级新生中全面推行"本科生导师制"，发挥本科生导师在本科生的思想引领、专业引导、学业指导、职业规划与成才指引等方面的特殊作用，建立本科生全程化、全覆盖、个性化的学业指导机制。

2. 深入阶段：专业教育和创业创新教育

这个阶段是学生上大学知识储备、本领锻炼的重要阶段，是大学"全程育人"的中心点。较为笼统地说，本阶段应包括大学二年级和三年级两个学年。教育学生既要稳抓基础，又要做好由基础课向专业课过渡的准备；既要确定主攻专业方向，又要适当选修其他通识课程，使知识体系更加完备。此阶段的重点是对学生进行专业情感教育、专业心理辅导和专业实践锻炼，以及创新能力教育，建立大学生创业培训体系，开展创业指导与培训，在不断科研训练和专业训练中提升大学生的创新能力和核心竞争力，在社会实践中有目的地锻炼、提升职业技能，以及培养学生的社会职责感，为学生实现人生的职业目标打基础。

3. 毕业阶段：就业择业教育

这一阶段是检验人才培养质量的关键环节，是大学"全程育人"的"最后一公里"。本阶段为大学的毕业学年，教育的主要任务是在做好考研指导和毕业论文写作指导外，加强择业观和创业教育，引导大学生树立正确的就业观。要加强就业创业政策宣传和引导，帮助大学生了解和熟悉国家有关就业创业政策以及各高校服务毕业生就业创业的文件，让大学生熟知创业和就业流程规范，明确自己在就业过程中的权利和义务；要教育指导大学生提高择业技能，帮助他们掌握求职的技巧与方法，开拓就业市场，组织协调校内外大型洽谈会及专场招聘会，及时发布有关招聘信息，实现用人单位与毕业生需求的有效对接；同时加强社会责任教育，引导大学生增强其社会责任感和历史使命感，树立正确的成才观和就业观，实现个人理想与社会需要相统一。

然而，大学"全程育人"的各年级教育不是独立成段，而是螺旋式上升的过程。比如，大学生创新创业教育根据所处阶段不同，其学习任务和教育重点也各不相同。在一年级时，重点是教育引导大学生树立专业思想，并初步进行职业生涯设计与规划；二年级、三年级是储能提高阶段，重点是教育指导大学生提升专业职业技能，满足各种条件；四年级是毕业阶段，侧重点是教育指导大学生掌握择业技能，顺利创业和就业。"层级性"教育既体现空间的层次性，也存在时间的层级性。

（三）加强研究生教育与本科教育的有机衔接

据有关教育机构 2022 年白皮书，2020 年中国在校大学生规模超过 3599 万，随着大学毕业生规模逐年扩大，2022 年中国大学毕业生预计将达到 1076 万人，相较于上一年增加 167 万人，规模和增量均创历史新高，也让就业竞争不断加剧。调研发现，面对"毕业后是继续深造还是直接工作"的问题，有 54% 的受访者表示希望继续深造。此外，报告显示，2022 年全国硕士研究生报名人数 457 万，比 2021 年增长 80 万，增幅达到 21%，报名人数再创历史新高。2021 年研究生招生总人数达 117.7 万，较十年前增长近一倍。2022 年研究生招生总人数预计将达 120 万左右，录取率预计为 26.3%。[①] 这表明了在就业竞争压力与日俱增背景下，过半大学生希望通过继续升学深造来提升竞争力，也表明了对于选择继续深造的学生来说，研究生培养阶段给予弥补本科阶段科研素养、社会实践不足的机会，提供更多学习资源。因此，统筹考虑本科教育与研究生教育的有效衔接，建立本科教育与研究生教育在课程设置、学习内容和教学方法上相互衔接的、分层管理的机制是立德树人实践中人才培养环节的一个亟待解决的问题。

1. 培养目标的衔接与明晰

本科教育是高等教育的中级层次教育，是研究生教育的理论基础阶段，主要是向学生传授学科基础知识，使学生构建基本的知识体系。研究生教育是大学中的高级教育，强调的是研究。两个层次的教育是一个有机体，

---

① 转引自李静《〈2022 中国大学生学习与发展白皮书〉：过半大学生欲继续深造》，经济观察网，2022 年 4 月 9 日，https://baijiahao.baidu.com/s? id=1729638928983629803&wfr=spider&for=pc。

没有"高级"教育，"基础"教育缺少引导，没有"基础"教育，"高级"教育无法"高级"。当前，本科层次教育的定位颇为尴尬："既可以指向更为专业化的研究生教育，但又不是完全的升学教育；既可以为社会各行业输送人才，但又难以与社会产业需求有机衔接。"学科与专业是本科教育的核心概念。"本科专业不仅需要不断注入外源之水，更需要兼顾学生多样性的潜质、偏好与职业规划。无论是学科专业目录还是机构内部培养方案，都不宜过于强化其刚性的管理、规范与约束作用，应始终保持开源与可变的状态。"[①] 而研究生教育，目标是要形成"结构优化、需求满足、立足国内、全面参与的高素质、高水平的人才培养体系"[②]，如果本科教育要指向为研究生教育做铺垫，那么，在培养目标衔接上下功夫显得尤为重要。因此，在本科教育阶段可以分类引导，对于选择就业方向的学生，在培养目标引导上，要加强学生实践能力培养，提供更多的实践机会，练就扎实专业技能，为就业做准备；而对于选择考研方向的学生，则在专业理论、基础科研能力上进行全方位的引导和辅导，着重培养其科研创新能力。

2. 培养模式的衔接与创新

作为高等教育培养人才的重要环节，本科教育所特有的功能与地位仍然不可替代。具有硕士学位授权点的高校对于不同层次教育的定位还存在着"重本科生教育（本科教育），轻研究生教育"，还是"重研究生教育，轻本科生教育"之争。浙江大学原校长路甬祥在 20 世纪 90 年代初提出了"本科生教育与研究生教育并重"的办学方略，这为浙江大学后来建设成为研究型大学提供了富有前瞻性的理论基础。这种理念在厘清本科生教育与研究生教育的不同定位、特点和功能的基础上，针对研究型大学与教学型大学的特点，适当增加科研在本科教育中的比重，使得研究生教育与本科教育能够统一于建设研究型大学这一方略之下，共享研究型大学中的宝贵资源并从中获益、协同发展。[③] 这种打通本科生高年级与研究生教育之间的区隔，把高校立德树人实践按照一个有机的整体进行设计和考虑的做法，

---

① 阎光才：《重新思考本科教育定位》，《光明日报》2022 年 5 月 24 日，第 15 版。

② 张磊、钱振东、刘腾爱：《研究型大学本科——研究生教育衔接模式探索》，《东南大学学报》（哲学社会科学版）2013 年第 4 期。

③ 转引自林伟连、沈通、朱玲《我国研究型大学不同层次教育的合理定位及实现路径》，《中国高教研究》2006 年第 4 期，第 38 页。

是值得提倡和推广的。那么，这种"本硕一体化"培养理念是否能推广到教学型高校或者还没有硕士点的高校呢？其实本科教育与研究生教育是分属两个层次的高等教育，具有不同的属性和功能，同时又有前后联系。自身还没有获批硕士学位授权点的院校，在本科教育阶段，也可以探索本硕衔接性的培养模式。这种本硕"一体化""衔接性"的培养模式，对本科生、研究生品德道德构成、知识体系、能力结构进行了纵向层次设计和横向分类设计，并分别落实到本硕教育中的课程、实践和科研三个环节，兼顾本科和研究生两个层次，充分体现这三个环节的延续性和递进性。并继续推行本科生导师制，促使导师带领本科生搞科研，加强学业深造（学术训练），增强人才培养的指向性与针对性。

3. 课程设置的衔接与改革

扎实的本科教育是研究生教育的重要基石，是为了使两者在教学方面更好地衔接。本科教育要指向为研究生教育做铺垫，不仅要在培养目标衔接上下功夫，也要在课程设置上加大衔接的力度，这也是本科课程改革的重要尝试。根据前文所述的本硕"一体化""衔接性"的培养模式探索，着力在构建一体化教学体系上下功夫。具有硕士学位授权点的院校可以按一体化设计修订本科生和研究生培养方案，使课程体系相互衔接。建立理工科、管理类等基础课教学与实验中心，把理论教学与实践（实验）教学融为一体，把基本知识、基本技能、实验手段和操作方法联系起来，构建共享的综合基础教育平台，提升学生的基础知识水平，尝试实行教师资源、设备资源、实践资源和管理人员一体化管理。而还没有获批硕士学位授权点的院校可在课程衔接方面作出探索：把本科专业的核心基础课程分设成基础（本科）和高级（研究生）两个层次，使学生在本科前三年完成基础部分学习，在四年级完成高级部分学习，把本专业的专业课程设计成本科和研究生共选课程。本科教育可以根据一定的选修课程与核心课程的比例，增加选修课的比例，或者是增设更多的选修课程，保证选修课程的多样化，加强学术思维训练，培养学生创新能力。也可开设与当下学术前沿接轨的课程作为辅修课，供本科生选择，而研究生也可选修本科生课程，尤其对跨专业的研究生来说，可以补修本科阶段基础课程，完善专业知识体系。

二　开展好重要时间节点的主题教育

传统的连续性教育基本上揭示了教育的本质，但忽视了生命发展中出现的偶然事件。德国教育哲学家博尔诺夫在存在主义哲学基础上提出了非连续性教育思想。他认为，"在人类生命过程中非连续性成分具有根本性意义"①，"教育必须更深入一层，必须认识到心灵深处的难以捉摸，防止危险的畸形发展或纠正那些已经发生的畸形发展。这样就提出了一个崭新的工作领域，在这一领域中人类经验科学的一些起初令人很吃惊的结论对教育有了全新的意义"②。"思想政治教育获得感的生成是一个循序渐进、螺旋上升的过程，其中包括萌生、形成和升华三个发展阶段，每个阶段都有其特殊的发展节点和关键环节。教育对象在稳定、升华已有获得感的基础上，又会不断树立新的未来预期，促进新的获得感的生成。"③ 如果没有科学地把握这种教育的特性，就会忽视学生发展的非连续性与变化的内心世界。因此，我们应重视非连续性教育的作用，抓好相应的"时间节点"教育，在学生思想品德认知发展关键期，适时干预、因势利导，加强仪式感教育，推动每个时间节点的教育效果的不断累加，提高思想政治教育的针对性与实效性。

（一）顺势而为，开展好重要时间节点的教育

从大学生入学到毕业期间，有着不同的教育"时间节点"，在这些重要的时间节点上进行的思想政治教育往往会更有针对性、更有效果。比如，新生入学教育、奖助贷的诚信感恩教育、节假日安全教育、考风考纪教育、敏感时期安定稳定教育、毕业生离校教育。从思想政治教育认知形成的阶段发展规律来看，重要节点是教育契机或关键期。"思想政治教育认知的发展客观上存在着关键期，即认知主体在成长发展的整体历程中所经历的矛盾性心理特征的转折阶段以及由此带来的世界观、人生观和价值观初步奠基的时期。在关键期给个体施以适当的刺激，会促进大脑相应神经元之间

---

① 〔德〕博尔诺夫：《教育人类学》，李其龙等译，华东师范大学出版社，1999，第51页。

② 〔德〕博尔诺夫：《教育人类学》，李其龙等译，华东师范大学出版社，1999，第56页。

③ 陈娟、王立仁：《思想政治教育获得感的生成及其提升研究》，《思想政治教育研究》2018年第4期。

联结的形成，进而影响大脑某些认知功能的发展。"①据有关发展心理学研究表明，"敏感期"是大脑某些认知功能发展的"机会之窗"（window of opportunity），错过"敏感期"可能需要付出很多的努力来弥补错过"敏感期"而造成的认知发展滞后。因时而为，给受教育者提供良好的环境和学习条件，让其认知功能得到适宜的发展。② 开展重要时间节点教育，会收到"因时制宜"效果；又可以在日常思想政治教育互动关系的意识交流碰撞中，引起受教育者的思维飞跃，也会产生"直觉顿悟"现象，③ 产生豁然开朗、茅塞顿开的效果。

（二）应势而动，利用重大纪念活动开展主题教育

重大纪念活动是在国家法定的纪念日纪念重大事件或伟大人物而举办的活动，它是一种独特的历史资源、政治资源和教育资源，也是立德树人的独特方式与有效载体。我们党自成立起就有利用重大纪念活动开展思想政治教育的优良传统。新民主主义革命时期，党的领导人通过策划、组织参与一系列重大纪念活动，进行社会动员、政治动员。新中国成立后，充分利用对重要节日、重要历史人物和重大历史事件的纪念，举行各种仪式和纪念活动，进行了有效的宣传思想工作。

据不完全统计，"常见的纪念日多达 170 多个，平均每个月有 14 或 15 个纪念日，其中对大学生有思想政治教育意义的就有 50 多个"④。纪念活动主要有重要节日庆典活动、传承优秀民族文化的纪念活动，以及重要历史人物纪念活动等等。利用重要时机开展思想政治教育，有利于立德树人目标的实现，对于大学生强化历史意识和民族精神、增强文化自信、弘扬优秀传统文化，以及传承红色基因、弘扬爱国主义精神都有重要的意义。因此，我们要充分发挥开展纪念活动在立德树人中的育人作用，突出教育的实践性、参与性和互动性，"充分利用我国改革发展的伟大成就、重大历史

---

① 屈陆、戴钢书：《思想政治教育认知形成的基本规律》，《思想教育研究》2017 年第 1 期。
② 参见王亚鹏、董奇《基于脑的教育：神经科学研究对教育的启示》，《教育研究》2010 年第 11 期。
③ 张澍军主编《德育哲学引论》，中国社会科学出版社，2002，第 280 页。
④ 何军峰：《试论纪念活动与大学生思想政治教育的关系》，《思想教育研究》2012 年第 6 期。

事件纪念活动、爱国主义教育基地、中华民族传统节庆、国家公祭仪式等"①，积极开展各类主题教育实践活动。并且，坚持集中活动与经常活动相结合、线上活动与线下实践相结合的原则，注重运用青年大学生喜闻乐见的形式，讲好历史故事、革命故事、改革开放故事和身边故事，不断增强大学生的爱国主义情怀，使学生将爱国之志转化为实现中国梦的报国行动。

在开展重要时间节点教育和重大纪念活动时，我们应找准切入点，处理好共性和个性的问题、普遍性与特殊性的问题，使重要时间节点教育目标与立德树人的总体脉络保持一致。任何一种重要时间节点教育，其本质都是整个立德树人系统的有机组成部分。时间节点教育的确有其特殊性、阶段性，因此更应当把它放在学生长期发展的过程中、放在整个立德树人系统中去思考，所以必须认识到，重要时间节点教育是大学生思想政治教育的有机组成部分，这些阶段性的教育，为实现人的全面发展创造必要条件。

第四节　构建多维空间的全方位育人机制

在空间理论视域下与空间相关的"方位、环境、地域、场域"等逐渐成为当代人类生活的重要概念。"从理论生成逻辑来说，思想政治教育活动必须在一定空间中展开，这是研究者以及教育主体对空间的知觉，也是思想政治教育活动过程的空间经历与空间体验。"②"空间转向"理论契合了"全方位育人"的理论诉求，强调了空间与立德树人教育实践的交互关联。"立德树人空间是在高校场域以教育教学规律、学生身心发展规律、人才培养规律为导向，有组织地对高校立德树人中心环节各空间要素合理安排，形塑为特定教育空间样态和教育空间系统。这种空间样态是多维性的、开放的，其空间属性表征为知识的传授、品格的塑造、道德的践履、技能的

① 《习近平主持中共中央政治局第二十九次集体学习》，新华网，2015 年 12 月 30 日，http://news.xinhuanet.com/2015-12/30/c_ 1117631083. htm。
② 卢岚：《论思想政治教育变革的空间转向》，《思想理论教育》2017 年第 3 期。

培养，表征于教与学的互动、施教与受教的平等对话、虚拟与现实的交织转换。"① 多维空间的全方位育人机制是从高校立德树人系统化实践机制的主客体、介体及环体要素出发，根据方向性、整合性和动态性的原则，从课程教学空间、哲学社会科学结构化空间、校园文化空间、线上与线下空间等方面构建的。

一　构建与"思政课程"同向同行的育人课程体系

"思想政治理论课是落实立德树人根本任务的关键课程。"② "思想政治理论课能否在立德树人中发挥应有作用，关键看重视不重视、适应不适应、做得好不好。"③ 当前，思想政治理论课教学因层级弱化、学科壁垒、条块分割而产生的统筹不够、合力不足的问题成为制约育人成效的最大阻力。因此，协同推进各类课程与思政理论课同向同行，以更好地实现课堂育人功能的最大化是新时代高校育人课程体系建设的核心目标。

（一）正确理解"同向同行"的现实意义与辩证关系

1. 协同推进各类课程与思政理论课同向同行的现实意义

在新时代，随着社会基本矛盾和学生群体特征发生改变，高校立德树人这一任务也变得更加复杂艰巨。立德树人涉及各学科、各类型的课程体系，"思政课程"体系只是其中的重要部分，起到主渠道作用。但是，"思政课程"体系有其边界。为了解决教育者所提出的教育目标要求与受教育者发展状况的矛盾，提升思想政治教育整体质量，让学生在受教育过程中有更多的获得感，就必须突破这个"边界"。这就需要"课程思政"来弥补"思政课程"的相对"不足"，发挥"课程思政"的育人功能，实现"课程思政"与"思政课程"同向同行、协同发展。

推动"思政课程"向"课程思政"转变，主导者是教育者本身。教育者首先要正确理解"同向同行"的科学内涵。高校应根据时代的变化，进

① 邹艳辉：《论高校立德树人内外机制的构建》，《南京航空航天大学学报》（社会科学版）2018年第2期。
② 《习近平：用新时代中国特色社会主义思想铸魂育人 贯彻党的教育方针落实立德树人根本任务》，《人民日报》2019年3月19日，第1版。
③ 《习近平：坚持党的领导传承红色基因扎根中国大地 走出一条建设中国特色世界一流大学新路》，《人民日报》2022年4月26日，第1版。

一步贯彻落实把思想政治工作贯穿于教育教学全过程的"新思政"理念，着力于构建以立德树人为中心环节的一体化育人体系，特别是要把思想政治理论课和专业课紧密衔接起来，作为一个有机系统来对待，使思想政治教育更加符合教书育人规律，符合学生成长规律，更能促进人的全面发展。千百万教师应将"课程思政"作为一种行为自觉，认识到在"教书育人""立德树人"中谁都不是局外人，思想政治教育也不仅仅是思想政治理论课教师的事。从事思想政治理论课程以外的其他课程教学的教师，也可以根据不同课程的特殊性，发挥应有的侧重点不同的"课程思政"功能。

2. 掌握"同向"与"同行"的辩证关系

"同向同行的问题实质上是认识与实践的问题，是认识与实践的统一性问题。"① "课程思政"与"思政课程"同向同行包含"同向""同行"两个方面。"同向主要是为了解决政治方向的一致性、育人方向的一致性、文化认同的统一性等问题"；"同行是要解决'课程思政'如何与'思政课程'步调一致，合力育人，合力培养人的问题"。② 我们不能错误地认为，思想政治教育管"立德"，专业教育管"树人"，而应认识到只有思想政治教育与专业教育相互配合，与其他育人过程相融合，与其他育人环节相融通，高校才能完成立德树人的根本任务，才能培养出是德才兼备、全面发展的人，才能防止"两种畸形人"的情况出现。早在 1948 年，梁思成先生在《半个人的时代》报告中指出，科技与人文分家导致了"两种畸形人"的出现，一种是"只懂技术而灵魂苍白的空心人"，一种是"不懂技术而奢谈人文的边缘人"。③

只有正确认识"同向"问题，才能真正落实"同行"策略。"课程思政"与"思政课程"只有在坚持社会主义大学办学方向上一致，在解决"培养什么样的人，为谁服务"的育人方向问题上一致，在价值观教育方面始终保持一致，才能为"同行"统一认识、创造前提；"同行"属于实践范

---

① 邱仁富：《"课程思政"与"思政课程"同向同行的理论阐释》，《思想教育研究》2018 年第 4 期。

② 邱仁富：《"课程思政"与"思政课程"同向同行的理论阐释》，《思想教育研究》2018 年第 4 期。

③ 转引自李文道《大学校园惨剧，折射学生心理困境》，《光明日报》2013 年 5 月 6 日，第 16 版。

畴，要求"课程思政"的相关课程要在教学内容设计中有机渗透思想政治教育元素，为"思政课程"提供学科支撑、理论支撑、队伍支撑。反过来，思想政治理论课同样也有着智育的教学价值。"高校思想政治理论课的性质是德育课与智育课的统一，不应割裂其德育价值与智育价值的内在统一性。德育与智育只是教学目标的相对划分，而不是教育价值与工作职能的划分。"① 高校思想政治理论课不仅要体现政治性、思想性、人文性，也应该体现科学性、实践性，这离不开系统的自然科学与哲学社会科学的知识支撑，在教学中要处理好政治性和科学性的关系，而不是坚持教育价值与工作职能的区分。因而，不能人为地将思想政治理论课的"德育"与其他学科的"智育"对立起来，这严重违背思想政治教育的规律，使思想政治理论课教学忽视科学知识传授，成为空洞的说教或口号式的宣传。

（二）实现"同向同行"到"协同效应"

立德树人是多渠道、全方位的。思想政治理论课是主渠道，其他课程都要各自守好一段渠。这意味着除了作为主渠道的思想政治理论课教学外，还需要综合其他渠道，把各专业的人文、历史、科学、技术等知识有机融合起来，将思想政治教育要求渗透到各专业的课堂教学当中，建构以"思政课程"为核心的同向同行课程教学体系。

1. 思想政治理论课要坚持在改进中不断加强

"思政课的本质是讲道理，要注重方式方法，把道理讲深、讲透、讲活，老师要用心教，学生要用心悟，达到沟通心灵、启智润心、激扬斗志。"② 在课程教材的转化上，"主要是将统编教材体系转化为有温度、有质量的教学资料，转化为教师的话语体系，努力做到以教学体系建设推动转化，以教案体系建设推动转化，以学科体系建设推动转化"③。在教学方法优化上，"要注重激发教与学两大主体积极性，用适合学生特点和需求的方法，将我们党丰富的思想资源和鲜活的实践案例生动地呈现在学生面前，

---

① 宋剑、李国兴：《智育是高校思政课不可或缺的教学价值——基于1978年以来德育与智育关系历史考察的视角》，《辽宁教育行政学院学报》2011年第6期。

② 《习近平：坚持党的领导传承红色基因扎根中国大地 走出一条建设中国特色世界一流大学新路》，《人民日报》2022年4月26日，第1版。

③ 王建南：《多措并举提升高校思政课质量水平》，《中国教育报》2017年8月4日，第4版。

鼓励探索互动式、体验式及在线式教学"①。好的教学应该掌握"吃盐"的教育艺术。"不能光吃盐,最好的方式是将盐溶解到各种食物中自然而然吸收。"② 教学过程要符合大学生的年龄特点,贴近其口味,适度、适量、适时地"放盐",让学生在咸淡适宜、恰如其分的教学教育中汲取营养、受到启发。此外,要积极推进思想政治理论课与日常思想政治教育有机结合,畅通渠道,推进思想政治理论课教师与学生工作者的互动交流,鼓励经考核合格的专职辅导员兼从事形势政策课教学工作,鼓励管理干部、思想政治理论课教师兼任辅导员、班主任,不断增强教育的针对性和实效性。

2. 丰富课程思政的内涵和功能

"课程思政"是指"将高校思想政治教育融入课程教学和改革的各环节、各方面,实现立德树人润物无声"③,目的是"寻求各科教学中专业知识与思想政治教育内容之间的关联性,将思想政治教育的相关内容融入学科教学当中,通过学科渗透的方式达到思想政治教育的目的"④。其实质不是增开一门课,也不是增设一项活动,而是建设一种全课程育人格局。实施"课程思政"教学的前提是对"课程思政"进行体系构建和功能定位,避免消解专业课程本身的价值和功能。一般而言,可以将"课程思政"定位为"思政课程"的拓展与延伸,具有"课程思政"功能的课程包含综合素养课程(思想政治理论课之外的公共基础课、通识教育课等)和专业教育课程(哲学社会科学课程和自然科学课程),它们起到浸润、拓展与延伸的作用。不管如何定位,都必须明确一点,"课程思政"的实施要明确主题,紧扣育人主线,避免"课程思政"泛滥或泛化。通过遴选、梳理和选取合适课程作为"课程思政"的课程试点,并制定"课程思政"的建设标准,突出价值引领功能,编制具体课程教学指南,开展效果评价。

3. 构建以"思政课程"为核心的同向同行课程教学体系

近年来,全国各高校探索同向同行课程教学体系的努力从未间断,也

---

① 王建南:《多措并举提升高校思政课质量水平》,《中国教育报》2017年8月4日,第4版。
② 《沿用好办法 改进老办法 探索新办法——三论学习贯彻习近平总书记高校思想政治工作会议讲话》,《人民日报》2016年12月11日,第1版。
③ 高德毅、宗爱东:《从思政课程到课程思政:从战略高度构建高校思想政治教育课程体系》,《中国高等教育》2017年第1期。
④ 谭晓爽:《课程思政的价值内涵与实践路径探析》,《思想政治工作研究》2018年第4期。

取得显著成效。比如，有的高校致力于打造教研协同、教学协同、队伍协同、评价协同的四大协同运作模式，优化教学生态和要素配置，强化育人力量和使教学环节无缝衔接，打造"有核心，无边界"的大格局思想政治理论课体系。^① 这包含两个层面的意思：一是"有核心"，体现在紧紧围绕用好思想政治理论课教学这个主渠道，发挥其主导、牵引、带动和支撑作用上；二是"无边界"，体现在思维开放性、理念创新性和机制融合性上，即通过协同机制，打破学科、平台、载体、队伍、部门之间的壁垒和界限，构建理论主课堂、活动大课堂和网络新课堂一体贯通的育人工作格局，确保"其他各门课都要守好一段渠、种好责任田，使各类课程与思想政治理论课同向同行，形成协同效应"^②。在课程教学改革方面，2010年，四川大学启动实施了"探究式—小班化"^③课堂教学改革，把25人左右的本科新生划入一个小班，鼓励老师推行启发式讲授、批判式讨论，以问题为导向引导学生分析问题、解决问题，教师从"讲授者"转变为"引导者"。在现代信息技术运用方面，要用好数字化教学平台，融通高校课程体系，"把互联网时代师生之间'键对键'互动与传统课堂'面对面'交流有机结合起来"^④，是增强思想政治理论课的时代感和吸引力的重要手段。广泛依托互联网技术和现代教育技术，坚持树立以大学生为用户中心的思维，从多元素、多角度、多层次着眼，构建融合"视频公开课""资源共享课""慕课""微课"等多种形式的教学平台，打造建设线上"金课"、线下"金课"、线上线下混合式"金课"，建设虚拟仿真"金课"。在教学方法改革上，上海众多高校较早地探索独特有效的思想政治理论课教学模式，上海市教委也面向全市推出社会主义核心价值观"超级大课堂"。自2014年以来，上海大学开设以中国为主题的课程"大国方略"，丰富之前的"项链教

① 潘玉腾、杨林香等：《福建师范大学大格局思想政治理论课协同创新探索》，《中国教育报》2018年4月19日，第8版。
② 《习近平：把思想政治工作贯穿教育教学全过程　开创我国高等教育事业发展新局面》，《人民日报》2016年12月9日，第1版。
③ 倪秀：《川大 实施"探究式—小班化"教学改革》，《中国教育报》2015年11月10日，第1版。
④ 李世黎、徐春艳：《新媒体新技术与高校思想政治理论课融合的现状与展望——党的十九大精神"三进"教学展示及研讨会综述》，《思想理论教育导刊》2018年第8期。

学法"①，即由思想政治理论课专职教师把握课程主线，邀请相关学科专家及社会典范人物到课堂，以访谈、论辩、答疑等形式为学生解惑答疑，把每个学期思想政治理论课像珍珠般串起来，将思想政治理论课教师的教学方式由单兵作战转变为团队联合作战。这是我国高校最早探索出的多学科教师协同上思想政治理论课的模式。可见，专业课程与思想政治理论课同向同行的目的就是融合互通育人，发挥高校课程教学体系具备的全方位"大熔炉"的教育合力作用。

（三）让"大思政课"随时代之变而更加鲜活

落实立德树人根本任务，必须紧紧围绕党和国家工作大局。随着时代发展和学生需求的变化，"大思政课"的内涵也应进一步丰富与拓展。新时代中国特色社会主义实践赋予思想政治教育更加鲜明的内容。我们要充分用好社会大课堂和生活教科书，坚持以社会生活为"课堂"、以火热实践为"教材"，思想政治教育才能更加鲜活、更有实效。

1. 上好疫情防控思政大课，加强新时代公共危机意识教育

中国人民在中国共产党领导下抗击新冠肺炎疫情的伟大历程和重大战略成果，充分彰显了中国共产党践行人民至上、生命至上理念，也充分展现出中国特色社会主义制度的优势。我国在国际社会上阐明了全球抗疫的中国理念和中国主张，贡献了中国抗疫的经验智慧。中国抗疫斗争艰苦卓绝，值得永远铭记。因此，我们要用好抗疫这本"生动教材"，一方面，上好疫情防控思政大课，将抗疫故事、抗疫力量、抗疫精神融入思政课中，用新时代爱国主义教育的鲜活素材，进一步引导大学生理解和弘扬中国精神，厚植家国情怀。另一方面，加强新时代公共危机意识教育，引导青年学生树立正确的健康观。

上好疫情防控思政大课，必须发挥每个岗位、每位教师、每门课程的育人功能，把教师课堂授、学生自己说结合起来，从中外防疫模式的比较中生动彰显中国特色社会主义制度优势，共同做好爱国主义教育这篇大文章，不断增进对中国特色社会主义道路、理论、制度、文化的思想认同、

---

① 张丹华、顾晓英主编《改革与创新："项链模式"教学研究》，上海大学出版社，2009。

情感认同和理论认同。[①] 也注重用身边的典型讲好抗疫故事，不仅邀请一线抗疫的医务人员、基层工作人员、志愿者到校讲述疫情防控时期的战斗故事，充分挖掘各行各业中涌现出的抗疫典型，也鼓励师生挖掘和讲述身边的抗疫故事，充分结合在学校抗疫一线参加现场工作的亲身经历，用一个个真实的场面、动人的故事、感人的镜头，讲述抗疫中师生的责任与担当，以自觉践行伟大抗疫精神，提升"立德树人"功底和本领，上好抗疫思政课。通过挖掘梳理先进典型、英雄人物和感人事迹，将抗疫精神融入教育教学、实习实践、就业创业、服务社会等成长各环节，以伟大抗疫精神为宝贵精神财富，讲好抗疫故事，传递正能量，引导学生从平凡而伟大的抗疫故事中体悟人生、感悟力量，为学生成才打下科学思想基础。

2. 加强新时代公共卫生教育

公共卫生问题事关人民健康和公共安全，是民生问题，更是社会政治问题。近年来，我国在应对公共突发事件方面取得了丰硕成果，积累了宝贵经验。在中国共产党领导下，中国人民奋勇抗疫，我国疫情防控取得了阶段性成效。回顾抗疫历程，我国的防控举措、诊疗方案不断根据疫情形势变化来进行优化和调整，在抗击疫情的中国答卷上"以人民为中心"的发展理念始终贯穿始终。我国重大疫情防控体制机制和国家公共卫生应急管理体系不断健全完善，大健康理念日益深入人心，健康文明生活方式日益普及，这有利于加强青少年的公共卫生教育。"目前，公共卫生教育仅在医学类院校才有一定的关注度，在非医学专业院校普遍不被重视，这造成了广大青年学生公共卫生知识的匮乏以及传染病在高校的高发。""重视对高校学生公共卫生、疾病预防的普及教育，提高学生应对突发公共卫生事件和疾病预防能力，是整个社会应当非常重视且不断努力的目标。"[②]

其一，加强公共危机意识教育。

将忧患意识的培养置于首位。面到突袭而至的新冠肺炎疫情，不管是政府部门，还是社会公众，都应当警醒起来，充分意识到人类生存环境面临的重大挑战。不管是对自然灾害还是重大传染性疾病，都应保持警惕，

---

① 魏士强：《深化"三全育人"改革 落实立德树人根本任务》，《中国高等教育》2020 年第10 期。

② 《全国政协委员肖苒：要加强高等院校的公共卫生教育》，人民政协网，2022 年 3 月 16 日，http://www.rmzxb.com.cn/c/2022-03-16/3075320.shtml。

严密防范，莫让"忽微常积"，引发重大公共卫生事件。

加强生态保护意识培养。人与自然和谐相处是一个永恒的话题。早在工业革命时期，恩格斯就说："但是我们不要过分陶醉于我们人类对自然界的胜利。对于每一次这样的胜利，自然界都对我们进行报复。"① 如今，我们有必要重新审视人与自然的关系以及人的行为方式，在全社会大力倡导生态意识教育，唤起民众生态意识和生态情感，提高尊重自然、敬畏自然、保护自然的思想觉悟，培养"人与自然和谐共生"的绿色思维观念和行为方式。

补足防控法治意识这一课。在抗击新冠肺炎疫情过程中，大多数民众能服从疫情防控规定，展现出现代社会公民的公共责任。但是，也有一部分人出现了过度反应或非理性行为，给疫情防控带来阻力，也导致社会秩序被破坏和新的社会矛盾产生。因此，要加强疫情防控宣传，深入细致地开展疫情防控普法宣传教育，引导广大民众自觉增强法治意识，明确应遵守的义务。同时，要引导广大网民遵德守法、文明互动、理性表达。

其二，加强公共危机应对能力培养。

"预防是最经济最有效的健康策略。"② 这是习近平总书记从历史和现实中得出的科学结论。提升公众自我防护和自救互救能力，实施预警关口前移，在开展应急处理突发公共卫生事件培训时，不仅要将基层公共卫生人员列为重点培训对象，也要将社会大众列为培训对象。可以有计划地组织各医疗专业机构入学校、下社区、到农村，联动开展传染病防治和突发公共卫生事件相关知识宣传；针对日常生活中易发、高发的疾病和意外伤害，编发公众应当掌握并且容易掌握的公共卫生应急技能培训书（指南或教程）；经常性地开展突发公共卫生事件应急演练，有效提升基层公共卫生人员对突发公共卫生事件的处理能力，加强和提升公众对各类传染病和突发公共卫生事件的认知和应对技能。

倡导守望互助行为。由于公共卫生事件具有突发性、紧迫性、持续性、危害性等特征，除了政府组织的防控救治外，邻里守望互助显得至关重要。

① 《马克思恩格斯选集》（第4卷），人民出版社，1995，第383页。
② 《习近平：把保障人民健康放在优先发展的战略位置 着力构建优质均衡的基本公共教育服务体系》，《人民日报》2021年3月7日。

在抗击新冠肺炎疫情中，武汉一些无疫情社区的成功实践经验表明，社区及时、赶早的互助行动非常重要。在公共卫生事件发生时，要向全社会倡导同舟共济、守望相助的优良传统，推动践行社会主义核心价值观。

其三，将公共危机意识教育与危机应对能力培养制度化。

经国序民，正其制度。唯有将公共危机意识教育上升到制度层面，才能有效促进这种教育的落实，才能使公民在遵德守法的过程中逐步将之内化为思维方式，树立牢固的危机意识。将公共危机意识教育纳入国家公共卫生应急管理体系。建章立制、完善法规的目的，在于将公众公共危机意识教育与危机应对能力培养制度化。我们不仅要把政府应急管理工作纳入正常化、制度化、法制化轨道，而且要逐步推动学校、企事业单位、社区的公共危机意识教育日常化、制度化，并将这种教育作为一种制度纳入学校的通识教育中，并进一步明确其法律地位。当然，还要相应地建立公共危机意识教育的评价反馈系统，提高公众对整套危机处理体系的知晓度、认同度和适应度；要充分挖掘数字技术在公共卫生教育领域的应用场景，以助力社会公众了解和掌握科学防护知识、健康信息数据比对以及其他民生保障项目，提升公共危机意识教育的数字化和智能化水平。

完善"四早"防控制度。在应对新冠肺炎疫情过程中，我们在防控上提出了"四早"要求，即早发现、早报告、早隔离、早治疗，将防控关口前移。对于社会公众而言，做到"四早"不仅是社会公德，更是法律责任。因此，应及时将这些行之有效的实践经验制度化。加快建立全周期健康管理制度。有关研究表明，在影响人群健康的众多因素中，行为与生活方式因素占到了60%。每个人都是自己健康的第一责任人，要建立健全健康教育体系，普及健康科学知识，教育引导群众树立正确的健康观。

3. 用好北京冬奥文化资源，更加自信从容讲好中国故事

习近平总书记在北京冬奥会、冬残奥会总结表彰大会上的重要讲话中指出："要充分挖掘利用北京冬奥文化资源，坚定文化自信，更加自信从容传播中国声音、讲好中国故事。"① 北京冬奥会、冬残奥会的成功举办提升了中国话语国际影响力，以独特的中华文化魅力向世界展示多维、立体、全面的"动感中国"、"萌态中国"和"乐活中国"的新形象，有效地提升

---

① 习近平：《在北京冬奥会、冬残奥会总结表彰大会上的讲话》，《人民日报》2022 年 4 月 9 日。

中国话语国际影响力和亲和力。"北京冬奥会、冬残奥会既有场馆设施等物质遗产，也有文化和人才遗产，这些都是宝贵财富，要充分运用好，让其成为推动发展的新动能，实现冬奥遗产利用效益最大化。"① 我们要利用这一推进国际传播能力建设的新契机，充分用好丰厚的冬奥文化资源，扩大对外传播，进一步促进文明对话与交流合作，增进世界各族人民团结，使全世界更加相知相融。

中国的"Z世代青年"（"95后""00后"），有幸亲历了两场奥林匹克盛会，更为有幸地在两次奥运之间见证了国家的发展奇迹。"他们拥有对国家民族的强烈归属和信赖，也拥有'双奥'赋予的世界舞台C位视角。"② 这是"双奥青年"的人生际遇，更是伟大时代的印记。同时，青年群体是冬奥会、冬残奥会志愿服务的主力军，为北京冬奥会的成功举办贡献了巨大的力量。有关资料显示，"北京冬奥会赛会志愿者报名人数超过100万，其中18—35岁人群占比超过95%"③。在整个冬奥会志愿服务实践中，青年志愿者所体现出的强烈的家国情怀和社会担当感，不仅成为振奋新时代民族精神的有力抓手，更展现了新时代青年爱国担当的良好形象，也让世界通过志愿者了解我们的国家、我们的文化，志愿者为讲好中国故事、塑好中国形象作出了重要贡献。④ 青年群体作为中国故事的重要讲述者、中国声音的重要传播者，在对外文化交流与国际传播中发挥着越来越重要的作用。

其一，形成融通中外的新概念、新范畴、新表述。"新概念"体现在话语内容上的创新，"新范畴"体现在话语框架和认知模式上的创新，"新表述"则体现在话语表达方式上的创新，尤其是话语表达的媒介文本和表现形式创新。"冬奥梦"和"中国梦"精彩交织，中华文化与奥运文化和合共生。2022年北京冬奥会吉祥物冰墩墩是以熊猫为原型进行设计创作的，形象友好可爱、憨态可掬，雪容融的形象得益于大红灯笼的造型和剪纸艺术，

---

① 习近平：《在北京冬奥会、冬残奥会总结表彰大会上的讲话》，《人民日报》2022年4月9日，第2版。

② 金重：《北京冬奥会让全世界看到不一样的中国年轻人》，共青团中央百家号，2022年2月24日，https://baijiahao.baidu.com/s? id=1725573799272623733&wfr=spider&for=pc。

③ 孙亚慧：《志愿服务在冬奥》，《人民日报》（海外版）2021年11月24日，第9版。

④ 张晓红、凌伟强：《冬奥会、冬残奥会志愿服务展现新时代青年形象》，《中国青年报》2022年4月14日，第6版。

契合了中国春节的文化特征。2022 北京冬奥会徽"冬梦",以汉字"冬"为灵感,运用中国书法的艺术形态,将厚重的东方文化底蕴与国际化的风格融为一体。奥运场馆的设计理念"冰丝带""雪飞天""雪游龙""雪如意"等都巧妙地体现了中国优秀传统文化古典之美。开幕式则以美轮美奂的二十四节气倒计时开启,以及独具特色的中国结雪花、中国门、中国窗等中国元素,更是全方位向世界淋漓尽致地展现出中华文明的无穷魅力。因此,要重视发挥中华优秀传统文化的作用,推动优秀传统文化向现代性、国际性转化,以深厚的底蕴和独特的魅力不断"圈粉"更多的国际友人,把优秀传统文化作为国际传播的绝佳素材,提升我国国际传播的亲和力,塑造可爱的中国形象。青年大学生要做弘扬优秀传统文化的先行者,深刻理解蕴含在中华优秀传统文化之中的思想精华和时代价值,不断深化文化认同、提升文化自觉、坚定文化自信,更加深入地品味和挖掘中华优秀传统文化中包含的辞章之学、义理之学等不同领域的"中国文化内核",使对外传播话语饱含中国心、富有中国味、充满中国情。

其二,"讲故事就是讲事实、讲形象、讲情感、讲道理"。讲事实才能说服人,讲形象才能打动人,讲情感才能感染人,讲道理才能影响人。对外传播话语作为一种特殊的传播力量和语言资源,是一国国际话语权、国家价值观和对外形象的重要载体,集中体现了一个国家的政治参与力、国际传播力和文化软实力。中国日益走近世界舞台中央,重要的国际赛事、重大的节展平台是讲好中国故事、传播好中国声音的良好契机。在当今世界,人类依然面临诸多难题和挑战,世界各国、各地区应该同舟共济,合作应对。奥林匹克运动倡导的"更团结"正是当今时代最需要的。"一起向未来"的 2022 年冬奥口号和"同一个世界,同一个梦想"的 2008 年奥运会口号一样,都体现了中国对世界发展的态度,也体现了中国哲学理念与奥林匹克精神的契合,擦亮了"人类命运共同体"理念的底色。北京冬奥四场开闭幕式精彩纷呈,人类命运共同体的主题贯穿始终,中华文化和冰雪元素交相辉映,体现了自然之美、人文之美、运动之美,诠释了新时代中国可信、可爱、可敬的形象,[1] 赢得了世界各国人民的喜爱和好评。因

---

① 习近平:《在北京冬奥会、冬残奥会总结表彰大会上的讲话》,《人民日报》2022 年 4 月 9 日,第 2 版。

此，讲好中国故事就要注重话语表达的民族性与融通性相结合，寻找双方对话的共鸣点、最大公约数，求同存异、求同化异，实现中国特色、国际表达达到民族性与国际化的高度统一。青年学生作为中国故事的重要讲述者、中国声音的重要传播者，要充分树立文化自信心和民族自豪感，积极创新中国话语的国际表达方式，将真实的中国故事以外国民众听得到、听得懂、听得进的途径和方式传播出去，带动感染更多国际友人，让他们切实感受到中国的大国风范和大国担当。同时要突出体育文化在提升国家文化软实力战略中的价值，大力弘扬北京冬奥精神，引导青年积极参与全球体育治理，从北京冬奥会、冬残奥会运动员、赛会志愿者、医疗防疫人员等先进典型中汲取力量，为世界体育贡献中国青年智慧。

其三，加强大数据、云计算和人工智能等技术在开发北京冬奥文化资源中的应用。在冬奥会筹办举办过程中，一系列冬奥形象标识、冬奥歌曲、电视节目、短视频、影视作品、特许商品等冬奥文化产品纷纷涌现。其中，吉祥物"冰墩墩"的影响力一路飙升。北京冬奥会借助高科技和数字化手段，以多元化、年轻化、场景化的传播方式，探索基于文明互鉴、文明共生的跨文化传播新模式。多项数字技术首度现身，基于冬奥会需求打造的不断涌现出来的国家级文化IP，也是国家文化软实力的体现。从冰墩墩、"机器人调酒师"到冬奥选手吃播和选手与志愿者互动，北京冬奥会以互动式和沉浸式"第三方传播"的手段，充分利用了公信力和影响力强的社交传播平台，破解了少数西方媒体惯用的"灰黑滤镜"伎俩，从而推动从"开放中国"到"全球中国"国家品牌的全新升级。因此，加快北京冬奥文化对外传播要充分利用数字化高新技术手段，将数据挖掘、数据重建技术与传播学理论进行结合，充分运用数据新闻、数据图片、数据视频、交互产品等直观多样的数据表达方式，来增强中国国际话语表达的亲和力和现代感。同时，开发建设高质量的、面向国际传播的中华体育文化数字资源库，把特色的民族的体育文化遗产聚合起来，实现数字化、可视化建模，进行立体重构和生动再现，加以专业翻译、文字说明，突破时间和空间的限制，为更多知华友华的国际友人提供方便快捷的体育文化数字资源服务，扩大中华体育文化的影响力。青年是新媒体技术运用的主要人群，而"Z世代青年"，更是成长于信息时代，受到全方面多角度的科技文化熏陶，成为是中国潮牌、国产动漫和大国科技的追逐者、消费者和创造者。时代需要他们用到全新的数字化多媒体展示技术，从深层意义上来呈现北京冬奥文化的精神；以更强的文化 IP 制作能力，自然而然地把中国文化元素、中国文化精神融入日常的生活和创作里，向世界展示自己的文化身份，展现自己的文化自信。

二 构建中国特色哲学社会科学学科、教材与话语体系

哲学社会科学不仅研究"是什么"和"为什么"，而且使人明确"什么值得做"和"做什么才是正确的"。正是由于这种价值取向和学科特性，哲学社会科学具有不可替代的育人功能。"目前，我国高校容纳了哲学社会科学 70% 以上的研究人员和 2/3 的研究成果。""各类高校是重要的教育阵地，也是重要的思想文化阵地，强化思想引领与价值塑造是牢牢掌握党对高校工作领导权的核心抓手。"[①] 2016 年，在全国高校思想政治工作会议上，习近平总书记强调："要加快构建中国特色哲学社会科学学科体系和教材体系，推出更多高水平教材，创新学术话语体系，建立科学权威、公开透明的哲学社会科学成果评价体系，努力构建全方位、全领域、全要素的哲学社会科学体系。"[②] 这表明了加快构建哲学社会科学学科体系和教材体系的必要性，也表明了哲学社会科学在立德树人中的理论涵养作用。

（一）构建中国特色哲学社会科学学科体系

马克思说过："理论只要说服人，就能掌握群众；而理论只要彻底，就能说服人。所谓彻底，就是抓住事物的根本。"[③] 这个"根本"，就是规律性的东西。"学科是特定领域客观规律性理论形态的集中体现，是一种知识体系、理论体系。"[④] 通过学科建设和科学研究，可以建立完备的学科体系结构和成熟的方法论体系。通过学科资源有效地转化为专业教学资源，提高师资队伍的整体素质和科研教学水平，达到人才培养目的。因此，我们要通过

---

① 教育部课题组：《深入学习习近平关于教育的重要论述》，人民出版社，2019，第 36、37 页。
② 《习近平：把思想政治工作贯穿教育教学全过程 开创我国高等教育事业发展新局面》，《人民日报》2016 年 12 月 9 日，第 1 版。
③ 《马克思恩格斯选集》（第 1 卷），人民出版社，1995，第 9 页。
④ 徐文良：《难忘的历程：高等学校思想政治教育的回顾与思考》，吉林人民出版社，2008，第 428 页。

加强哲学社会科学学科体系建设，将哲学社会科学作为育人的重要资源，发挥其在立德树人中的思想引领、价值引导、知识传递和文化传承等作用。

首先，加快构建中国特色哲学社会科学学科体系。这是落实贯彻党的全面教育方针，实现立德树人根本任务的重要抓手，有利于进一步巩固马克思主义在意识形态领域的指导地位。高校要坚持以马克思主义为指导，建设好中国特色哲学社会科学学科体系。不断加强马克思主义理论学科建设，巩固马克思主义在哲学社会科学领域的指导地位，发挥马克思主义理论学科的引领作用；同时，通过文学、历史学、法学、经济学、哲学、教育学、管理学、艺术学等学科群建设，繁荣发展中国特色哲学社会科学。此外，还应重视多学科交叉人才培养。加强相关学科的整体性、协同性、综合性研究，打破学科壁垒，推动跨学科研究，为马克思主义理论教育、研究与创新提供有力的学科体系保障。

其次，学科建设促进专业建设，为人才培养提供动力。学科建设是专业建设与发展的基础，专业建设是实现学科人才培养功能的具体形式。通过加强学科建设，促进专业建设水平的提高，是人才培养的一条行之有效的途径。高水平哲学社会学科的学科方向、师资队伍和科研成果，也可以转化为课程专业知识，激发学生对学科知识的学习兴趣。实施教研协同，把学科研究方向转移到服务和促进思想政治理论课建设和教学上来，把思想政治理论课中的重点、难点、热点问题转化为科研的主攻方向。鼓励教师围绕育人搞科研，搞好科研促育人，在育人实践中寻找研究命题，通过名师引领、专家带教、学科带头人领衔、团队攻关等形式促进教学与科研的良性互动，自觉将科研成果融入教材、融入课堂、融入教学内容，转化为育人资源，从而形成良好的学术育人生态。

最后，积极发挥哲学社会科学在通识教育中的支撑作用。尽管研究型、教学型和应用型高校的人才培养模式各有不同，但培养目标是一致的，除了使学生具有大学生的不同专业知识体系和基本技能外，还要提升学生的基本思想道德修养。比如，文化与国家的认同、人生的价值与意义、人际关系处理之道等，都是大学通识教育不可或缺的内容。这需要持续发挥哲学社会科学在全校通识教育中的价值引导和文化引领作用，鼓励哲学社会科学名师开设全校性的素质教育课程和讲座，设立高级别教学岗位，支持优秀教师开设高水平的通识核心课程，以提高通识课程的教学质量，发挥哲学社会科学教师的育人功能；加强文史哲通识教育，完善现有课程，增加人文、社会、哲学等核心课程，为学生提供更多的课程选择；在课程实施上，增设经典阅读和核心课程的教学，推动中外经典阅读，培养具有良好人文素养和创新能力的时代复合型人才。

（二）构建中国特色哲学社会科学教材体系

学科建设直接促进专业课程建设和教材建设。"教材体系建设在高校学科专业建设和人才培养中具有基础性地位，与学科体系建设密不可分、相互支撑。"[1] 教材的内容是高校学生直接面对的哲学社会科学思想理论的教学内容，直接影响学生的知识体系和价值理念的形成。"培养出好的哲学社会科学有用之才，就要有好的教材。"[2] 因此，要高度重视和切实抓好教材建设中"教什么"的关键环节，构建好中国特色哲学社会科学教材体系。

一是提高中国特色哲学社会科学教材编写质量。近年来，我国高校引进、翻译了大批外国教材，甚至在学术评价体系方面也大量借鉴了西方那一套，以提升办学的开放程度。然而，西方这种教材体系、学术评价体系虽有其可借鉴之处，但其育人导向和价值立标并不适合我国。这也显示了构建中国特色哲学社会科学教材体系的紧迫性和必要性。只有构建中国特色哲学社会科学教材体系，我们才能真正掌握育人的主动权。因此，我们要结合中国与世界社会发展客观现状和时代问题来比较分析，进一步坚定文化自信和学术自信，抓好教材体系建设。要充分发挥中国哲学社会科学工作者的学术创新能力，注重创造性转化和创新性发展工作，提高教材编写质量；高校要加强教学研究和教材编写，建立健全教材准入制度，严格筛选教材；出版机构在教材编辑出版工作中要自觉履行审核把关职责，提高出版质量。三者共同做好教材体系建构工作，努力"形成适应中国特色社会主义发展要求、立足国际学术前沿、门类齐全的哲学社会科学教材体系"[3]。

二是完善思想政治理论课教材体系。实践表明，思想政治理论课教材

---

① 张东刚：《构建具有中国特色的哲学社会科学学科体系、学术体系、话语体系》，《文化软实力》2016 年第 2 期。
② 《习近平谈治国理政》（第二卷），外文出版社，2017，第 345 页。
③ 《习近平谈治国理政》（第二卷），外文出版社，2017，第 346 页。

体系建设直接影响思想政治理论课的成效。在"马工程"重点教材编写过程中，教育部党组和工程领导小组给予其高度重视。截至 2017 年，教育部"马工程"96 种重点教材中，完成初稿的有 85 种，其中正式出版和印制中的有 57 种。下一步，进一步完善教材编写、推广和使用协同机制，有效提高"马工程"教材的使用率、覆盖率。① 党的十九大召开后，按照党中央统一部署，中宣部、教育部立即组织对已出版的"马工程"重点教材进行全面系统修订，也系统推进"习近平新时代中国特色社会主义思想"进教材、进课堂、进头脑。2021 年，《马克思主义基本原理》《毛泽东思想和中国特色社会主义理论体系概论》《中国近现代史纲要》《思想道德与法治》等 4门高校思想政治理论课教材已完成修订，并于秋季学期投入使用。我们要自觉坚持以马克思主义为指导，按照习近平总书记的要求，"以我们正在做的事情为中心，从我国改革发展的实践中挖掘新材料、发现新问题、提出新观点、构建新理论，加强对改革开放和社会主义现代化建设实践经验的系统总结"②，来进行修订和完善思想政治理论课教材，使教材充分反映我们党在理论建设方面的最新成果。

（三）创新中国特色哲学社会科学话语体系

话语权即说话权，即控制舆论的权力。话语权是社会意识形态工具，话语隐喻蕴涵着价值观，也影响着社会舆论走向。我们要客观地看待这个问题，"在解读中国实践、构建中国理论上，我们应该最有发言权，但实际上我国哲学社会科学在国际上的声音还比较小，还处于有理说不出、说了传不开的境地"③。同样，宣传思想工作作为构建中国特色哲学社会科学话语体系的重要部分，目前依旧存在着"声音较小、有理说不出、说了传不开"的问题。而高校思想政治教育对象主要是大学生群体，作为新生代，青年大学生有其独特的话语风格、接受偏好和表达习惯。因此，构建贴近时代实际、符合青年特征、面向世界的话语体系显得更加迫切。

一是贴近时代实际，倾听青年心声。当父辈早在 20 世纪 80 年代就在阅

---

① 顾海良：《加快中国特色哲学社会科学教材体系建设》，《中国教育报》2017 年 5 月 11 日，第 6 版。

② 《习近平谈治国理政》（第二卷），外文出版社，2017，第 344 页。

③ 《习近平谈治国理政》（第二卷），外文出版社，2017，第 346 页。

读中对马克思渐而疏离陌生时，成长在后革命、和平年代的"90后"却旗帜鲜明地举起了马克思主义的旗帜。一曲 rap《马克思是个 90 后》是这一代青年人的时代表达，他们展现出了小清新、二次元的一面。因此，面对《马克思是个 90 后》这样的表达，我们先不急于做出诸如"这是娱乐化的马克思"这样的草率结论，而是要思考如何以审美的形式重新传播马克思主义，如何看待青年一代以富有形式感的方式来表达自己的政治诉求和主体经验。因此，思想政治教育者在讲授马克思主义理论时，要善于用通俗易懂的话语、贴近生活的事例来讲懂马克思主义，以现实社会中发生的事例为素材，密切联系国际和国家发展面临的具体现实的问题，围绕学生密切关注的新问题、尖锐问题、重大矛盾问题，运用严密的理论分析引导学生理性认识和解读现实，培养他们观察理解现实世界与正确思考的能力，激发和增强他们对政治现象与政治理论的学习兴趣和亲切感。要自觉地使学术话语向大众话语转化，使理论文本的话语向利于教学传播的课堂话语转化，将课堂话语与生活话语相融，用大学生喜闻乐见、接地气的话语开展教育教学，丰富话语类型、创新话语表达方式，实现官方话语与民间话语相通、政治话语与学术话语相辅、理性话语与感性话语相融。要说出学生想听、愿意听、听得懂的话，使用青年学生所想、所喜欢的话语符号。

二是创新叙事表达，讲好中国故事。坚持以国际视野讲好中国故事。在授课题材上，努力选取反映当代中国积极向上、开拓进取的事例，对塑造国家形象、维护国家利益有正面影响的内容，以及中国百姓在实现"中国梦"进程中发生的生动鲜活故事，展现当代中国人积极进取、追求美好生活的精神风貌和生存状态；在语态表达、交流方式等方面，可以邀请外籍教师、留学生一同参与教学交流、同讲中国故事，让更多西方主流受众了解中国故事、中国精神、中国道路，力求使思想政治理论课也具有国际传播效果，扩大对外正面传播渠道。

三是创新对外话语体系，传播好中国声音。"要发挥哲学社会科学在融通中外文化、增进文明交流中的独特作用，传播中国声音、中国理论、中国思想，让世界更好读懂中国，为推动构建人类命运共同体作出积极贡献。"① "中

---

① 《习近平：坚持党的领导传承红色基因扎根中国大地 走出一条建设中国特色世界一流大学新路》，《人民日报》2022 年 4 月 26 日，第 1 版。

国梦的提出成为有效沟通中国与世界的一个新概念，中国梦需要国际话语。"① 积极参与国际交流与合作，向国际社会更好地宣传"一带一路"倡议，向海外青年学生阐释"一带一路"理念和价值。践行"共商、共建、共享"理念，把中国梦和世界梦，同"一带一路"国家的梦想紧密结合起来，全方位构建人类命运共同体。同时，要大力培养我国青年学生服务"一带一路"的意识与素质，引导他们在实施"一带一路"倡议中自觉肩负使命、积极行动起来，发挥青年学生在对外交流合作中的作用。

三　充分发挥党史资政育人作用

习近平总书记指出："全面宣传党的历史，充分发挥党的历史以史鉴今、资政育人的作用，是党和国家工作大局中一项十分重要的工作。"② 党的历史展现党的伟大成就，彰显党的成功经验，凝聚伟大建党精神，蕴含党的优良传统，富含着极为丰富的德育资源。党史是高校思想政治教育的关键抓手，也是高校开展立德树人实践的鲜活教材。高校立德树人实践要始终坚守为党育人、为国育才，用活百年来党史所蕴含的"育人元素"，发挥党史以史鉴今、资政育人作用，在推进党史学习教育常态化、长效化中铸魂育人。

（一）充分发挥党史资政育人的独特作用

习近平总书记指出："要用好学校思政课这个渠道，推动党的历史更好进教材、进课堂、进头脑，发挥好党史立德树人的重要作用。"③ 思政课是落实立德树人根本任务的关键课程，关系培养什么样的人、如何培养人以及为谁培养人这一根本问题。在新时代弘扬光荣革命传统是对红色血脉的传承和延续，对绽放经典红色文化的时代光辉，对帮助青年学生树立正确的历史观，立志实现中华民族伟大复兴目标具有不可替代的重要作用。高校将中国共产党历史作为思政课的核心构成，以系统的"必修课"教育青年学生"学史明理、学史增信、学史崇德、学史力行"，党史的育人价值巨大。

---

① 赖海榕：《中国梦需要国际话语》，《学习时报》2013 年 12 月 16 日，第 2 版。
② 习近平：《在党史学习教育动员大会上的讲话》，人民出版社，2021，第 4 页。
③ 《习近平：继续把党史总结学习教育宣传引向深入 更好把握和运用党的百年奋斗历史经验》，《人民日报》2021 年 1 月 12 日。

1. 红色文化激发青年学生学史明理

马克思指出："理论只要说服人，就能掌握群众，而理论只要彻底，就能说服人。所谓彻底，就是抓住事物的根本。而人的根本就是人本身。"①在建设社会主义现代化国家的新征程上，理想信念依然是我们干事创业的不竭动力。当今世界正经历百年未有之大变局，不稳定性、不确定性明显增加；面对严峻复杂多变的国内外形势，我们还有很多难关和挑战需要应对。思想道德建设方面也出现新情况、新问题，如何坚决遏制拜金主义、享乐主义、物欲主义、极端个人主义的侵蚀，如何引导新时代青年学生牢牢树立理想信念，筑牢社会主义的思想道德基础，是我们要直面的育人时代课题。"党的历史是最生动、最有说服力的教科书"，"中国革命历史是最好的营养剂"。②党的历史真实记录下我们党的足迹，是党的经验与教训的总汇，是我们党弥足珍贵的财富。我们要将党史中蕴含的宝贵经验和有益启示总结和挖掘出来，通过加强对中国革命理论和精神的阐释，进一步揭示红色文化的产生渊源、发展脉络、基本特性与时代价值；通过中国共产党历史和实践经验贯通性、整体性研究，来理解和把握党百年奋斗意义的历史逻辑、理论逻辑、实践逻辑，从而进一步解决"理论彻底性"问题。因此，在新时代，高校要提升育人的实效，必然要把党史学习教育与为党育人、为国育才使命紧密结合起来，将党史学习教育融入立德树人全过程，以理论的彻底性来增强理论的说服力，引导学生不断深化对历史进程的认识、对历史规律的把握、对历史智慧的运用，更加深刻地理解中国共产党为什么能、马克思主义为什么行、中国特色社会主义为什么好，从党的百年来奋斗中看清楚过去我们为什么能够成功、弄明白未来我们怎样才能继续成功，做到求真理、悟道理、明事理。

2. 红色基因滋养青年学生学史增信

习近平总书记强调："要在学生中加强中国历史特别是中国近现代史、中国革命史、中国共产党史、中华人民共和国史、中国改革开放史等的教育，坚持不懈培育和弘扬社会主义核心价值观。"③将党史学习教育融入立

---

① 《马克思恩格斯文集》（第1卷），人民出版社，2009，第11页。
② 习近平：《在党史学习教育动员大会上的讲话》，人民出版社，2021，第2、3页。
③ 《十九大以来重要文献选编》（上），中央文献出版社，2019，第648~649页。

德树人全过程，引导青年学生认真学习掌握党百年来的历史，引导大学生深刻领会历史和人民为什么最终选择了马克思主义、中国共产党、社会主义道路和改革开放，不断增强学生的中国特色社会主义道路自信、理论自信、制度自信、文化自信。中国共产党的光荣革命传统深埋在红色血脉之中，是在新时代教育人、涵养人、启发人的宝贵精神财富。弘扬光荣革命传统，要运用党史教育引导人、启发人，大力弘扬伟大建党精神，加大对井冈山精神、长征精神、遵义会议精神、延安精神、红岩精神、西柏坡精神、抗美援朝精神、"两弹一星"精神、特区精神、抗洪精神、抗震救灾精神、脱贫攻坚精神、抗疫精神等一系列中国共产党人的精神的研究与阐释，将其作为党史学习教育的重要内容，更好地鼓舞激励青年学生弘扬光荣革命传统、赓续红色血脉，坚定信心实现伟大中国梦。

3. 用典型事迹引导青年学生学史崇德

在我们党的百年奋斗历史中，一批批的先进典型，在中国革命、建设、改革的进程中，弘扬着各个历史时期的主流精神和价值取向，激励着一代又一代社会主义事业的开拓者、建设者，激励着一代又一代中华儿女不忘初心、继续前进。先进典型是身边的教科书，蕴藏无形的激励力量，我们要用好榜样人物、先进典型等"活教材"。在中国共产党领导人民进行的革命、建设、改革事业中涌现了无数感天动地的革命英雄人物和感人事迹。在新时代，"各行各业都有很多值得我们学习的榜样，包括航天英雄、奥运冠军、大科学家、劳动模范、青年志愿者，还有那些助人为乐、见义勇为、诚实守信、敬业奉献、孝老爱亲的好人，等等"①。党的十八大以来，习近平总书记多次对学习先进典型作出重要指示，指出："向先进典型学习，可学者多矣！最关键的是要学精神、学品质、学方法。"② 高校要把英雄人物先进事迹融入立德树人实践，发挥先进典型的示范引领作用，深入挖掘和宣扬时代楷模、道德模范、最美人物和身边好人，号召青年学生深刻理解先进典型的精神内涵，激发学习先进的内在动力，引导他们自觉锤炼品德，"做社会主义核心价值观的坚定信仰者、积极传播者、模范践行者，向英雄学习、向前辈学习、向榜样学习，争做堪当民族复兴重任的时代新人，在

---

① 《习近平关于社会主义文化建设论述摘编》，中央文献出版社，2017，第121页。
② 习近平：《之江新语》，浙江人民出版社，2007，第218页。

实现中华民族伟大复兴的时代洪流中踔厉奋发、勇毅前进"①。

4. 在时代召唤中带动青年学生学史力行

党史学习不仅在于知，更在于行。要在学懂弄通、学深悟透的基础上，把学习党史同总结经验、观照现实、推动工作结合起来，不断把党史学习成果转化成为群众办实事、解难题的具体行动，把学习成效转化为成长成才的动力。青年学生是祖国的未来、民族的希望，肩负着"为实现民族复兴接续奋斗"的时代使命。在新征程上，我们要把立德树人和铸魂育人有机结合起来，引导青年学生响应时代召唤，深刻理解把握时代潮流和国家需要，敢为人先、勇于创新、敢于突破，发扬"从斗争中创造新局面"精神，提高斗争本领，提高应对风险、挑战的能力，以聪明才智为国家作贡献，以开拓进取服务社会。引导青年学生发扬"自己动手，丰衣足食"的劳动精神，实学实干、脚踏实地；开展新时代劳动教育，引导学生结合劳动新形态、产业新样态，主动适应科技发展和产业变革新趋势，切实提高劳动能力特别是创造性劳动能力，在肩负时代重任时行胜于言，在真刀真枪的实干中成就一番事业。大力弘扬艰苦奋斗的创业精神，培养青年学生甘于奉献的精神，鼓励他们主动到基层和艰苦地区、国家建设的一线、项目攻关的前沿去锻炼成长、建功立业，把爱国情、强国志、报国行自觉融入建设社会主义现代化强国、实现中华民族伟大复兴的奋斗之中。

（二）将党史学习教育融入高校立德树人的实践探索——以福建红色文化为例

党的十八大以来，习近平总书记反复强调，要用好红色资源，传承好红色基因，把红色江山世世代代传下去。② 近年来，全国各地各高校始终牢记为党育人、为国育才使命，坚持社会主义办学方向、紧扣立德树人根本任务，以理想信念教育为核心，以社会主义核心价值观为引领，推动党史学习教育融入高校立德树人实践，在传承红色基因中培养时代新人，取得了显著的成效。福建是著名的革命老区，是中央苏区的重要组成部分。2021

① 《习近平：坚持党的领导传承红色基因扎根中国大地 走出一条建设中国特色世界一流大学新路》，《人民日报》2022 年 4 月 26 日，第 1 版。
② 《习近平：用好红色资源，传承好红色基因 把红色江山世世代代传下去》，人民网，2021年 5 月 6 日，http：//jhsjk.people.cn/article/32104621。

年 3 月，习近平总书记在福建考察期间指出："福建是革命老区，党史事件多、红色资源多、革命先辈多，开展党史学习教育具有独特优势。"① 福建厚重的、特色的红色文化资源展现了福建波澜壮阔的红色历史，是中国共产党党史文化的重要组成部分，是新时代铸魂育人的"源头活水"。党史学习教育开展以来，福建高校坚持发挥福建红色文化特色优势，丰富资政育人载体，深入挖掘红色文化内涵价值，积极探索党史学习教育融入高校立德树人实践的新途径新方式。

1. 福建党史文化、红色文化资源的独特性

福建是中央苏区的核心区域和主要组成部分，对党的建设、军队的建设、新中国的成立，以及社会主义革命和社会主义建设事业都作出了不可磨灭的贡献。福建革命斗争孕育了福建红色文化。福建红色文化是中国共产党领导福建人民在革命斗争实践中所创造出来的一种崭新的文化，它与客家文化、闽南文化、闽都文化等地域传统文化有机结合，形成了独具特色的红色文化形态。这种红色文化形态与革命遗址遗迹、革命文物、红色主题相关的各类纪念馆（包括烈士陵园）等共同构成福建独特的红色资源。

从内容看，福建的红色文化展示出"二十年红旗不倒"的革命奇迹。翻开中国共产党领导下的革命历史，党在福建留下了厚重而壮丽的篇章。百年峥嵘岁月，无论面临什么样的惊涛骇浪，理想信念始终坚定如磐，这是福建人民创造"二十年红旗不倒"革命奇迹的红色密码。从八闽儿女波澜壮阔的革命斗争史中，深刻感悟到了信仰的力量，真切感悟了到对马克思主义的信仰，对共产主义和社会主义的信念。福建红色文化充分展示了福建波澜壮阔的革命斗争历史，也集中反映了福建人民在中国共产党领导下进行艰苦卓绝的革命斗争的精神风貌，孕育出深邃的革命思想和光耀八闽的革命精神。革命思想包含思想建党理论、政治建军原则、工农武装割据的思想、"真心实意地为群众谋利益"的群众观念，以及"群众化"的工作方式。同时，无数革命先辈用鲜血和生命铸就了苏区精神、长征精神等一系列宝贵的红色精神，这些精神成为中国共产党人精神谱系的重要组成部分。因此，发挥福建特色优势，充分运用福建红色资源，对于推动福建

---

① 《在服务和融入新发展格局上展现更大作为 奋力谱写全面建设社会主义现代化国家福建篇章》，《人民日报》2021 年 3 月 26 日，第 1 版。

省党史学习教育走深走实、不断取得新成效具有重要意义。随着时代的发展，福建红色文化的内涵愈加丰富生动，深刻理解福建红色文化的科学内涵，充分发挥其党史学习教育的价值，是运用好红色资源的重要前提。福建红色文化根植于福建人民英勇的反帝反封建斗争中，有着深厚的思想基础和历史渊源。在党史学习教育中，运用福建红色文化，做好结合文章，有利于传播福建红色思想理论，有利于挖掘福建红色历史名人事迹，使之更加贴近当代人的心灵，更贴近新时代的脉搏。

从对象看，八闽儿女展现出"为有牺牲多壮志，敢教明换新天"的奋斗精神。福建波澜壮阔的革命历史中诞生了无数的气壮山河的革命英雄，涌现了无数感人的英雄事迹。在福建，有中国工人运动的先驱林祥谦、闽西南传播马列主义第一人李觉民、福建革命的先行者方尔灏、文艺战线的"左联烈士"胡也频等闽籍革命先锋斗士；有农民运动的卓越领导者邓子恢、福建省苏维埃政府首任主席张鼎丞、中央苏区"红小鬼"陈丕显、拯救红军的"无语乞丐"项与年、长征路上的开路先锋杨成武、屡建奇功的"无名英雄"蔡威、救死扶伤的"红色华佗"傅连暲等闽籍红色楷模。红34师，这支由6000多闽西子弟兵组成的"绝命后卫师"血染湘江，用生命保卫了中央红军，书写了福建闽西人民的悲壮故事，也铸就了闽西人民的无上荣耀。有第一部《毛泽东选集》的编纂者邓拓、毛泽东身边的军事高参郭化若、闽南抗日剧社的红色导演彭冲、白求恩身边的卫生部长叶青山、抗日女英雄李林等闽籍民族卫士；有解放福建的华侨上将叶飞、东北野战军的百战将星刘亚楼，解放大西南的功勋将军刘忠、革命劲头十足的好干部罗舜初、潜入敌营的孤胆英雄吴石等黎明破晓前的解放英雄。

新中国成立以来，有"四有书记"谷文昌、扑下身子苦干实干的廖俊波，以及党史学习教育中涌现出来的先进典型孙丽美、潘东升两位同志。孙丽美同志是基层干部一心为民、真情服务的典范。潘东升同志是新时代人民公安践行"对党忠诚、服务人民、执法公正、纪律严明"的突出典范。他们的先进事迹不同，但有一点是共同的，那就是他们都具有一种为党和人民的事业无私奉献的伟大情怀和崇高精神。表彰宣传先进典型，既是对先进典型工作业绩的认可，也是一种鲜明的目标导向，通过树立模范标杆，弘扬正能量。光耀八闽的革命英雄本身就是一部励志的革命故事集，对福建党员干部和广大人民群众都具有激励引领的榜样作用。在开展党史学习教育中，既要用好党史指定教材，也得用好榜样人物这本党史"活教材"，教育引导党员干部、基层群众向先进人物、榜样典型对标看齐，营造对标先进、争当先进的良好氛围。只有用好党史教材"有字之书"，也用好榜样人物"无字之书"，才能让党史学习教育鲜活起来。用好榜样人物这本党史学习教育"活教材"，就得向榜样对标看齐，宣扬他们的英雄事迹，传承他们的精神品质，将学习"活教材"的成果转化为推动工作、指导实践的成效。不仅激发全省党员干部强化党性教育和党性锻炼，把党的历史学习领悟好，把党的成功经验传承弘扬好，而且激励八闽儿女保持昂扬斗志，奋力谱写全面建设社会主义现代化国家福建篇章。

2. 福建实践特色

如何用好百年来的党史浸润青年学生心灵，用活百年来党史中蕴含的育人元素，让红色基因、革命薪火代代传承，帮助青年学生扣好人生"第一粒扣子"。福建省教育系统聚焦传承弘扬福建红色文化，将党史学习教育融入高校立德树人的实践中，围绕挖掘本地本土的红色故事，将福建丰富的红色资源开辟为党史资政育人的"第二课堂"，突出设计好符合青少年认知特点的教育活动，建设具有八闽特色的革命传统教育、爱国主义教育、青少年思想道德教育基地，打造党史学习教育融入高校立德树人实践的地方特色。

一是突出学习、传承习近平总书记在福建工作时留下的宝贵精神财富、思想财富、实践财富。福建省开展党史学习教育的宝贵经验启示之一是"必须发挥福建作为习近平新时代中国特色社会主义思想重要孕育地实践地的优势，把开展党史学习教育，与秉承弘扬习近平总书记在福建工作时的重要理念和重大实践相结合，把对习近平总书记深厚爱戴之情，转化为牢记'两个确立'、做到'两个维护'的自觉行动"①。推进高校立德树人向纵深发展，始终把握政治要求，引领青年学生把学习《习近平与大学生朋友们》《习近平在厦门》《习近平在宁德》《习近平在福州》《习近平在福建》等系列采访实录作为党史学习教育的重要教材，多读原著，勤学原文，深入学习原理。引导青年真切感受习近平总书记的风范情怀，对教育的高

---

① 《坚持把学习党史融入日常抓在经常 不断巩固拓展党史学习教育成果》，《福建日报》2022年1月8日，第1版。

度重视，对大学生的由衷喜爱，对青年一代健康成长成才的关心；真切感受习近平同志善于做青年工作，善于用生动故事、活泼话语和亲身经历传道解惑，让青年开悟明理、坚定正确方向的高超艺术；真切感受青年学子崇敬爱戴领袖、坚定理想信念、培育高尚品格、练就过硬本领、勇于创新创造、矢志艰苦奋斗的躬行实践，从而不断增强对以习近平同志为核心的党中央的思想认同、政治认同、实践认同、情感认同，铸牢"永远跟党走"的思想根基和行动自觉。

二是在"三个融入"上下功夫。其一，在融入教材上下功夫。中共福建省委教育工委组织编写的《福建红色文化读本》系列丛书成为学生传承红色基因的鲜活教材。丛书分大学版、高中版、初中版、小学版，共 55.4 万字，是福建省首部贯穿大中小学各个学段革命传统教育的系列学习读本。① 讲好八闽儿女投身中国革命的英勇故事，可以让青年学生在知史中爱党爱国，透过历史事件、历史人物、历史思想、历史影响等去洞悉过往，深刻理解福建在中国革命史的地位与作用。其二，在融入思政课堂下功夫。注重党史"课程思政"教学设计，在形势政策课中增加"四史"学习内容，推进建设党史选修课；开展"献礼建党百年 思政同课共研"论坛活动和"同备一堂课 献礼建党百年"教研活动，着力推动构建思政课党史学习常态化、长效化机制。其三，在融入校园文化建设上下功夫。通过开设红色文化主题场馆、放映红色题材影片、举办红色主题展览等渠道，拓展红色主题校园活动方式，营造校园红色文化氛围。②

三是"三个着力"推动红色实践。让百年来的党史"活起来"，必须挖掘用好红色资源。福建高校积极推动与地方共建思想政治教育社会实践基地、红色旅游研学教育基地、红色文化研学教育基地等，推动双方在红色故事共学、红色基地共享、红色宣讲共鸣三方面加强合作，为广大师生打造全方位、体验式、感悟式红色学习场景。着力开展红色实践体验体悟活动。开展党史学习教育暨红色文化研学实践活动，重温红色历史，追寻革命足迹，传承革命先烈不畏艰险的优良传统。高校充分利用本地红色资源，

---

① 《讲好福建红色故事 筑牢立德树人之魂》，《福建日报》2020 年 8 月 27 日，第 3 版。
② 罗小春、林晓婷：《讲好福建红色故事 筑牢立德树人之魂——〈福建红色文化读本〉系列丛书出版发行》，《福建日报》2020 年 8 月 27 日，第 4 版。

开展现场教学、研学体验活动，引导青年学子在红色文化实践中感悟初心使命；此外，还要将福建红色文化实践考察同生态文化建设、"海丝"文化建设融合起来，以本地特色资源丰富思政课的教学内容。着力共建红色实践基地。着力推出一批红色文化主题作品。各高校充分挖掘红色资源，推出一批优秀红色视频短片、微党课、话剧，在中国大学生在线、"学习强国"等平台播出，以及推出融合红军标语文化的红色文创新品，深入挖掘红军标语和红军医院背后的故事，加大红色文化资源的挖掘、利用与传播力度，让可歌可泣的英雄人物活起来、彪炳史册的革命事件动起来，提高党史资政育人的生动性和实效性，使更多青年学生受到红色精神的洗礼和感召。

（三）持续推进党史资政育人实践

党史学习教育是一项长期的任务，只有进行时没有完成时。高校在认真总结党史学习教育的成功经验基础上，针对将红色资源融入党史学习教育还存在的不足，坚持把学习党史融入日常、抓在经常，切实深学细研党史这门"必修课"，用活福建特色的红色资源，在推进党史学习教育常态化、长效化中，持续发挥党史资政育人的重要作用。

1. 全方位推进红色资源保护、开发和利用

红色资源是党史学习教育的鲜活教材，保护党的历史就要保护红色资源。实现红色资源的有效保护和持续发展，要提高政治站位，处理好保护与利用的关系，传承红色基因。

一方面，完善法制法规建设，推进红色资源保护。各级政府要认真贯彻落实习近平总书记对革命文物工作的重要指示，对于纳入国家、省、市、县文物保护范畴的红色遗址、场馆和场所，需要以强烈的政治责任感和历史使命感，制定具体保护规划，采取切实可行的保护措施，依托《福建红色文化保护、传承和弘扬工程实施方案》及相关法律法规，制定红色文化保护、传承和弘扬的相关文件方案，使在红色文化资源管理、保护利用、经费投入、人员配备等方面有法可依，从法律制度层面保障红色文化资源保护的有效性、长效性。

另一方面，实现红色资源合理开发、利用和可持续发展。鼓励申报革命文物保护利用片区。推进红色资源的整体规划、连片保护、统筹展示、

示范引领，整合和推广中央苏区闽西、闽南、闽北和闽东等革命根据地的革命文物保护利用片区，开展修缮保护、价值挖掘、传承弘扬等领域深层次合作协作，以及各地要按照要求逐一建档造册，分级分类保护管理，推动全省烈士纪念设施提档升级。加强党史学习教育参观学习点的路线指示和内容引导，不断提高福建省红色文化资源的社会知晓度、美誉度和关注度；建议具备开放条件的旧址、遗址、纪念设施或者场所，党史馆、军事馆、档案馆、博物馆、纪念馆、美术馆、图书馆等收藏研究单位按照有关规定，免费或者优惠向社会公众开放，并利用独特的馆藏文物，开展文物展陈、公益讲座、阅读推广等传承活动，为发挥党史资政育人作用创造良好的基础和氛围。

2. 持续深入挖掘本地红色资源精神内涵

发挥红色资源固本培元、凝心聚力、铸魂育人、推动发展的作用，就要持续深入挖掘本地红色资源精神内涵。开展党史、新中国史、改革开放史和社会主义发展史宣传教育，建设革命文物保护利用工程，弘扬伟大建党精神，推动苏区精神、长征精神等一系列宝贵红色精神等研究阐释。需要整合省内党史机构、高校、场馆等科研资源，形成全省党史研究和红色文化研究的合力。组织专家学者按照权威的标准，对红色文化资源点进行一次完整的普查摸底；对现有红色资源产生的社会背景、历史意义、人物事迹继续做专门深入研讨；通过史实考证、史料搜集等形式对文化资源点背后的故事和事迹进行整理汇编出版，使红色文化能够得到更好的普及与传承。需要进一步开展各种红色文化研讨传播活动。掌握相关事件和人物的重要时间节点，把革命文物的开发利用与中共党史重要历史事件、重要历史人物纪念活动结合起来，依托各地红色文化资源，组织开展学术研讨、课题研究、文艺创作，增加红色资源历史厚度和理论深度。要加强民间存留的革命史料、红色文物，以及老红军、老党员对于红色资源记忆的收集和整理，使其更加丰富和全面。

3. 运用数字技术，探索党史资政育人的数字化方式

新一代数字技术与人文研究的结合催生了"数字人文"的兴起。"数字人文"在革新人们思维方式和生活方式的同时，其应用成果也逐步惠及政治、经济、文化、社会的各个领域。在党史学习教育中，各地各部门各单位高度重视传播手段和学习教育方式的创新，充分运用数字技术和数据要

素，改变了以往集中教育的方式，不断产生党史学习教育的新形式、新形态，提高了党史学习教育的实效性。探索党史学习教育数字化是总结党史学习教育的成功经验之一，也是推动党史学习教育常态化、长效化的重要环节。

一是运用数字技术创新优化党史资源数字化的展示方式。基于数字技术的党史资源数字化展示方式可以使党史学习教育以前所未有的方式展开，并为受教育者提供更好的教育方案以获得更好的教育效果。鼓励各类党史教育展览馆不断运用现代的声光电科技手段，创新党史资源数字化的展示方式，大胆利用 VR 虚拟现实技术进行数字化的还原与展示，生成逼真、实时、三维虚拟的"实景课堂"。高校通过组织学生参加红色主题实践教学，将党史学习融入实地实境中，让参观学习者在实地实境中回顾党史、触摸"初心"，在沉浸式体验中直观深刻地感受和体验红色文化魅力，使宝贵的党史资源从"静态"转为"动态"、由"抽象模糊"变为"生动具体"，不断增强党史资政育人的亲和力和感染力。

二是运用数字技术开发更多"互联网+"党史学习教育方式和载体。网络直播方式创新了党史学习教育方式，其以构建网络直播的体验场景、生态场景和交互场景，赋予党史学习教育直观快速、交互性强的特点，能够为党史学习教育常态化、长效化提供便捷的渠道。高校要加快"智慧云党课"的开发与推广，充分利用"互联网+"和"智慧社区"同步、互动、高效的优势，通过在线直播、展播、回访等新方式，进一步巩固拓展党史学习教育成果；并且要常态化地利用这些网络直播平台，开展微党课赛讲活动，鼓励党员学生学党课、讲党课，处理好"集体学"与"自主学"的关系，把"单向宣传教育"转化为"双向互动交流"，把"理论灌输"的被动变为"精神会餐"的主动。根据青年学生年龄特征、使用手机习惯，设计推出具有参与性、互动性、趣味性的线上载体，比如专题 App、主题公众号等；在学习过程中融入趣味性和竞技性，综合运用视频、音频、图像、文字等多媒体形式，以"三观超正、内容严谨、语言通俗"的微传播方式，提高学习教育的吸引力和参与率，为发挥党史资政育人作用提供数字技术的支撑。

三是运用数字技术增强红色文化遗产保护。发挥党史资政育人作用，离不开对革命传统文化的保护与传承，离不开对红色文化遗产进行修复、转化、存储等大量工作。革命文物是党和国家的宝贵财富，是不可再生的文化资源。影像数字技术、数码显微技术、三维虚拟技术等为革命文物的数字化保护开发提供了有力技术支撑。要顺应数字经济发展需要，利用数字技术赋能文化产业，推动红色文化在网络化、数字化、智能化环境下实现高质量发展。要利用好新技术手段、制作方式、传播载体的综合性变革，大力打造以数字短片、微电影、微剧等形态呈现的红色数字文化产品，满足不同学生群体的党史学习需要，让革命文物、遗产和遗迹丰满起来、生动起来，让其承载的文化价值、文化理念更好地走进青年大学生心中。

四是运用数字技术和数据要素提高红色文化的国际传播力。要充分利用数字化高新技术手段，将数据挖掘、数据重建技术与传播学理论进行结合，以党史学习教育数字化带动红色文化传播国际化。要构建高质量的、适合国际传播的中国红色资源数字资源库，把碎片化的红色文化遗产聚合起来，实现数字化、可视化建模，进行立体重构和生动再现，并对文字说明进行专业的翻译，以适应国际传播，补齐红色文化对外传播链条。同时要创新红色文化的传播手段与方式，加快开发开通一批红色文化遗产的数字影像平台、数字博物馆、数字展览馆，突破时间和空间的限制，为更多知华友华的国际友人提供方便快捷的数字文旅资源服务，使这些展馆成为展示中国红色文化重要的数字虚拟平台。同时，鼓励青年学生参与红色文化资源的保护与国际传播，当好向世界推介红色文化的使者，向世界讲好中国故事、中国共产党故事、中国红色故事，促进中国青年与世界各国青年之间的文化交流。

四　优化"以文化人以文育人"的文化生态空间

文化从产生到发展都离不开自然环境与人文环境，这个综合环境产生了文化空间。"文化上的每一个进步，都是迈向自由的一步。"[①] 教育通过培养人来传承文化，为特定社会服务，实现个体的社会化。文化在立德树人中的作用举足轻重，具有滋养心灵、涵育德行、引领风尚的重要作用。习近平总书记在 2016 年全国高校思想政治工作会议上强调："要更加注重以文化人以文育人，广泛开展文明校园创建，开展形式多样、健康向上、格

---

① 《马克思恩格斯选集》（第3卷），人民出版社，1995，第456页。

调高雅的校园文化活动，广泛开展各类社会实践。"① 可见，"文明校园创建""校园文化活动""各类社会实践"都是以文化人以文育人的重要因素。所以，高校要将校园文化建设融入立德树人实践中，优化校园文化空间和制度设计，运用自身的地域环境和制度文化来表达对育人价值的理解，并拓展实践平台，提升实践育人质量。

（一）校园环境建设以"形"写"神"

环境文化是构成学校整体文化的一个重要因素，对育人起着重要影响作用。环境文化主要是由高校自然资源、建筑资源、物力资源、财力资源等构成，虽然这些办学资源有着不同功能和属性，但是它们共同构成一种系统性、关联性的物质空间类资源，能为学生的学习、成长、生活起到持续的推动作用。一项研究表明，学校可以通过积极创设物理环境的方式影响学生的情绪和行为。② 例如科学的校园建筑规划、合理的教室布置格局、优美的环境绿化美化都会使个体感觉更愉悦舒服，更高效地投入学习，并且更乐意与人交往。③ 教师需要提升环境创设能力，创设有关物理环境影响学生学习的意识以及通过控制环境来达到行为目标。④ 此类环境应该具备的功能是保障与满足大学生在校基本生活学习要求。

校园建设既注重建筑设施、文化景观等外在形态，更注重其中所蕴含的文化内涵。物理环境与空间的设计理念会以强有力的感染和陶冶作用对高校立德树人实践产生直接影响。经过十几年的大规模基础设施建设，我国高校的基本办学条件得到了改善，硬件设施已基本达到要求。目前，在校园环境建设上应注重以文化人以文育人，增强大学生文化自觉、文化自信。例如在教学楼建设中，可选取中华文化中具有深刻含义的文字来命名，也可以校训命名，让师生感受体会其中的文化内涵。创造良好的阅读环境，

① 《习近平：把思想政治工作贯穿教育教学全过程 开创我国高等教育事业发展新局面》，《人民日报》2016年12月9日，第1版。
② 〔美〕博林、〔美〕德温、〔美〕里斯-韦伯：《教育心理学》，连榕等译，机械工业出版社，2012，第256~266页。
③ 〔美〕博林、〔美〕德温、〔美〕里斯-韦伯：《教育心理学》，连榕等译，机械工业出版社，2012，第256~266页。
④ 〔美〕博林、〔美〕德温、〔美〕里斯-韦伯：《教育心理学》，连榕等译，机械工业出版社，2012，第256~266页。

让校园弥漫着浓郁的书香气息也是校园环境建设的另一重要营造点。高校不仅要推动纸质图书阅读，还要积极建设"书吧"、"阅读吧"、电子阅览室，提供云图书馆阅读的终端设备，以方便学生使用与阅读。

（二）加强制度文化和行为文化建设

制度文化建设在依法治校、建设和谐校园过程中具有重要的地位和价值，同样在立德树人工作中具有很强的导向性。学校的制度文化主要包括大学章程、学校发展战略规划以及一系列管理制度。心理学家罗杰·巴克和郝伯特·赖特进行了一系列有趣的研究来考察特定背景下的人的行为规范和约束期望。他们考察了环境中那些已知与某种特定的行为模式相关的制度环境，并提出了行为场合这一概念用以描述这样的情境，不管进入其间的个体有着怎样的个性特征，都会被迫采用一种相对统一的行为方式。[①]理解行为场合的强制性，就可以理解制度性文化的功能。一整套制度关涉高校相关管理部门管、评、奖等内容，作用于大学生，是为了有效地对他们进行目标导向与行为规范，其承载着目标导向、规范行为、调节关系等功能，学校和教育者可以通过制度的规范和约束作用来实现教育目标，也体现人文关怀。

和谐的师生关系、同学关系及其他各种人际关系是隐性教育的重要内容之一。积极的、支持性的同伴关系会给学生带来许多益处，这将转化为更强的社会适应以及更大的学业成功。[②] 美国社会学家戴维·波普诺在其著作《社会学》中，对"同辈群体"的定义是"有大致相当的社会地位，并且通常年龄相仿的一群人"[③]。对于同辈群体的作用与重要性，美国文化人类学家 M. 米德指出："在现代社会中同辈群体的影响甚至大到改变传统的文化传递方式的地步。"[④] 生活在校园里的青年学生的人际关系基本上分两类：师生关系和同辈关系。和谐的师生关系对学生的发展也有明显的传导

---

① 〔美〕博林、〔美〕德温、〔美〕里斯-韦伯：《教育心理学》，连榕等译，机械工业出版社，2012，第256～266页。

② 〔美〕博林、〔美〕德温、〔美〕里斯-韦伯：《教育心理学》，连榕等译，机械工业出版社，2012，第256～266页。

③ 〔美〕戴维·波普诺：《社会学》，李强等译，中国人民大学出版社，2008，第174页。

④ 〔美〕M. 米德：《文化与承诺：一项有关代沟问题的研究》，周晓虹、周怡译，河北人民出版社，1987，第74页。

性，教师的价值观念、品德修养、为人处世方式都会有意识或无意识地影响学生，即所谓"立己达人""言传身教"的作用。同辈群体的交往，是基于青年学生的心理需求和情感需要，是青年人社会化的重要途径，直接影响学生的价值观和行为方式。所以，班级人际关系、寝室人际关系、团学组织及社团等同辈人际关系，在大学生集体认同与归属、各类群体情感凝聚与维持，以及自我社会化发展中都起着直接影响作用，从心理影响上显现较高的层次和约束力。尊重和重视同辈群体，营造和谐的同辈群体交往氛围，对于解决心理疏离感和孤独感等问题很有帮助。同时，要注重提升、培养典型人物的素质能力和道德品质，发挥其在同辈群体中的示范带动作用，为同辈群体树立正确的价值导向，产生"同辈效应"。

（三）开展特色校园文化活动

校园文化活动是高校校园文化建设的有力抓手，也是高校立德树人的重要载体。2004 年《中共中央、国务院关于进一步加强和改进大学生思想政治教育的意见》指出："大力加强大学生文化素质教育，开展丰富多彩、积极向上的学术、科技、体育、艺术和娱乐活动，把德育与智育、体育、美育有机结合起来，寓教育于文化活动之中。"①

一是用社会主义核心价值观引领高校校园文化活动。校园文化影响和涵养青年学生的价值观形成。用社会主义核心价值观教育学生，引导他们扣好人生的"第一粒扣子"，在于坚持把社会主义核心价值观融入办学治校的全过程和校园生活的方方面面，转化为青年学生的情感认同和行为习惯。要充分发挥各级团学组织的主体作用，积极开展覆盖全学年、形式多样化、参与范围广的主题系列文化活动，形成学校、学院、班级、社团多层次的校园文化发展格局。要通过普遍开展理论学习、形势政策宣讲、经典诵读、主题党团日等多种形式的主题教育实践活动，引导广大学生形成坚定跟党走的理想信念，以高度的政治敏锐感，把握重大历史契机，结合时事热点，带领广大青年学生学理论、明大势、懂世界。要将中华优秀传统文化、革命文化和社会主义先进文化这三大文化资源，有机融入校园环境、文化活动之中，增强青年学生文化自信。

---

① 《十六大以来重要文献选编》（中），中央文献出版社，2006，第 183～184 页。

二是打造精品校园文化活动。校园文化活动是开展日常思想政治教育的重要载体。目前，全国各高校推进校园文化建设的思路正在日趋完善，不断打造系列化、精品化、专业特色化的校园文化样式，发挥校园文化活动的育人功能。活动的契机主要有科技节、职业规划节、文化艺术节、体育节、志愿服务周等几大类，涵盖思想理论、科技创新、文艺体育、公益爱心等领域，以形式经典、思维创新、参与度高、受益面广等特点为大学生所熟知，寓学习于活动之中，在活动中学习成长，实现第二堂课对第一课堂的反哺。打造个性鲜明的特色品牌，发挥以文化人功能，使学生在学习和生活中能强烈地感受和体验到浓厚的文化氛围，能陶冶情操、提升品位、塑造品格，应成为以文育人的重点。充分发挥道德讲堂、文化素质教育基地、国学研究与实践中心、传统文化研习基地等的作用，大力扶持文化内涵深厚的特色社团，与当地的革命纪念馆、各类艺术博览苑、文史馆等开展协同育人，请文化名家、非物质文化遗产传承人等进校园与学生交流，组织学生参加文庙祭孔大典、诗文吟诵等活动，协同推动文化育人。协同推进大学城的校园文化建设，坚持共建共享、区域联动。不同的高校要做到既坚守自己的独特文化传统，又能加强不同校园文化交流互鉴，形成富有特色的区域性大学城文化。

三是大力推进书香校园与宿舍文化建设。书香校园，是一所大学所具备的气质，是健康向上、格调高雅的校园文化的重要内容。积极开展经典诵读、爱阅读行动、读书征文、读书会、读书沙龙等系列活动，借助"智慧校园"建设，开展"数字阅读"活动，通过名家推荐阅读、阅读排行榜，给学生提供数字阅读体验，增强阅读乐趣，让"阅读"转化为"悦读"，将书本中的内容不断转化为自己的知识积累。大学生宿舍文化建设是高校立德树人的重要抓手和重要阵地。宿舍文化建设的站位要高，要把宿舍文化建设与立德树人根本任务、与文明校园创建活动相贯通，积极开展"书香宿舍"活动。规定宿舍读书时间，鼓励学生与好书相伴，倡导回归传统阅读方式，组织开展定期交流读书心得，开创交流读过的好书之类的亲近式、谈心式、互动式体验模式。注重文化浸润、感染与熏陶。通过开展"书香宿舍"活动，进一步丰富宿舍的文化生活。

四是以先进典型事迹鼓励人、影响人、带动人。高校要积极挖掘先进人物、典型事件、好人好事蕴含其中的丰富的思想政治教育资源，将社会主义核心价值观从理论概念变成可亲可信、可知可感的榜样。通过形象化的感受与人格化的感染，营造出学生喜爱的环境氛围，调动大学生在情感上充分融入，引导青年大学生真正成为社会主义核心价值观的坚定信仰者、积极传播者、模范践行者。2018 年，中央电视台"人物"栏目播放《立德树人》专题纪录片，主要讲述了夏书章、陈征、孙正聿、张立文、于祖尧、王珏等一批在中国哲学社会科学界德艺双馨的专家学者的感人故事。① 很多高校组织广大青年学生通过电视、网络、手机收看纪录片，这些故事成为激励青年一代探索科学、励志成才的生动教材。这种传播方式，创新叙事表达，将课堂的理论学习与榜样楷模的学习结合，更加亲近青年，更加贴近生活，育人效果更加明显。

（四）加强人文关怀和心理疏导

习近平总书记在 2016 年全国高校思想政治工作会议上强调："要坚持不懈促进高校和谐稳定，培育理性平和的健康心态，加强人文关怀和心理疏导，把高校建设成为安定团结的模范之地。"② "人文关怀"强调人的价值、人的尊严和人格完整、人际关系的和谐，凸显马克思主义对人本身的深切关怀，这也是立德树人的题中之义。

一是提高思想政治教育工作者解读生活、解决问题的能力。"高校思想政治工作实际上是一个解疑释惑的过程，宏观上是回答为谁培养人、培养什么样的人、怎样培养人的问题，微观上是为学生解答人生应该在哪用力、对谁用情、如何用心、做什么样的人的过程，要及时回应学生在学习生活社会实践乃至影视剧作品、社会舆论热议中所遇到的真实困惑。"③ 这要求思想政治工作者要经常了解学生思想动态，及时答疑解惑，帮助他们纠正认识上的偏差、解开思想上的疙瘩、放下精神上的包袱，既能畅通师生之间情绪交流渠道，又可以避免不良心态积累恶变带来危机性的后果，培育学生理性平和的健康心态，促进校园和谐稳定，为立德树人提供持续健康

---

① 《〈人物〉特别节目：潜心敬业 立德树人》，央视网，2018 年 9 月 10 日，https：// baijiahao. baidu. com/s? id=1611207243524714822&wfr=spider&for=pc。
② 《习近平：把思想政治工作贯穿教育教学全过程开创我国高等教育事业发展新局面》，《人民日报》2016 年 12 月 9 日，第 1 版。
③ 《习近平首次点评"95 后"大学生》，《人民日报》2017 年 1 月 3 日，第 2 版。

发展的环境；又要把解决思想问题与解决实际问题结合起来，强化服务育人功能，做到既要给学生讲明道理，又要真心为他们办实事，加强学生学业就业指导与辅导，加强对家庭经济困难学生的资助，帮助大学生完成学业、顺利就业，积极做好心理健康排查，加强心理健康辅导与疏导，及时解决心理问题，促进大学生身心和人格健康发展。

二是倡导融入生活世界的教育方式。"生活世界"以其真实的、本源的生活内容来滋养和陶冶人的情操。美国教育学家杜威提出"教育即生活"的教育主张。他认为，"一切能发展有效地参与社会生活的能力的教育，都是道德的教育"[1]，"离开了参与社会生活，学校就没有道德的目标，也没有什么目的"[2]。可见，杜威的教育理论重视环境的教育意义，提倡将社会生活作为教育的主要内容之一。我国生活教育派的主要代表人物陶行知也提出了"生活即教育"[3]的重要教育思想。虽然二者的观点存在质的差异，但对我们当前教育有几点启示：主张寓教于生活，把教育与生活统一起来，注重学生个性发展，让生活走进课堂，课堂走进生活。当前高校立德树人实践中存在一些问题：教育教学活动与日常生活脱节，教学内容和话语远离了学生的生活世界和社会实际。因此，教育回归生活是立德树人的必然趋势。在目标确定上，应克服理想主义的追求，不要脱离现实生活需要和实际问题，分出层次性，体现时代感，实现目标理想性和现实性的有机统一；在内容上，应取材于现实生活，贴近教育对象的生活实际，将思想政治教育内容的理论性较强的知识还原于生活、用于解读生活；在方法上，应积极引导教育对象投身现实生活，从课堂走向社会，从课本走向实践。打破传统立德树人实践局限于课堂、学校、书本和校园地域的局限，以重要节日、纪念日为契机，广泛开展文明礼仪、感恩教育、诚信教育等活动，让思想政治教育回归生活世界，体现出教育的生活色彩与人文关怀。

（五）加快构建协同化的实践育人体系

社会实践是高校立德树人的重要环节，也是推进青年学生知行合一的

---

① 〔美〕约翰·杜威：《民主主义与教育》，王承绪译，人民教育出版社，1990，第377页。

② 《杜威教育论著选》，赵祥麟、王承绪编译，华东师范大学出版社，1981，第101页。

③ 《陶行知全集》（第2卷），四川教育出版社，2005，第489页。

重要渠道。习近平总书记多次通过座谈、回信等形式论述实践在青年学生成长成才中的重要作用，勉励广大青年"道不可坐论，德不能空谈。于实处用力，从知行合一上下功夫"①。因此，要坚持理论教育与实践养成相结合，整合各类实践资源，加强实践育人平台建设和创新创业基地建设，形成实践育人统筹推进工作格局。

一是加强实践育人平台建设。实践能力的培养必须具备完善的实践平台。坚持以学生成长成才需求为导向，最大程度整合资源，积极探索校内外相关单位的实践协同育人机制。搭建校内科研实践和创新创业平台。突出学生科研能力和创新创业能力的培养，打造一批创新创业教育"金课"，加快专门课程、专创结合课程、思创融合课程衔接性设置。通过举办中国"互联网+"大学生创新创业大赛、"青年红色筑梦之旅"等国家级赛事，搭建大学生创新创业项目与社会投资对接平台，切实提升大学生的创业意识和创新创业能力。同时，加强与校外有关单位联学联建、结对共建，建设满足实践教学需要的实验实习实训平台或现场教学基地，例如大学生创业园、创客空间和创业孵化器等创业平台，健全合作共赢、开放共享的实践育人机制，为大学生提供专业的创新创业模拟场地，提供专业的培训与指导，对有发展前景和潜力的创新创业项目给予一定的资金支持，为大学生成功创新创业保驾护航。

二是深化"四新"重点领域的实践协同育人。推进新工科、新医科、新农科、新文科建设，聚焦"六卓越一拔尖"计划2.0的实施，部署建设基础学科拔尖学生培养基地，全面提升"四新"重点领域的实践协同育人水平。着力推进产学研用一体化，探索以推动创新与产业发展为导向的工程教育新模式；促进医教协同，共建医学院和附属医院；深化农科教结合，建设农科教合作人才培养基地；共建国家教师教育创新实验区，完善高校与地方政府、中小学"三位一体"教师教育实践教学体系；建立校外法学教育实践基地，探索法学专业和政法机关、政府部门、律师事务所、企事业单位联合培养法学人才新机制；推动地方宣传部门与高校共建新闻学院，培养符合全媒体时代需要的适应媒体融合发展的媒体人才；加强高校与各类科研院所协作，提高基础学科拔尖人才培养能力。

---

① 《习近平谈治国理政》，外文出版社，2014，第173页。

三是完善志愿服务实践的培训体系和评价机制。落实"将志愿服务融入学生教育全过程"的制度性安排，出台加强志愿服务育人的相关政策，充分发挥志愿服务实践育人功能，增强学生社会责任。健全学生志愿服务教育培训体系，支持相关指导部门编辑出版学生志愿服务读本，鼓励和将志愿服务纳入地方课程或校本课程体系，将学生志愿服务纳入团校课程设置和培训要求。将学生参与志愿服务活动情况纳入综合素质评价，将学生完成志愿服务活动情况纳入综合实践课程学分管理，以日常服务记录、组织评价、服务对象评价为主要依据，制定科学规范的评价制度。坚持育人导向，把学生参加社会实践、志愿服务情况作为"推优入党"的考察内容和各类学生评先评优的重要依据。

第五节　构建立德树人的外部协同机制

落实立德树人根本任务不仅是高校内部系统和教育工作者的职责，也是全社会的共同使命和责任。习近平总书记指出："办好教育事业，家庭、学校、政府、社会都有责任。"[①] 这意味着，办好教育事业，落实立德树人根本任务是一个多方协同、共同发力的过程。立德树人外部协同机制的构成要素主要有学校、社会和家庭。这三个要素之间相互配合、相互补充，形成一股合力在立德树人系统化实践中发挥作用。因此，我们要整合学校教育、家庭教育、社会教育的运作体系，充分发挥社会各方面资源要素的育人功能，提升"系统社会教育力"，构建和完善学校、家庭、社会协同育人机制，"弥补学校单纯作为主体性的自身效力的有限性"[②]，实现家校社"强链接"，提升协同育人整体效应。

一　构建家校深度合作的互渗机制

从教育学角度来说，教育是一个有目的的、持续性的培养过程。"学生进入学校以后，接受学校有目的有系统的教育。学校教育对于他们的成长

---

① 《习近平：坚持中国特色社会主义教育发展道路 培养德智体美劳全面发展的社会主义建设者和接班人》，《人民日报》2018 年 9 月 11 日，第 1 版。

② 杨增岽、曾长秋、赵晓娜：《思想政治教育的社会性参与引论》，《理论与改革》2007 年第 3 期。

起着主导作用。但是他们的成长，仍然离不开家庭教育。"① 从系统科学角度分析，家庭学校合作，使教育系统不断向着平衡、和谐、有序状态发展。② 因此，在立德树人实践中，家庭教育不能缺位。通过优化家校关系与建立双方合作机制，切实发挥家庭的重要育人功能。

（一）发挥家风家教的育人作用

习近平总书记关于家庭、家教和家风建设有许多重要论述，如"家庭是社会的细胞"，"家庭是人生的第一个课堂，父母是孩子的第一任老师"，"家风是社会风气的重要组成部分"。③ 对于一个社会来说，家庭的教育作用、家庭的社会功能都不可替代。良好的家风家训对青年学生成长成才起着奠基性作用。孩子今后会发展成为一个什么样的人，在某种程度上首先取决于父母，取决于家庭教育。家教是什么？是家长融于爱之中的教诲，是家长对孩子的言传身教，往往体现在非智力、情感因素方面。比如，通过生命教育、文明礼仪教育、感恩教育等引导孩子健康成长成才。因此，充分发挥家庭教育在立德树人实践中的作用是学生成长的必不可少的重要环节。政府要牵头协调、加大投入，工会、妇联等群团组织要统筹协调社会资源支持服务家庭教育，组建家庭教育工作队伍，研发编写家庭教育教程教材，规范家庭教育方式方法，积极组织开展家庭教育活动，不断扩大家庭教育知识的受众面。要发动广大家庭与高校合作，广泛开展家规家训征集和家风故事征文演讲活动，围绕家庭美德创作家规家训，展示治家理念和良好家风，形成一批叫得响、立得住、有示范引领作用的家风家训故事，营造家风家训融入立德树人的良好氛围。

（二）建立家校沟通合作机制

《教育—财富蕴藏其中》一书中指出："家庭是一切教育的第一场所，并在这方面负责情感和认识之间的联系及价值观和准则的传授……家长与教师之间必须进行真正的对话，儿童的协调发展要求学校教育和家庭教育

---

① 王道俊、郭文安主编《教育学》，人民教育出版社，2009，第499页。
② Amanda E. Lewis, Tyrone A. Forman, "Contestation or Collaboration？A Comparative Study of Home-School Relation", *Council on Anthropology & Education Quarterly*, 2002, 33 (1)：60-89.
③ 《习近平谈治国理政》（第二卷），外文出版社，2017，第353~355页。

互相补充。"① 只有在平等信任的基础上，促进教师与家长之间的真正对话，才能真正实现家校合作。所以，建立家校沟通机制，促进家长与学校、与教师之间的相互信任尤为重要。虽然如今老师和家长都在不同程度上参与或介入学生的教育和成长，但有时双方沟通不畅，会导致家校矛盾、老师和家长的冲突。"成立教师委员会和家长委员会，是建立现代学校制度，实现学校现代治理的要求。"② 通过成立教师委员会、家长委员会或采用更规范的沟通方式，在家校或教师与家长之间设置一个缓冲地带。在沟通层面，可以帮助双方解决误解、分歧所导致家校关系紧张的问题。只有从政策支持、制度保障、舆论保护等方面真正给予家长和教师提供交流平台，才能构建良好的家校共育机制，促进双方沟通互信、同心同向。

（三）努力建立"家长支援网络"

近几年来，在社会学领域，有学者对社会分层在家校合作中的表现及影响进行分析，提出社会分层的家校合作观点。不同社会阶层的家长由于工作性质、经济收入以及文化背景的差异，在社会交往中也表现出不同的行为特征。不同阶层的家长可利用的教育资源量与教育资源种类不同，在孩子教育方式、家校合作行为上同样也表现出较大的差异，这种差异直接影响到孩子的成长轨迹，也影响到家校合作的成效。无形中，"一种存在于中产阶层中的特殊现象——同质（同阶层内部）家长集合出现"③。一些家长专注于激活基于自身阶层优势的资源，帮助他们的子女获取更多优质教育资源。基于此，社会分层视域中的家校合作，需要努力建立"家长支援网络"④，加大对家长的教育培训与交流，为弱势（贫困）群体提供援助。这可以为各阶层家长提供相同的参与机会以及空间，建立学校、家长、社会援助力量之间的互动桥梁，同时可以直接缩小各家长之间的阶层差距，吸引来自不同社会阶层的家长参与立德树人。因此，在社会分层视域中探索家校合作的方式是我们构建立德树人系统化实践机制时的任务之一。

---

① 联合国教科文组织编《教育—财富蕴藏其中》，教育科学出版社，1996，第96页。
② 熊丙奇：《理顺家校关系须从沟通机制发力》，《光明日报》2018年6月6日，第2版。
③ 王敏婕：《社会分层在家校合作中的表现及其影响的——美国家校合作的最新研究》，《外国中小学教育》2005年第1期。
④ 徐静：《社会分层视域中家校合作的问题与对策》，硕士学位论文，湖北大学，2016，第38页。

二 构建政府主导、多方参与的社会共同育人格局

人的成长过程就是社会化的过程。如果说家庭教育对于人的成长成才起着奠基性作用，那么，社会环境在人的成长中同样起着不可替代的重要作用。高校立德树人与社会环境因素紧密相关，离不开社会各种力量的外部条件支持。

（一）各级党委和政府要为高校创建良好的育人环境

各级党委要加强领导和指导，形成党委统一领导、各部门各方面齐抓共管的工作格局。"各地党委书记和有关部门党组书记要多到高校走走，多同师生接触，多次去高校作报告，回答师生关注的理论和现实问题。"[①] 只有与大学生们面对面坦诚交流、现场交流，推心置腹地谈理想、谈人生，谈价值观、谈使命责任，谈励志修身、学以报国，才能使得理论教育更接地气、深入人心。"宣传、理论、新闻、文艺、出版等方面要坚持弘扬主旋律，为大学生思想政治教育营造良好的社会舆论氛围，为大学生提供丰富的精神食粮。"[②] 此外，政府的主导和引导作用还体现在带动全社会共同参与，动员社会各方力量，为大学生专业实习、社会实践、就业创业、贫困资助等工作创造条件、解决问题，形成政策、制度、机制的配套保障体系和办学经费资源筹措体系。

（二）拓宽社会力量参与立德树人的渠道

社会力量参与高校立德树人实践是教育社会化、社会教育化的重要特征。政府要鼓励社会力量进入教育领域，开放社会组织参与立德树人的渠道，依法对参与各种形式人才培养的社会力量进行监督和管理，形成社会力量参与立德树人的体制性保障。

首先，共建协同育人基地（平台）。发挥基地（平台）的引导和聚集作用，充分利用现有各类资源和条件，广泛吸纳社会多方面的支持和投入参

---

① 《习近平：把思想政治工作贯穿教育教学全过程 开创我国高等教育事业发展新局面》，《人民日报》2016年12月9日，第1版。
② 《十六大以来重要文献选编》（中），中央文献出版社，2006，第189页。

与，突破高校内部以及外部的机制体制壁垒，为高校人才培养模式带来新的突破。比如，可以与地方相关部门共建德育基地，完善专题式马克思主义理论教学体系，定期开展基地教学活动，把课堂所学理论知识与社会现实联系起来，共同回答并解决大学生普遍关注的理论热点、难点和现实问题。通过产学研合作，结合学校和社会企业的两种不同教育培养环境，将理论教学与实验、实习和实践训练有机结合，着力培养学生动手能力、创新能力和就业能力。加强校企联合培养"双师型"教师，改善教师队伍的知识结构，带动高校教学方式的改革。

其次，探索校企校地合作新方式。校企校地合作是高校对外办学的重要方式，也是育人的有效途径。完善多样化及多层次（个人、企业、机构等）的社会捐赠激励与合作方式，广泛吸纳慈善机构、社会团体和民营企业等各种社会力量捐赠的资金。通过减免税费、表彰冠名、项目帮扶等优惠政策吸引投资方和赞助方，引导各种社会力量以不同形式捐赠或赞助高校立德树人事业。比如，福建师范大学与河仁慈善基金会按照"公办民助"创新模式，在政府部门的指导支持下，合作组建福建德旺基础教育研究院。① 这种汇集政府部门、社会组织和高等学校力量，吸收社会资源，专项资助的合作方式，有利于服务社会，也有利于带动高校人才培养方式改革创新。

最后，吸引民间教育机构有效参与。政府要制定对民间教育的鼓励和扶持政策，完善政府统筹协调和监管机制，引导民间教育机构参与大学生技能培训，民间社团为高校人才培养提供行业咨询与服务；充分引导公益机构对大学生开展就业创业辅导、法律咨询和心理疏导，为提升大学生就业能力和心理素质作有益补充。

（三）完善"社会监督与约束"体系

立德树人系统化实践既要政府主导，又要社会参与，当然离不开一整套的社会监督、社会调控体系。这主要是指社会调控主体能够围绕立德树人的总目标，不仅将立德树人系统的各个要素统筹组织起来，形成育人合

---

① 余杉芳：《曹德旺捐资1亿元 福建成立一所"公办民助"基础教育研究院》，人民网—福建频道，2018年10月23日，http://m.people.cn/n4/2018/1023/c1142-11779397.html。

力，同时还要保障个体发展的权利与约束规范个人行为，形成有效的社会道德约束力。这种组织功能的发挥不一定完全依靠政府，可以通过大力发展社会组织来实现。一些社会组织具有一定的专业权威，可以更好地发挥其在育人中的第三方评价功能。这也符合"我国高校正从面向政府办学转向面向社会和市场办学，从高等教育质量的政府评价转向社会评价和市场评价的要求"①。

在具体的操作层面上，从宏观的社会监督与约束来看，"必须建立公平的法制制度，创造平等的竞争条件以及合理的奖惩方式，提供一个公平公正的社会环境，缩小个体间发展条件的差距；个体间良好秩序的建立也有赖于社会调控可以通过教育提高公民素质及道德水平的功能"②。"对个体而言，这种社会约束实际上是一种他律的形式。也就是从他律的角度对学生道德自律能力的一种反向培养，也是从事后惩罚的角度对学生道德责任意识的培养。"③ 科学有效的制度和监督体系可以明确人们的行为标准和规范，使人们能意识到违反了法律或制度所需要承担的责任和后果，从而自觉地规范自己的行为，提高自己的自律意识。因此，通过不断完善学校教育与社会管理相结合的约束机制，综合运用教育、法律、行政等手段，有效地引导青年大学生在思想行为养成方面做到自律与他律相统一。

三 构建全媒体育人生态系统

在"互联网+"时代，"谁赢得了互联网，谁就赢得了青年"。2016 年，习近平总书记在全国高校思想政治工作会议上指出："要运用新媒体新技术使工作活起来，推动思想政治工作传统优势同信息技术高度融合，增强时代感和吸引力。"④ 2019 年 1 月 21 日，在省部级主要领导干部坚持底线思维着力防范化解重大风险专题研讨班开班式上，习近平总书记把意识形态安全放在政治安全中重点论述，突出强调了两点，即网络和青年，指出"要持续巩固壮大主流舆论强势，加大舆论引导力度，加快建立网络综合治理

---

① 张应强、蒋华林：《关于中国特色现代大学制度的理论认识》，《教育研究》2013 年第 11 期。
② 杨青莉：《个体发展与社会调控之间的契合与完善》，《人民论坛》2014 年第 11 期。
③ 范树成等：《多元化视阈中的德育改革与创新》，中国社会科学出版社，2010，第 139 页。
④ 《习近平：把思想政治工作贯穿教育教学全过程 开创我国高等教育事业发展新局面》，《人民日报》2016 年 12 月 9 日，第 1 版。

体系，推进依法治网"①。同时也强调，"要高度重视对青年一代的思想政治工作，……确保青年一代成为社会主义建设者和接班人"②。在十九届中央政治局第十二次集体学习时，习近平总书记再次强调："没有网络安全就没有国家安全；过不了互联网这一关，就过不了长期执政这一关。"③ 可见，网络意识形态工作既事关意识形态安全，也同样事关执政地位的政治安全。"全媒体不断发展，出现了全程媒体、全息媒体、全员媒体、全效媒体，信息无处不在、无所不及、无人不用，导致舆论生态、媒体格局、传播方式发生深刻变化"④，并以令人惊奇的发展速度和传播形式，深刻改变着人们的信息利用方式、思维方式和生活方式，给高校立德树人工作带来了新的挑战。因此，运用"互联网+"思维，依托全媒体开展网络育人，构建"全媒体育人生态系统"，成为新时代高校立德树人系统化实践的重要维度之一。

（一）全媒体和拟态环境的生成

从新媒体概念的出现到融媒体的发展，互联网呈现令人惊奇的发展速度和传播形式，深刻改变着人们的信息利用方式、思维方式和生活方式，成为现代社会一种传播活动的特殊场域。

1. 全媒体：网络传播的一种特殊场域

随着互联网的快速发展，各种社会化媒体先后出现，社会已步入全媒体时代，带来了全新的传播模式。"新媒体"一词，最早于2004年由蒂姆·奥雷利和约翰·巴特利提出。⑤ 新媒体是"以数字技术为基础，以网络为载体进行信息传播的媒介"⑥。新媒体的出现，相对于传统媒体而言，有两个新特征：一是传播媒介由传统媒介变成了基于互联网的新媒介，二是传播者

① 《习近平：提高防控能力着力防范化解重大风险 保持经济持续健康发展社会大局稳定》，《人民日报》2019年1月22日，第1版。
② 《习近平：提高防控能力着力防范化解重大风险 保持经济持续健康发展社会大局稳定》，《人民日报》2019年1月22日，第1版。
③ 《习近平谈治国理政》（第三卷），外文出版社，2020，第317页。
④ 《习近平谈治国理政》（第三卷），外文出版社，2020，第317页。
⑤ 转引自秦琼《内涵、逻辑、生态：作为一个场域的"社交媒体"》，《新闻世界》2018年第10期。
⑥ 匡文波：《关于新媒体核心概念的厘清》，《新闻爱好者》2012年第19期。

由媒介组织或机构扩展到个人。随着网络技术发展、自媒体的出现，属于个体的信息传播方式多样化，个人终端获取全球新闻的途径也多样化。可见，自媒体不是一种新的媒介形态，而是新媒体进一步发展成的一个技术渠道。不仅传播者扩展到个人，而且传播方式从"自上而下"、"点对面"转化为平行式"点对点"。而每一种网络传播技术的出现，背后都隐藏着明显的社会特性。社会化媒体（social media）又称作社交媒体，指的是"以网络技术为根本，依附技术进入关系网络的，赋予使用主体内容生产自由的一种网络媒介关系体"①。社会化媒体的最大特征是媒体用户之间的社会关系产生与交换平台具有实时性、互动性、开放性，其"主角是用户，而不是网站的运营者；他们有着内容生产与社交的结合双重目的"②。社会化媒体的出现改变了过去以互联网网页承载的内容为基础单元的传播方式，即由 Web1.0 时代，互联网内容归根结底是少数编辑人员定制的，发展到了 Web2.0 时代，人取代网页，成为互联网的基础单元，以网络节点的形式存在。从涵盖范围上看，由于社会化媒体基于群众基础和技术支持得以发展，因此所有的新媒体和自媒体都具有社会化属性，自媒体和新媒体都是社会化媒体的子集。

何谓"全媒体"，学界至今还没有一个准确的定义。它是多种媒体的形式、内容、渠道、功能深度融合的一种综合应用形态，是"加强传播手段建设和创新，发展网站、微博、微信、电子阅报栏、手机报、网络电视等各类新媒体，积极发展各种互动式、服务式、体验式新闻信息服务，实现新闻传播的全方位覆盖、全天候延伸、多领域拓展"③。社会化媒体的传播者是个人，不是组织，它能在互联网中模拟真实世界的人际关系，将真实世界的信息传递方式在网络中进行移植、扩散，使个体的声音被传播得更广、更远。当自媒体的接收者基于熟人关系，也可以基于兴趣爱好、基于知识传播等创建一个社交网络时，自媒体就成了社交媒体，例如，基于熟人社交的微信，基于兴趣社交的微博，基于知识社交的知乎等等。QQ、微博、微信、抖音、人人网是其典型代表。近年来，随着 AR（增强现实）、

---

① 秦琼：《内涵、逻辑、生态：作为一个场域的"社交媒体"》，《新闻世界》2018 年第 10 期。
② 彭兰：《社会化媒体：媒介融合的深层影响力量》，《江淮论坛》2015 年第 1 期。
③ 《习近平：推动媒体融合向纵深发展 巩固全党全国人民共同思想基础》，《人民日报》2019 年 1 月 26 日，第 1 版。

VR（虚拟现实）、AI（人工智能）等智能技术的发展，智能互动技术成为网络平台与网民互动的一种新型手段，而智能搜索平台已经引入了社会化媒体内容，使多媒体融合成为更加明显的趋势。多媒介融合的重要表现是以受众角色转型为基础的传播者与受众的融合，每一个人既是信息的获取者，又是信息的发布传播者。"人际关系网络成为双向的信息传播通道"①，整个互联网进入了由"受众"向"网络节点"转化的全媒体时代。全媒体不仅是一种多媒介的融合和发展，更是一种特殊的传播场域。这种给予用户极大参与空间的新型在线媒体，具有公开性、交互性、联通性、社区化等特征，已成为人们日常沟通中一个重要的工具。"它既要受到外部世界经济、文化、意识形态等因素的制约，又要受到内在工具理性和使用主体功能主义倾向的影响。"② 所以，媒体融合发展是不可阻挡的趋势。"互联网和数字技术的发展，带来了媒介生态的巨变和媒体格局的重组，移动互联网的普及加速了媒体的迭代更新，而且把传统媒体和新兴媒体，特别是社交媒体一起带入了全渠道、多终端的深度融合的融媒体时代。"③

2. 全媒体时代对主流话语的影响

媒体融合发展加快，网络发展进入了全媒体时代。网络舆论形成的角色参与度高、范围广，加上对之管理的法律法规不健全，导致舆论引导主体模糊、引导难度大、引导导向难以掌控等问题。当下舆论传播格局存在着官方和民间两个舆论场，用主流价值导向驾驭舆论场，全面提高舆论引导能力显得尤为重要。"如果两个舆论场根本不能重叠，两个舆论场各自为政，对中国国情的认识都会有失偏颇，极易导致整个国家意识形态的混乱"，"两个舆论场的隔阂，需要体制内和民间双向拆除'精神之墙'"。④"两个舆论场"反映出网络"双重话语空间"（dual discourse universes）特征。⑤ 一方面，要加强网上主流意识形态的宣传并要特别研究传播方式的有效性。传统主流媒体要主动改变传统僵化的"宣传"面孔，进行有效数字

① 彭兰：《社会化媒体：媒介融合的深层影响力量》，《江淮论坛》2015年第1期。
② 秦琼：《内涵、逻辑、生态：作为一个场域的"社交媒体"》，《新闻世界》2018年第10期。
③ 《推动媒体融合向纵深发展》，焦点访谈，2019年1月26日，http://tv.cctv.com/2019/01/26/VIDEHW13eUWVuO9igga8uZKU190126.shtml。
④ 祝华新：《"两个舆论场"的由来和融通之道》，《南方传媒研究》2012年第38期。
⑤ He, Z, "Political Communication in Dual Discourse universes", In L. Willant &A. Aw eds., *Political Communication in Asia*, 2009, 20 (3): 134.

技术平台与话语表达方式的转换，积极回应社会重大议题与网友关切；在重大的网络舆情事件中能主动发声，与社会化媒体舆论展开互动，掌握话语的主动权与主导权。对公共事件进行正面回应、有效引导，以进一步形成健康向上的网络正能量。另一方面，也要注意协调"双重话语空间"中主流媒体与其他网络媒体的互动与融通关系。对于活跃的知名网络平台、具有一定网络传播影响力的网络名人、"微博大V"，以及一些具有独特个人魅力的"网络意见领袖"的公共性议题和舆论方向应予以因势利导。

3. 拟态环境的形成

拟态环境，这一概念是由美国学者沃尔特·李普曼（Walter Lippmann）在1922年出版的《公众舆论》（*Public Opinion*，也译作《舆论学》）一书中提出的。所谓的拟态环境，是指由大众传播活动形成的信息环境，它并不是客观环境的镜子式再现，而是大众传播媒介通过对事件或信息进行选择和加工、重新加以结构化以后向公众所提示的环境。[①] 拟态环境并不是客观环境的再现，而只是一种象征性的环境。这种环境具有社会控制的功能，成为影响人的行为的重要因素。信息技术与网络传媒的快速发展，可为大众信息形成、传播提供一个主动参与、互动、实时反馈的"拟态环境"，传播权开始由传统少数人控制向大众开放转变，大众的意见表达便捷化、利益诉求多样化。社会化媒体作为全媒体时代网络传播的一种特殊场域，不仅成为当前青年大学生学习、生活的重要组成部分，而且是大学生联通外界的必备社交工具。以社会化媒体为平台的内容生产、话语机制和网络社会关系改变着师生的信息传播方式、话语表达和人际交往方式，促使大学生的学习环境从由教育者主导的环境营造中逐渐分离出来，成为当前高校立德树人环境的另一层面，即"一种象征性的环境"。传播媒介报道内容的相似性产生了"共鸣效果"，媒介信息传播的普遍性产生了"遍在效果"，甚至是一定时间范围同类信息的传播的持续性和重复性产生了"累积效果"。[②] 因此，媒体融合发展以及所构成的"拟态环境"，对青年大学生群体的世界观、人生观、价值观与行为方式都产生了重大影响。

---

① 参见〔美〕沃尔特·李普曼《公众舆论》，阎克文、江红译，上海人民出版社，2006，第2页。
② 杨建义：《大学生思想政治教育路径研究》，社会科学文献出版社，2009，第239页。

（二）构建主流价值主导、有序清朗的全媒体育人生态系统

全媒体时代给我们立德树人实践带来了挑战，也带来了难得的机遇。如何运用"互联网+"思维提升育人成效，成为高校不可回避的一项紧迫课题。因此，我们要遵循"正能量是总要求，管得住是硬道理，用得好是真本事"[①] 总体思路，推动思想政治工作传统优势同信息技术高度融合，构建"全媒体育人生态系统"，以应对网络时代的新挑战。

1. 贯通传播平台，充分挖掘矩阵聚合的育人效应

良好的校园网络文化是提升大学生校园生活质量、强化育人实效的有力载体。在坚守传统媒体阵地的基础上，巧用活用新媒体优势，形成多形式、多渠道、多终端、多平台的推送及互动方式。

一是打造校园"中央厨房"。深化传统媒体的改革，从内容上深入挖掘新时代的新特征与新使命，以既保证权威性、导向性，又坚持以讲故事、接地气的方式讲好新时代党和国家的大政方针，讲好高校立德树人的生动案例，讲好当代大学生的时代风采等，从而有力保障校报、广播电台、宣传栏、电视台等传统媒体对舆论域场的主导权。从形式上创新传统媒体的传播方式，在加快构建以官方微博、微信公众号、新闻客户端为主要标志的移动媒介矩阵的基础上，推动校报、校园网、广播电台等传统媒体与微博、微信等新媒体融合发展，并进行技术创新"进驻"移动终端，构建"一报一网一台两微两屏多终端"的复合平台。

二是尝试开发校园育人云系统。组织辅导员和学生社团组建 QQ 群、微信群、网络社区，推动媒体融合发展，整体构建课内与课外、校内和校外、入学前到毕业后的网络育人互动空间，打造"资源通融、内容兼融、宣传互融、利益共融"的教育模式。利用校园云系统平台，鼓励教师对学生进行在线课业辅导、在线心理健康咨询，也可以开展在线虚拟实践教学，通过网络虚拟技术，创设教学教育活动所需要的场景、情境、人物，引导学生进行网上阅览、网络参观、互动参与等，有效地突破传统教学模式时间和空间的限制。

三是组建矩阵"协同传播"。全媒体具有实时传播、无缝衔接的特点，

---

① 《习近平谈治国理政》（第三卷），外文出版社，2020，第 318～319 页。

将网络新媒体嵌入大学生生活的微时间或"碎片化"时间，充分发挥新媒体以文化人的功能。融合一批社群化、矩阵式、多样性的媒体平台，在内容供给、传播时效、视觉制作等方面整合组建新媒体矩阵，整合汇聚"育人媒体资源"。在这一过程中，要秉承与时俱进的工作理念，"强化线上线下的融合互动，将线下活动以媒介形式迁移到线上，将线上活动转化为线下的实际行动，重新建构网络新媒体校园，实现传播路径的双向化"①。打破校园官方媒体与大学生自媒体的舆论壁垒，形成润物细无声的"滴灌溉"模式。

2. 优化内容供给，扩大主流价值影响力

网络正能量来自优质的网络内容供给。"要实现优质网络内容的有效供需结合，扩大有效供给，提高供给结构对需求变化的适应性和灵活性，盘活网络思政内容传播的全要素生产，更好地满足青年学生的成长需要。"②

一是提高网络内容供给质量。在网络育人实践中有这样一个规律：网络作品质量高低与学生对作品的喜爱程度、接受快慢直接相关。质量高，学生喜爱度就高，接受时效也快。根据学校特色和社会热点，阶段性创作和推出高质量、有品位、传播广的校园题材作品。将学校校史故事、各类仪式典礼、文化艺术活动、先进人物典型事迹等内容转换开发为网络视频、卡通动漫等网络文化产品，通过图片、文字、声音和视频等有形载体，设计开发各类校园文化微视频、吉祥物、表情包、主题漫画等大学生喜欢的文化新产品，既及时传递思想政治教育的主题，又在巧用新媒体即时性、便捷性、广泛性等特征的基础上进行有效传播。

二是挖掘学生生活世界中的新鲜题材。要以全程性视野关注学生的成长的全过程，要打破网络虚拟世界与学生现实生活的界限，在线上沟通的基础上做好线下的交流与观察工作，在线下教育的实践中大胆挖掘利用学生喜闻乐见的个性化的话题或素材，比如将亲情、友情话题融进在线传播及交流之中，从而在贴近学生思想实际的基础上，实现对教育广度与效度的有力提升。

---

① 陈志勇：《网络新媒体视域下以文化人在社会主义核心价值观宣传教育体系中的应用研究》，《思想教育研究》2015年第12期。

② 朱敏、曹杰：《基于"互联网+"新媒体育人创新研究》，《中国高等教育》2017年第Z2期。

三是更加注重话语的受众认同。相对于原生态表达、日常表达，青年大学生在网络上的表达往往以点赞、评论、转发等方式来体现。要在与大学生的沟通交流中，提升理论内涵的时代价值，注重在坚守网络意识形态阵地，传播理想信念、社会主义核心价值观、中国梦等教育内容的基础上，切实讲好"中国话"，说好"家常话"。既要"把马克思主义理论用简单质朴的语言讲清楚"①，又要善于汲取中华优秀传统文化的精神滋养和语言特色。在校报、宣传栏、广播电台等传统媒介上，以及在数字化教学平台、微博、QQ、微信等新媒体中广泛运用历史小故事，或者古语、谚语、歇后语等朗朗上口又通俗易懂的话语表达，提升理论教育的生动魅力，提升青年学生对理论内容的共鸣和认同。

3. 加强环境治理，使全媒体生态有序清朗

网络生态环境好坏取决于网络治理能力与治理体系建设力度。建立社会化媒体传播与引导机制，加强社会化管理和引导，努力改变移动互联网生态环境的"无序"状态，才能使全媒体生态有序清朗，让主流价值观回归。

一是建立网络舆情监管与处置机制。全面提升技术治网的能力和水平，通过使用实名制注册等技术手段，对一些虚假信息和肆意散播的舆论进行有效控制，通过网络信息后台监管，有效规范用户的言语发表、信息传播等行为。面对一些负面的舆情出现，我们可利用社会化媒体特点，合理地运用"沉默的螺旋"原理，及时发布正面信息，加强主流舆论引导，让青年受众群体产生强烈的第一感知，使负面的舆论得到抑制，正面的舆论得到传播。通过舆情监控，消除媒介的"聚集"的消极功能，弘扬网络正能量。

二是加强社会化媒体的综合管理治理。要健全法律法规，确保可管可控。专门的法律法规是实现对社会化媒体直接有效管理和引导社会化媒体舆论走向的必备手段。因此，立法部门要加快整个互联网领域的立法进程，尤其是加快关于规范社会化媒体信息传播行为的法律法规建设，使社会化媒体的管理有法可依。监管部门要积极主动地运用现代法治社会的通则来规范社会化媒体的活动，用好《中华人民共和国网络安全法》等已出台法

---

① 《十七大以来重要文献选编》（中），中央文献出版社，2011，第261页。

律法规和部门规章，为互联网治理提供法律依据。同时，引导青年学生从参与者变成管理者，实现管理从专业化、行业化到社会化、自律化的转变，以此共同推动整个社会化媒体的自我管理、自我净化。

综上所述，构建立德树人的外部协同育人机制，旨在"能够综合各种教育利益主体的需求或诉求，综合不同类型、层次的教育体制机制的特殊要求，化为相对整合统一的价值追求和实践轨道"①。"这一层次的社会教育力分析单位是系统：组成社会的不同系统和社会全系统，其责任主体是系统的责任人系列，社会的教育责任要由家庭、社会各行各业、企事业单位、专门领域和公共领域共同分担，共同实施。"② 在这一过程中，必须倡导立德树人社会性的参与，引导社会各种力量多途径、多方式地积极参与，真正构建学校教育、家庭教育、社会教育相互配合的协同育人机制，使立德树人系统内外机制发挥整体育人功能。

第六节　建立健全高校立德树人评价体系

立德树人系统化实践评价是指以"培养德智体美劳全面发展的社会主义建设者和接班人"为依据，通过一定的标准和手段，对立德树人系统化实践过程及其结果进行测量、分析和评定。新时代高校立德树人系统化实践机制需要运用马克思主义系统观进行构建，马克思主义系统观从根本上回答了"怎样系统性培养人"之问。同样，高校立德树人评价体系也需要系统思维来构建，用系统思维评价这套机制的"系统性育人成效"，为推动新时代高校立德树人系统化实践提供制度保障。习近平总书记在 2018 年全国教育大会上指出，要深化教育体制改革，健全立德树人落实机制，扭转不科学的教育评价导向，从根本上解决教育评价指挥棒问题。这为深化新时代教育评价改革指明了前进方向、提供了根本遵循。③ 中共中央、国务院印发《深化新时代教育评价改革总体方案》（以下简称《方案》），将"坚

---

① 李政涛、文娟：《凝聚"系统教育力"》，《中国教育报》2017 年 11 月 20 日，第 2 版。
② 叶澜：《社会教育力：概念、现状与未来指向》，《课程·教材·教法》2016 年第 10 期。
③ 《习近平：坚持中国特色社会主义教育发展道路 培养德智体美劳全面发展的社会主义建设者和接班人》，《人民日报》2018 年 9 月 11 日，第 1 版。

持立德树人，牢记为党育人、为国育才使命"[1] 作为重要原则遵循，将完善立德树人落实机制作为关键目标追求，重点围绕"五类主体"进行分类设计，展现了在新时代教育评价改革中落实立德树人根本任务的清晰路径。从高校立德树人实践层面看，成效评价具有较强的对成效价值的认定和导向作用。构建新时代高校立德树人系统化的评价体系关键是解决"谁评价谁"的问题，也就是评价主体采用什么样的评价方法和标准来对客体进行科学、客观、公正的评价问题。"谁评价谁"涉及三个问题与要素：评价主体，即"谁来评价"的问题；评价标准，即"评价依据"的问题；评价方法，即"怎么评价"的问题。[2]

一　评价主体多元化，回答"谁来评价"的问题

教育评价是一种价值判断活动，评价主体是高校立德树人系统化实践评价体系的决策者、执行者与实施者。前文已述，在建立健全高校育人主导机制层面，要不断加强党对高校的全面领导，紧紧围绕立德树人的根本任务，坚持把党的领导贯穿办学治校、教书育人全过程，牢牢把握党对高校立德树人工作的领导权、主导权。同样，我们在构建高校立德树人评价体系过程中，也要坚持在党的全面领导下不断完善多元主体评价机制。无论是在立德树人评价机制的设定、建立、规范、执行环节，还是在中后期的质量监督、效果反馈等环节都需要各主体之间有效配合，减少评价指标信息来源单一或信息反馈不全面等情况，使评价机制能够最大限度地反映立德树人系统化实践的实际情况，发挥其真正的评价导向作用。多元融合评价意味着针对不同组织主体、不同对象和不同阶段，可以建立不同的评价体系，采用不同的评价方式、方法来对以立德树人为核心的人才培养成效实施评价，可以尝试采用以下"三结合"方式。[3]

一是内部评价和外部评价相结合。内部评价也就是自我评估，指高校根据上级要求和自身办学方略，通过专项监督、自查自纠等方式自主实施，

---

① 《深化新时代教育评价改革总体方案》，《人民日报》2020年10月14日，第1版、第6版。
② 参见王金龙《以系统思维构建新时代教育评价体系》，《中国教育报》2020年11月27日，第2版。
③ 林梦泉等：《以立德树人为核心的中国特色人才培养成效评价初探》，《学位与研究生教育》2019年第4期。

及时评价立德树人系统化实践情况与成效，切实推动闭环管理式的内部质量控制与提升，并针对自查发现的问题提出改进措施。外部评价是被评价者之外的专业人员对评价对象进行明显的指标考核、统计分析或文字描述。通过科学设计评价指标，以数据定量分析为主，注重对成效成果的客观评价；以专家的定性判断为辅，突出对发展潜力的主观评价。内部评价和外部评价各有利弊且功能不同，应坚持内外评价相结合，定期开展立德树人系统化实践的自我评估及外部评价，进一步摸清自身立德树人落实情况，促进内部各部门各单位进一步推进"三全育人"综合改革，发挥学校内部育人质量保障体系功能，全面提高思想政治工作水平和人才培养质量。

二是个体评价和群体评价相结合。《方案》提出，构建政府、学校、社会等多元参与的评价体系，建立健全教育督导部门统一负责的教育评估监测机制，发挥专业机构和社会组织作用。以此为依据，完善教育评价制度和机制的一个关键是在坚持党的全面领导下，构建政府主导，高校、专业机构、学生代表、家长代表等多元参与的立德树人系统化实践的评价体系，形成各方共同落实立德树人根本任务的合力。① 高校立德树人系统化实践的成效可分为个体成效和整体成效。个体成效评价涉及对每位学生在立德树人系统化实践中自我教育、自我发展情况，以及对其德、智、体、美、劳各方面表现进行量化测评和评价。群体成效评价是个体的成效评价的总体表征，主要评价每个群体在立德树人系统化实践中的功能和作用发挥情况。在立德树人系统化实践评价中，评价主体既可以对高校立德树人成效进行评价，也要注意自身检视、自我评价在立德树人中的作用发挥效果。因此，在检验立德树人系统化实践成效时，要注意受教育者个体和群体成效评价相结合，既能够对个体的自我教育功能和综合素质发展程度进行评价，又能对群体在系统化实践中的整体作用和成效进行评估与诊断。

三是客观评价和主观评价相结合。客观评价，也就是定量评价，是按照已设定的标准，采用要素加权法进行评审和比价的评标方法，对各类育人主体的育人成效给出量化的分数或程度判断，然后再对得分进行加总，从而得到立德树人成效好坏的综合评价结果的绩效评估方法。主观评价是

---

① 钟秉林：《全面构建新时代立德树人评价制度》，《中国青年报》2020年10月19日，第8版。

对于不能完全用分数衡量的素质，评价者通过对评价对象平时的表现、现实和状态或文献资料的观察和分析，采用描述性语言予以定性评价。就立德树人系统化实践这一领域而言，定量评价依据成效评估的标准，列出有关评估项目，再将每个评估项目对应若干等级的行为程度并给出相应的分数和权重，然后进行记分或评级，最后加总得出总的评估结果。定性评价更加关注教育结果与教育目标之间的一致性，关注学生在"质"方面的发展，强调对学生的优缺点进行系统的调查、分析与解释。主观评价虽然不是直接以指标衡量成效，但也可以对立德树人系统化实践机制实施的有效性和可持续保障质量的潜在性进行现场诊断、研判及提出改进举措。可采用典型案例式的专家研判方法，基于调查资料的主观分析评判方式，克服单纯的主观、客观评价的不足。因此，坚持定性与定量相结合的原则，采取客观和主观评价结合的方式，能对高校立德树人系统化实践进行动态监测、定期检查、分析评价、反馈校正、评估诊断并提出施策建议。

二　完善分层分类的立体评价标准，明确"评价依据"的内容

1. 评价标准

目前，国家层面还没有出台一套关于立德树人质量管理与评价标准，《方案》也只是提出指导性的原则。不同教育类型学校的办学特点不同，理应采取不同的评价标准。同时，《方案》中也提出评价改革的重大任务，涵盖党委和政府、学校、教师、学生、用人单位五类评价对象。这里的五类评价对象在高校立德树人系统化实践中既可以成为评价高校的主体，也可以作为被评价的对象，五类的评价改革相互关联、相互支撑，全面构成新时代教育评价体系。而这种教育评价体系聚焦"系统推进高校立德树人实践"这一目标。评价标准由一般性到指导性，第一步是依据原则、价值声明、框架和准则，阐明评价标准所包含的内容。应明确说明评价标准体现哪些基本价值导向，何种原则能够体现这些价值导向，这些原则具体实施的标准是什么，以及最终将如何具体评估立德树人系统的主要要素。因此，在设置评价标准时，要找出影响评价对象进行价值判断的这个最重要因素。

2. 评价内容

对新时代高校立德树人系统化实践的评价应主要考量"培养的人"的产出成效和形成持续培养质量保证的支撑体系成效。其中，产出成效的重点为

人才的德智体美劳培养成效，支撑体系成效主要为支持德智体美劳全面培养的教育体系建设成效。[①] 也就是说，评价内容应从立德树人本身的成效与支撑立德树人的系统化实践机制建设成效两个维度来考量。

立德树人本身的成效方面涉及所培养对象的德育、智育、体育、美育、劳动教育的全面发展情况与培养条件优化情况。支撑立德树人的系统化实践机制建设涉及的是育人主体要素，以及相应的立德树人实践的四个子系统和外部环境。针对高校、教师、学生等不同对象采取不同的评价标准，对应不同的评价内容。对于党委立德树人工作的评价，主要考核是否"履行好把方向、管大局、作决策、保落实的职责，把思想政治工作作为学校各项工作的生命线紧紧抓在手上，贯穿学校教育管理全过程，牢固树立科学的教育发展理念，坚决克服短视行为、功利化倾向"。对政府工作的评价，主要考核是否全面贯彻党的教育方针和党中央关于教育工作的决策部署、落实立德树人根本任务、解决师生群众普遍关心的教育突出问题等。对于高校立德树人成效评价，虽然提倡高校分类评价，但主要评价标准基本上是一致的，即要改变重智育轻德育、重分数轻素质、重科研轻教学等片面办学行为，全面贯彻党的教育方针，探索建立学校分类发展、分类管理、分类评价的动态评价体系和机制，鼓励各类高校办出特色和水平。对于教师的评价，要把认真履行立德树人职责作为评价教师的基本要求，注重教师师德素养的评价，坚决克服重科研轻教学、重教书轻育人等现象，强化一线学生工作，突出教育教学实绩。对学生发展的评价，以学生成长成才为导向，坚持以德为先、能力为重，坚决改变用分数给学生贴标签的做法，完善德智体美劳五育的子评价体系，立体化培养学生综合素质。从社会用人选拔与评价的视角来看，要扭转"唯名校""唯学历"的用人导向，建立以品德和能力为导向、以岗位需求为目标的人才使用机制。[②] 另外，教育评价，向来只有对学校教育的评价、对教师教学教育的评价、对学生发展的评价等，而对家庭教育的评价却少之又少。对家庭育人的成效评价是整个立德树人评价体系中不可或缺的重要维度。要摒弃"棍棒底下

---

① 林梦泉等：《以立德树人为核心的中国特色人才培养成效评价初探》，《学位与研究生教育》2019 年第 4 期。

② 《深化新时代教育评价改革总体方案》，《人民日报》2020 年 10 月 14 日，第 1 版、第 6 版。

出孝子"的教育教条，提倡赏识教育，要改变对孩子简单化、笼统式、随意性、孤立性的引导和评价，加强"家校联系"，主动倡导与学校立德树人相衔接、相吻合的评价要求，重视和发挥家庭作为"孩子成长的第一所学校"的作用、父母作为"孩子的第一任老师"的功能。

三　构建协同配合的科学评价方法，探寻"怎么评价"的途径

1. 评价方法

《方案》指出，要"改进结果评价，强化过程评价，探索增值评价，健全综合评价"，这是2018年全国教育大会以来首次提出的。四种评价方法相互独立又相互支撑，构成了一套系统的评价方法。针对不同的评价活动，要灵活运用多种评价办法。[①] 要从时间的长度上兼顾过程和结果，不仅要坚持结果导向，更要注重过程监管；要从横向的宽度上综合多方意见、采取多种方法、运用多个角度来进行评价，不能以偏概全；要从纵向的高度上注重评价的相对值，不能仅看绝对值；构建多个角度、协同配合的科学评价方法。

2. 评价过程

第一步，准备评价：设定评价原则，选择质量定量，定义评估标准和等级。评价的基本原则主要是定性与定量相结合的原则、过程记录与总结性测评相结合的原则、注重奖励与适度惩戒相结合的原则等。一般情况下，我们不能对质量管理与评价标准特性进行直接定量，必须选择与质量特性相关的且可定量的（一级）指标特征加以定量。取得（一级）指标特征度量值之后，对应到相应的评级尺度上，作为评价的基础，也是评价的等级，分为A、B、C、D四等，A等即优秀、B等即良好、C等即合格、D等即不合格。对于立德树人系统化实践效果的评价通常采取多指标综合评价方式。在实际操作中，多指标综合评价的环节包括：指标的选取、等级的划分、单项指标和权重的设置，以及各等级评分。

第二步，实施评价。评价的实施过程可分为三步。首先进行测评，把选定的度量应用到测评对象上，测评结果就是实践结果的值。例如，教师参与育人实践的时间及工作占用时间比等等。然后进行评级，确定某一测

---

① 参见王金龙《以系统思维构建新时代教育评价体系》，《中国教育报》2020年11月27日，第2版。

评值的等级。最后进行评估，归纳评出的各个因子的等级，提交立德树人系统化实践质量报告。再考虑客观条件的限制和学生个体差异等因素，根据评价标准进行诊断，并提出改进策略。

为了评估立德树人系统化实践的成效，必须把不同特性的评价结果加以归纳。为此，评价主体要选定一种或多种评价方法，制定一个规程，例如采用判定表或加权平均法或模糊评价法。

加权平均法是一种评价计值方法，可以把高校立德树人系统化实践的成效评价标准按专业分成若干评价表，所有评价表里的评价条目，均按统一计分体系分别评价计分，如 10 分制或 100 分制等，并按照各评价表的内容对总体成效评价的关联程度，分别赋予权重系数。按各评价表评价所得的分值，分别乘以各自的权重系数并求和，就可以得到系统化实践成效的结果值。合成方法通常是加权平均，用公式表示为 $Z = \sum_{i-1}^{n} w_i x_i$ ，计算结果代表某个被评价对象的育人效果综合得分，x_i 代表第 i 个评价指标，w_i 代表第 i 个评价指标的权重。[①]

与上述用一个具体数值来评价教师的教学效果不同，模糊评价是采用一个模糊集合来表示。其基本原理是：假定评价对象的因素论域为 $U = (u_1, u_2, \ldots u_n)$，评语等级论域为 $V = (v_1, v_2, \ldots v_m)$，因素论域和评语等级之间的模糊关系可用评价矩阵

$$R = \begin{pmatrix} r_{11} & r_{12} & \cdots & r_{1m} \\ r_{21} & r_{22} & \cdots & r_{2m} \\ \vdots & \vdots & \vdots & \vdots \\ r_{n1} & r_{n2} & \cdots & r_{nm} \end{pmatrix}$$

来表示，其中 $r_{ij} = \mu_R(u_i, y_j)$（$0 \leqslant r_{ij} \leqslant l$）表示从因素 u_i 着眼该事物能被评为 v_j 的隶属程度，即 r_{ij} 表示因素 u_i 的评价对等级 v_j 的隶属度。进一步，若因素论域 U 中各因素对被评事物的隶属关系，即基于模糊方法确定的因素权向量 A 能够得到的话，则可以得到被评事物与评语等级间的模糊关系 $W = A^p R$，

---

① 转引自刘黄金、包文彬《加权平均和模糊评价法在教学质量评价中的比较研究》，江苏省现场统计研究会第十次学术年会论文集，南京，2006，第 64 页。

其中,"∘"代表合成算子。最后,根据最大隶属原则便可以做出评价决策。[1] 学界通过实际案例,采用加权平均法和模糊综合评价法对某评价对象的教学质量和育人成效进行了相应的评价,发现这两种方法各有利弊,适用对象各有不同,需考虑的各种因素及指标选取与赋权方面也不尽相同。具体如何运用应根据评价对象的分类、评价指标的预选而定。

3. 实现评价机制运行

评价机制的运行是将主体与评价体系相结合,实现评价机制可持续循环运行。其路径包括明确评价对象、制定评价计划、实施评价过程以及评价结果反馈等四个环节。评价是为了更好地提升,为了系统更好地运行。如何让整个评价机制顺畅运行起来,"在主体明确的情况下通过制定考核评价计划,设定评价标准、评价内容、评价方法,在实现内部评价过程优化的基础上,通过主体、实施过程的反馈,完善评价体系以实现该过程的优化以及可循环"[2](如图6-2所示)。

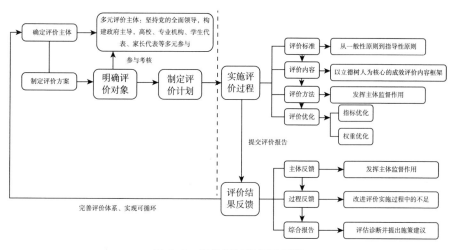

图 6-2　评价机制运行示意图

① 转引自刘黄金、包文彬《加权平均和模糊评价法在教学质量评价中的比较研究》,江苏省现场统计研究会第十次学术年会论文集,南京,2006,第65页。
② 许素菊、张艺莹、支克蓉:《新时代研究生导师立德树人评价机制的构建》,《广西教育》2021年第19期。

此外,《方案》还指出:"创新评价工具,利用人工智能、大数据等现代信息技术,探索开展学生各年级学习情况全过程纵向评价、德智体美劳全要素横向评价。"以信息化建设为牵引,深化教育教学改革创新,建立基于数据驱动的教育过程管理流程和评价反馈体系,促进教育评价质性评价与量化评价的有机统一。[1] 比如,充分利用现代化的网络技术,开发网上评价系统、App、小程序,开展立德树人系统化实践程度与成效的网络评价测评,建立网络数据库对信息进行采集、监控、处理和归纳,体现定量分析与定性分析的有效结合,实现对高校思想政治教育发展的动态、及时监测。利用智能管理与评价系统,加强大数据平台建设与管理,统一汇聚教师在投身于立德树人实践方面的信息,进行教师育人行为的大数据挖掘,探索建立教师胜任素质模型、教师数字画像,构建教师育人电子档案,为重点推进教师育人能力诊断测评与精准施策奠定坚实基础。建立更加灵活精准的学生管理服务软件系统,为学生学习、管理服务、综合测评、等动态发展过程,提供全方位、全过程的数据支撑,体现对立德树人系统化实践机制的全周期、多角度、反馈性的评价思维。[2]

综上所述,高校立德树人系统化实践机制与评价体系构建本身就是一项复杂的系统工程,同样,教育评价也是一项复杂的工程,是关系到对各类教育主体评价的重要工程。构建新时代高校立德树人系统化实践机制是探寻"怎样系统性地培养人"的实现途径,那么,其评价体系主要是通过建立科学的考核目标、考核内容(指标体系)和考核方法对这套机制的"系统性育人成效"进行综合考核评价。在高校立德树人系统化实践质量与评价改革的探索中,需要在理论上不断研究,在实践中不断创新,不断强化评价结果运用,综合发挥评价的导向、鉴定、诊断、调控和改进作用。

本章小结

"新时代高校立德树人系统化实践机制与评价体系"构建的必然性和可行性在于所要协调"立德树人系统"本身的要素之间互动规律存在的客观

---

[1] 朱卫丰:《深入推进教育评价改革 全面落实立德树人根本任务》,《江西教育》2022 第 10 期。
[2] 朱卫丰:《深入推进教育评价改革 全面落实立德树人根本任务》,《江西教育》2022 年第 10 期。

性。在对高校"立德树人系统"本身的内在机理和结构进行分析基础上，通过有效的机制与评价体系的构建，统筹多方主体协同育人，优化各环节之间的协调运作，实现各渠道、各载体协同作用，以回答和满足当前高校落实立德树人根本任务的迫切之问与紧要之需。高校立德树人系统化实践机制与评价体系构建本身就是一项复杂的系统工程，是系统内外机制同向同行释能的建构过程。因此，我们既需要总揽全局，又要构思精细，主要从以下几个方面着手。

一是建立育人主导机制。加强党的领导，完善高校党组织的育人工作机制是高校立德树人系统化实践的有力保障。加强高校党的建设，充分发挥高校党委领导作用，建立健全高校育人主导机制，牢牢把握党对高校立德树人工作的领导权、主导权。党委领导下的校长负责制符合我国国情和高等教育发展规律，为落实立德树人根本任务提供了有力的制度保障和组织保证。高校基层党组织建设和党员队伍建设是高校党的建设的基础工程，是团结、组织、动员广大党员师生积极投入立德树人实践中来的重要抓手。高校基层党组织需牢记育人使命，激发教师党员担当重任、争做先锋的热情，形成上下贯通的组织育人工作体系，全面提升新时代高校基层党组织育人质量。

二是建立内部整合机制。实现"立德树人系统化实践"的目标，需要构建这样一种机制：既能很好地体现全方位的育人模式，又能做到全员全程育人。通过建立多元主体共同参与的全员育人机制、构建"连续性与非连续性"相结合的全程育人机制、建构多维空间的全方位育人机制等全方位渠道，最大化发挥了内部整合机制的作用。同时，这一机制也体现了不仅要求在宏观上充分发挥课堂、科研、实践、文化、网络、心理、管理、服务、资助、组织等方面人员的育人功能，全面构建"十大"育人体系；还要在微观上实现这些领域内部各要素之间的相互合作与协同，改变思想政治理论课和专业课"各自为政"的状况，实现思想政治理论课与非思想政治理论学科间的联动、人员的交流、渠道的互通、资源的共享，开辟了"融通"育人新路径。

三是建立外部协同机制。通过整合学校教育、家庭教育、社会教育的运作体系，充分发挥社会各方面资源要素的育人功能，提升"系统社会教育力"，构建和完善学校、家庭、社会协同育人机制，实现家校社"强链接"，提升协同育人整体效应。同时，这个机制的构建也十分注重运用"互联网+"思维，依托全媒体开展网络育人，构建"全媒体育人生态系统"，开拓了新时代高校立德树人系统化实践的新维度。

四是构建评价体系。针对不同组织主体、不同对象和不同阶段，可以建立不同的评价体系，采用不同的评价方式、方法来实施多元融合的成效评价。这一评价体系主要是通过设置科学的考核目标、考核内容（指标体系）和考核方法对新时代高校立德树人系统化实践机制的"系统性育人成效"进行综合考核评价。

结　语

　　系统思维是人们用系统的观点来看待世界、分析世界的思维方法，是从整体与部分、整体与环境的相互作用过程中来认识和把握整体的思维方式。它强调的是从整体上认识和解决问题，也是现代社会中的人们常用于解释复杂社会现象和探索未知领域的有效思维方法。高校立德树人本身作为教育实践活动，不是某一主体的事，而是一个全方位、整体性、系统性的复杂工程。需要把解决问题的方向对准全局和整体，从全局和整体出发，对立德树人的各要素要考察周全和充分，充分发挥各要素的作用，使立德树人形成一个有机系统，实现育人功能最大化。因此，系统思维方法是我们研究立德树人的一种有效科学的方法。

　　研究构建立德树人系统化实践机制和评价体系的使命在于：探索和把握立德树人实践活动的规律，为人们进行教育体制机制改革提供一种反思的精神、系统的方法，并通过自身的整体性、协同性以及动态性引领教育改革的未来。立德树人是指从"培养什么人""为谁培养人""怎样培养人"这样的问题入手，或者说是从教育的认识论、价值论和方法论入手而展开的教育实践活动。"立德树人系统化实践机制"的提出是在对过去的与现实的教育进行反思和批判的基础上，朝向新的教育体制机制生态的构建，蕴含着一个教育目的的两个方面，即"教育的主体"与"教育的对象"问题。所谓"教育的主体"，是指人在改造客观世界的实践活动中，既能表现出主体的主动性和能动性，又能提升主体的认知水平和改造能力，促使主体力量达到自我扬弃与升华。"教育的对象"是指"立德树人系统化"及其所属的"体制机制构建"，其范式的转换将涉及其理念、思路、价值追求、操作方法、实践模式的系列性转变。因此，一项成功的教育体制机制探索首先要直面不同层级教育主体的价值取向和行为模式，不断地进行解构和重构，促成实践主体自身的不断完善和提高。

1. 突出立德树人系统化实践机制的整体性和要素之间的协同性

立德树人过程是由相互关联的若干阶段、若干环节组成，在充分考虑过程的基本要素的同时，也要遵循品德形成的各个阶段目标。高校立德树人系统化实践是由多种要素组成的，各要素相互联系、相互作用，构成一个有机的系统。构建立德树人系统化实践机制就是要协调与控制各种影响因素，使之同向同行地发挥作用，促进各个要素在目标方向上相互配合、在实施过程中相互促进、在内外资源上共建共享，聚焦总目标进行发力。

2. 注重立德树人系统化实践机制构建路径的整体推进

构建高校立德树人系统化实践机制，既要坚持整体推进，又要坚持重点突破。抓主要矛盾和矛盾的主要方面，要抓住"教育者—受教育者"这一主要关系，从传统的"主—客"二分关系转变为"主—主"主体间性关系，实现双方共享话语权、共促教学相长。全面凝聚各种育人力量和统筹各领域的育人资源，要建立多元主体共同参与的协同工作机制，着力打造学生从成长到全面发展的连续性教育与非连续性教育相结合的全程教育链，从课程教学空间、哲学社会科学空间、校园文化空间、实践育人空间等方面构建多维空间的全方位育人机制，以及完善高校党组织育人工作机制，从而构建起高校立德树人"全员全过程全方位全保障"的系统化实践机制。

3. 突出立德树人系统化实践机制的开放性与环境的协调性

立德树人系统不是一个孤立的自我封闭的系统，而是一个与其他社会系统有着交互联系的开放系统。随着高校开放办学程度提高和互联网的快速发展，高校立德树人系统的开放性体现在其与外部环境之间存在着交互关系上，立德树人系统化实践机制的构建与社会环境因素紧密相关，离不开社会各种力量的支持。为此，各级党委和政府要为高校创建良好的育人环境，我们需要从优化家校关系与合作机制、拓宽社会力量参与立德树人渠道、完善"社会监督与约束"体系以及构建全媒体育人生态系统等方面构建学校教育、家庭教育、社会教育相互配合的协同育人机制，全面提升"系统社会教育力"。

总之，"高校立德树人系统化实践机制"坚持以"人"为逻辑起点，以"人"为核心要素，用系统思维方法来推进高校育人模式的改革。只有运用系统思维方法对立德树人的"整体性""系统性"加以研究，才能探索出高校思想政治工作、教师教书育人和学生成长成才的方法与途径。立德树人系统化实践的内外实现机制是一个具有内在逻辑的有机系统。学校教育、家庭教育、社会教育相互配合的协同育人机制是立德树人的外因，"全员全过程全方位全保障"的系统化实践机制是立德树人的内因，两种机制相互依存、相互促进，形成合力，最终实现育人功能最大化。这就最终回答了本研究一开始所提出的"为什么要系统性培养人""怎样系统性培养人"这两个问题。

"知者行之始，行者知之成。"构建高校立德树人系统化实践机制可以说是对当前我国高等教育合力育人的一种创新性研究，期待对高校立德树人实践有所裨益。但本书对立德树人系统化实践机制内在要素、机制和规律的探索刚刚起步，仅仅从学理上作了些许的思考，也存在一些不足和不成熟的地方，比如一线调研数据较为缺乏，引用国内高校立德树人系统化实践的成功实例不多；视野也还不够开阔，还未把国外在系统性育人方面的有益做法与经验纳入研究；在探索构建新时代立德树人系统化实践的评价体系时仅提出一些粗浅的思路，还不够深入；等等。在今后的工作实践和学术研究生涯中，笔者会始终坚持知行合一，把习得的知识、研究的成果运用在实际工作中，解决实际问题；也会坚持在具体实践中学习积累、在比较研究中开阔视野并不断完善研究成果。

参考文献

（一）经典著作、重要文献与文件

1.《马克思恩格斯文集》（第1~10卷），人民出版社，2009。

2.《马克思恩格斯选集》（第1~4卷），人民出版社，1995。

3. 马克思：《1844年经济学哲学手稿》，人民出版社，2000。

4.《列宁全集》（第1卷），人民出版社，1984。

5.《列宁全集》（第55卷），人民出版社，1990。

6.《马克思恩格斯列宁斯大林论教育》，人民教育出版社，1977。

7.《毛泽东文集》（第2、7卷），人民出版社，1999。

8.《邓小平文选》（第2、3卷），人民出版社，1994。

9.《江泽民文选》（第2卷），人民出版社，2006。

10.《胡锦涛文选》（第三卷），人民出版社，2016。

11.《习近平谈治国理政》，外文出版社，2014。

12.《习近平谈治国理政》（第二卷），外文出版社，2017。

13.《习近平谈治国理政》（第三卷），外文出版社，2020。

14.《习近平总书记系列重要讲话读本》，学习出版社、人民出版社，2014。

15. 中央宣传部：《毛泽东邓小平江泽民论思想政治工作》，学习出版社，2000。

16.《毛泽东年谱（一九四九——一九七六）》（第3卷），中央文献出版社，2013。

17.《建国以来重要文献选编》（1~2册），中央文献出版社，1992。

18.《十二大以来重要文献选编》（下），人民出版社，1988。

19.《十三大以来重要文献选编》，人民出版社，1993。

20. 《十四大以来重要文献选编》（上），人民出版社，1996。

21. 《十五大以来重要文献选编》（下），人民出版社，2003。

22. 《十六大以来重要文献选编》，人民出版社，2006。

23. 《十七大以来重要文献选编》（中），中央文献出版社，2011。

24. 《十八大以来重要文献选编》（上中下），中央文献出版社，2014。

25. 《党的十八大报告单行本》，人民出版社，2012。

26. 《党的十九大报告单行本》，人民出版社，2017。

27. 《党的十九大报告辅导读本》，人民出版社，2017。

28. 教育部思想政治工作司组编《加强和改进大学生思想政治教育重要文献选编（1978—2014）》，知识产权出版社，2015。

29. 中共中央、国务院：《关于进一步加强和改进大学生思想政治教育的意见》（中发〔2004〕16号），2004年10月15日。

30. 中共中央、国务院：《关于加强和改进新形势下高校思想政治工作的意见》（中发〔2016〕31号），2017年2月27日。

31. 中共中央组织部、中共教育部党组：《关于印发〈高校党建工作重点任务〉的通知》（组通字〔2018〕10号），2018年2月26日。

32. 中共中央宣传部、教育部：《关于进一步加强和改进高等学校思想政治理论课的意见》（教社政〔2005〕5号），2005年2月7日。

33. 国家中长期教育改革和发展规划纲要工作小组办公室：《国家中长期教育改革和发展规划纲要（2010—2020年）》，2010年7月29日。

34. 国务院办公厅：《关于全面加强和改进学校美育工作的意见》（国办发〔2015〕71号），2015年9月15日。

35. 中共教育部党组：《高校思想政治工作质量提升工程实施纲要》（教党〔2017〕62号），2017年12月4日。

36. 中共教育部党组：《关于加强新形势下高校教师党支部建设的意见》（教党〔2017〕41号），2017年8月2日。

37. 教育部：《关于印发〈高等学校人工智能创新行动计划〉的通知》（教技〔2018〕3号），2018年4月2日。

38. 教育部：《普通高等学校辅导员队伍建设规定》（教育部令第43号），2017年9月21日。

39. 教育部：《关于狠抓新时代全国高等学校本科教育工作会议精神落

实的通知》（教高函〔2018〕8 号），2018 年 8 月 22 日。

40. 教育部、财政部：《关于实施高等学校创新能力提升计划的意见》（教技〔2012〕6 号），2012 年 3 月 15 日。

（二）中文著作

1. 李建平：《大学开放天地新：一位百年学府校长的思考与探索》，社会科学文献出版社，2013。

2. 郑传芳：《中国特色社会主义理论与实践研究》，中国农业出版社，2010。

3. 苏振芳：《道德教育论》，社会科学文献出版社，2006。

4. 苏振芳：《思想政治教育学》，社会科学文献出版社，2006。

5. 苏振芳等：《思想政治教育理论与实践》，社会科学文献出版社，2013。

6. 苏振芳、潘玉腾：《思想政治教育理论与实践》，社会科学文献出版社，2013。

7. 何贻纶、陈永森、俞歌春：《思想政治理论课改革与教学》，社会科学文献出版社，2008。

8. 杨建义：《大学生思想政治教育路径研究》，社会科学文献出版社，2009。

9. 郑又贤：《马克思主义哲学新探》，社会科学文献出版社，2008。

10. 陈桂蓉主编《中国传统道德概论》，社会科学文献出版社，2014。

11. 杨林香：《青年参与意识研究（1949—2014）》，社会科学文献出版社，2015。

12. 杨立英、曾盛聪：《全球化、网络化境遇与社会主义意识形态建设研究》，人民出版社，2007。

13. 杨立英：《网络思想政治教育论》，人民出版社，2003。

14. 吴宏洛：《中国就业问题研究》，福建教育出版社，2001。

15. 袁贵仁：《马克思主义人学理论研究》，北京师范大学出版社，2017。

16. 袁贵仁：《马克思的人学思想》，北京师范大学出版社，1996。

17. 袁贵仁、韩庆祥：《论人的全面发展》，人民出版社，2003。

18. 陈秉公：《思想政治教育学原理》，高等教育出版社，2006。

19. 陈万柏、张耀灿主编《思想政治教育学原理》，高等教育出版社，2015。

20. 张耀灿等：《现代思想政治教育学》，人民出版社，2006。

21. 张耀灿等：《思想政治教育学前沿》，人民出版社，2006。

22. 邱伟光、张耀灿主编《思想政治教育学原理》，高等教育出版社，1999。

23. 陈万柏、张耀灿：《思想政治教育学原理》，高等教育出版社，2015。

24. 冯建军：《生命与教育》，教育科学出版社，2006。

25. 蒋笃运：《德育系统论》，郑州大学出版社，2007。

26. 陈万柏：《思想政治教育载体论》，湖北人民出版社，2003。

27. 范树成：《德育过程论》，中国社会科学出版社，2004。

28. 范树成等：《多元化视阈中的德育改革与创新》，中国社会科学出版社，2010。

29. 张澍军主编《德育哲学引论》，中国社会科学出版社，2002。

30. 陈正良：《德育环境的系统建构》，中国社会科学出版社，2005。

31. 任少波等：《辅导员：高校立德树人的关键力量》，高等教育出版社，2016。

32. 孙其昂：《思想政治教育学基本原理》，河海大学出版社，2004。

33. 孙其昂：《思想政治教育学前沿研究》，人民出版社，2013。

34. 侯勇：《社会视野中的思想政治教育系统研究》，人民出版社，2016。

35. 杨伯峻：《春秋左传注 3》，中华书局，2009。

36. 黎翔凤撰《管子校注》，中华书局，2004。

37. 联合国教科文组织：《学会生存》，教育科学出版社，1996。

38. 联合国教科文组织编《教育—财富蕴藏其中》，教育科学出版社，1996。

39. 曹一鸣主编《数学教学论》，高等教育出版社，2008。

40. 江西省教育学会：《苏区教育资料选编》，江西人民出版社，1981。

41. 易凤林：《革命文化制度探索：中国苏区教育研究》，江西人民出版社，2014。

42. 张剑：《立德树人》，教育科学出版社，2014。

43. 李德芳、李辽宁、杨素隐主编《中国共产党思想政治教育史料选编》，武汉大学出版社，2009。

44. 陈飞：《回归生活世界：思想政治教育研究的一个视角》，人民出版社，2014。

45. 《杜威教育论著选》，赵祥麟、王承绪编译，华东师范大学出版社，1981。

46. 孙向晨：《面对他者——莱维纳斯哲学思想研究》，上海三联书店，2008。

47. 刘炯忠：《马克思的方法论与系统论》，中国人民大学出版社，1994。

48. 陈东川、林福永：《系统工程引论》，清华大学出版社，2011。

49. 熊建生：《思想政治教育内容结构论》，中国社会科学出版社，2012。

50. 王道俊、郭文安主编《教育学》，人民教育出版社，2009。

51. 石佩臣主编《教育学基础理论》，东北师范大学出版社，1996。

52. 张春兴：《教育心理学》，浙江教育出版社，2000。

53. 钱铁峰：《教育力与教育关系》，南京师范大学出版社，2013。

54. 苗东升：《系统科学精要》，中国人民大学出版社，1998。

55. 魏宏森、曾国屏：《系统论——系统科学哲学》，世界图书出版公司，2009。

56. 张庆熊：《自我、主体际性与文化交流》，上海人民出版社，1999。

57. 庞学光：《完整性教育的探索》，重庆出版社，1994。

58. 张丹华、顾晓英主编《改革与创新："项链模式"教学研究》，上海大学出版社，2009。

59. 徐文良：《难忘的历程——高等学校思想政治教育的回顾与思考》，吉林人民出版社，2008。

60. 陶行知：《陶行知全集—我们的信条》，四川教育出版社，2005。

61. 蔡元培：《美学文选》，北京大学出版社，1983。

62. 王国维：《王国维文集》（第三卷），中国文史出版社，1997。

63. 《现代汉语词典》，商务印书馆，2016。

64. 顾明远主编《教育大辞典》，上海教育出版社，1998。

65. 《中国百科大辞典》，华夏出版社，1990。

66. 金炳华：《哲学大辞典》，上海辞书出版社，2007。

67. 官承波主编《新媒体概论》，中国广播电视出版社，2012。

68. 成仿吾：《战火中的大学》，人民教育出版社，1982。

69. 罗国杰主编《中国传统道德》，中国人民大学出版社，1995、2012。

70. 柳斌杰主编《灿烂中华文明·教育卷》，贵州人民出版社，2006。

71. 教育部课题组：《深入学习习近平关于教育的重要论述》，人民出版社，2019。

72. 中共中央宣传部：《习近平新时代中国特色社会主义思想学习问答》，学习出版社、人民出版社，2021。

73. 王建新：《福建红色文化读本》，福建人民出版社，2020。

（三）中文译著

1. 〔美〕博林、〔美〕德温、〔美〕里斯-韦伯：《教育心理学》，连榕等译，机械工业出版社，2012。

2. 〔英〕斯宾塞·赫伯特：《斯宾塞的快乐教育》，颜真译，海峡文艺出版社，2002。

3. 〔德〕斐迪南·滕尼斯：《共同体与社会：纯粹社会学的基本概念》，林荣远译，北京大学出版社，2010。

4. 〔德〕席勒：《美育书简》，徐恒醇译，中国文联出版社，1984。

5. 〔日〕关忠文编著《现代青年心理学》，王永丽、周浙平译，江西人民出版社，1994。

6. 〔法〕布迪厄：《再生产——一种教育系统理论的要点》，邢克超译，商务印书馆，2002。

7. 〔美〕戴维·波普诺：《社会学》，李强等译，中国人民大学出版社，2008。

8. 〔加〕马歇尔·麦克卢汉：《理解媒介——论人的延伸》，何道宽译，译林出版社，2011。

9. 〔美〕沃尔特·李普曼：《公众舆论》，阎克文、江红译，上海人民出版社，2006。

10.〔美〕M. 米德：《文化与承诺：一项有关代沟问题的研究》，周晓虹、周怡译，河北人民出版社，1987。

11.〔美〕约翰·杜威：《道德教育理论》，蒋之一译，浙江教育出版社，2003。

12.〔美〕约翰·杜威：《民主主义与教育》，王承绪译，人民教育出版社，1990。

13.〔巴西〕保罗·弗莱雷：《被压迫者的教育学》，顾建新、赵友华、向曙荣译，华东师范大学出版社，2001。

14.〔美〕A. 英克尔斯：《人的现代化——心理·思想·态度·行为》，殷陆君编译，四川人民出版社，1985。

15.〔德〕马丁·海德格尔：《存在与时间》，陈嘉映、王庆节译，生活·读书·新知三联书店，2006。

16.〔德〕卡尔·雅斯贝尔斯：《什么是教育》，邹进译，生活·读书·新知三联书店，1991。

17.〔德〕博尔诺夫：《教育人类学》，李其龙等译，华东师范大学出版社，1999。

（四）中文论文

1.《习近平：加快推动媒体融合发展构建全媒体传播格局》，《求是》2019年第6期。

2. 靳诺：《立德树人：高等教育的根本任务和时代使命》，《中国高等教育》2017年第18期。

3. 冯刚：《改革开放40年来高校思想政治教育发展的经验与展望》，《中国高等教育》2018年第Z2期。

4. 刘书林、高永：《思想政治教育的对象及其主客体关系》，《思想理论教育导刊》2013年第1期。

5. 陈永森：《"控制自然"还是"顺应自然"：评生态马克思主义对马克思自然观的理解》，《马克思主义与现实》2017年第1期。

6. 陈志勇：《网络新媒体视域下以文化人在社会主义核心价值观宣传教育体系中的应用研究》，《思想教育研究》2015年第12期。

7. 傅慧芳：《公民意识的要素结构探新》，《福建师范大学学报》（哲学社会科学版）2012 年第 2 期。

8. 杨立英：《中国共产党意识形态"高势位"建设的成功经验与当代挑战》，《马克思主义与现实》2011 年第 3 期。

9. 蔡华杰：《当代大学生应培养正确的自由观——从新颁布的〈普通高等学校学生管理规定〉谈起》，《江南大学学报》（人文社会科学版）2006 年第 3 期。

10. 韩丽颖：《立德树人：生成逻辑·精神实质·实践进路》，《东北师大学报》（哲学社会科学版）2016 年第 6 期。

11. 陈秉公：《学习习近平关于教育的重要论述探索高校立德树人创新体系》，《思想教育研究》2018 年第 10 期。

12. 陈淑丽、罗洪铁：《思想政治教育机制及相关概念辨析》，《思想理论教育导刊》2012 年第 2 期。

13. 周如东、李淑娜：《立德树人运行机制的理论研究与建构》，《黑龙江高教研究》2014 年第 2 期。

14. 李卫红：《抓住根本立德树人切实把高校辅导员队伍建设提高到一个新的水平》，《思想教育研究》2007 年第 10 期。

15. 浩歌：《将核心价值体系融入立德树人全过程》，《中国高等教育》2007 年第 9 期。

16. 朱益飞：《大学生思想政治教育共同体的育人模式探究》，《学校党建与思想教育》2016 年第 3 期。

17. 孙雪峰：《立德树人教育根本任务研究述评》，《吉林省教育学院学报》2013 年第 9 期。

18. 石中英：《教育中的民主概念——一种批判性考察》，《北京大学教育评论》2009 年第 10 期。

19. 徐岩：《〈德意志意识形态〉中现实的个人的深层透视及其现实意义》，《新余高专学报》2005 年第 1 期。

20. 姚顺良：《论马克思关于人的需要的理论——兼论马克思同弗洛伊德和马斯洛的关系》，《东南学术》2008 年第 2 期。

21. 尤玉军：《论中国共产党人关于立德树人思想的历史演进》，《新疆大学学报》（哲学·人文社会科学版）2015 年第 1 期。

22. 张俊、邓会君、李辉源：《从互联网看大学生对主流意识形态的认同现状》，《红旗文稿》2016 年第 22 期。

23. 高德毅、宗爱东：《课程思政：有效发挥课堂育人主渠道作用的必然选择》，《思想理论教育导刊》2017 年第 1 期。

24. 任欢欢：《主体间性：师生共同体发展的内在逻辑》，《中国教育学刊》2016 年第 12 期。

25. 戴锐：《思想政治教育共同体的运行机制与发展战略》，《思想政治教育研究》2014 年第 6 期。

26. 佘双好：《思想政治教育学科发展的问题与走向》，《思想教育研究》2014 年第 1 期。

27. 陈作珊、许国峰：《浅论思想政治教育过程基本规律》，《人大复印资料·思想政治教育》1993 年第 5 期。

28. 陈锡喜：《高校哲学社会科学类课程与思想政治理论课"同向同行"的必要性和可行路径》，《马克思主义理论学科研究》2017 年第 1 期。

29. 冯培：《审时度势借式化事提升思想政治教育的针对性与亲和力》，《思想理论教育导刊》2017 年第 1 期。

30. 教育部关心下一代工作委员会《新时期家庭教育的特点、理念、方法研究》课题组：《我国家庭教育的现状、问题和政策建议》，《人民教育》2012 年第 1 期。

31. 白海霞：《"网络育人"价值生成机制建构》，《人民论坛》2016 年第 23 期。

32. 陈卓、刘和忠、王冬云：《思想政治教育接受过程规律研究》，《东岳论丛》2010 年第 7 期。

33. 刘占虎：《思想政治教育教学相长的边界自觉与协同思维——超越"主客体"与"双主体"之争》，《湖北社会科学》2016 年第 9 期。

34. 冯建军：《从主体间性、他者性到公共性——兼论教育中的主体间关系》，《南京社会科学》2016 年第 9 期。

35. 吴林龙、王立仁：《思想政治教育过程具体矛盾体系新解》，《思想政治教育研究》2011 年第 4 期。

36. 范国睿、孙闻泽：《改革开放 40 年教育体制机制改革的历史与逻辑分析》，《教育研究》2018 年第 7 期。

37. 赵国萱、张荣华：《论马克思主义中的系统思想》，《广西社会科学》2017 年第 1 期。

38. 魏宏森、曾国屏：《系统论的基本规律》，《自然辩证法研究》1995 年第 4 期。

39. 叶立国：《哲学思想：系统科学形成的形而上学基础》，《系统科学学报》2012 年第 2 期。

40. 史春琳：《马克思主义哲学与系统论的关联性研究》，《人民论坛》2014 年第 2 期。

41. 唐爱军：《马克思劳动观及其现实意义》，《毛泽东邓小平理论研究》2014 年第 3 期。

42. 董学文：《论马克思主义美育观的本质和特征》，《廊坊师范学院学报》（社会科学版）2014 年第 5 期。

43. 刘书林、高永：《思想政治教育的对象及其主客体关系》，《思想理论教育导刊》2013 年第 1 期。

44. 刘建军：《论思想政治教育的主渠道与微循环》，《思想理论教育》2014 年第 9 期。

45. 杨振明：《试论企业思想政治工作载体》，《求实》1993 年第 6 期。

46. 郭一鸣：《刍议平台型媒体的发展历程及运营模式》，《记者摇篮》2017 年第 8 期。

47. 王炳林、张润枝：《关于思想政治理论课与日常思想政治教育相结合的思考》，《思想理论教育导刊》2009 年第 5 期。

48. 叶澜：《社会教育力：概念、现状与未来指向》，《课程·教材·教法》2016 年第 10 期。

49. 刘建军：《习近平对凝聚共识的全面论述》，《思想理论教育导刊》2018 年第 9 期。

50. 蔡毅强：《从教师期望到师生和谐共振——论高校师生心理契约的达成》，《福建农林大学学报》（哲学社会科学版）2011 年第 1 期。

51. 张澍军、苏醒：《论"立德树人"根本任务与思想政治教育学科建设使命》，《思想教育研究》2013 年第 7 期。

52. 闫旭蕾：《道德与教育关系新探》，《教育理论与实践》2016 年第 34 期。

53. 蔡毅强：《论在立德树人中培养为实现中国梦的"追梦人才"》，

《闽南师范大学学报》（哲学社会科学版）2015 年第 3 期。

54. 叶飞霞、夏玉生：《大学生思想政治教育方式方法创新的四维视角——基于增强亲和力感染力的思考》，《福建农林大学学报》（哲学社会科学版）2011 年第 1 期。

55. 王晓奕：《通过话题调控优化教学语境》，《基础教育参考》2017 年第 2 期。

56. 罗映光：《重视根本问题围绕中心环节坚持全员全程全方位立德树人》，《思想理论教育导刊》2017 年第 1 期。

57. 王宪平：《研究生教育与本科生教育之间衔接问题初探》，《学位与研究生教育》2000 年第 6 期。

58. 张磊、钱振东、刘腾爱：《研究型大学本科——研究生教育衔接模式探索》，《东南大学学报》（哲学社会科学版）2013 年第 4 期。

59. 陈娟、王立仁：《思想政治教育获得感的生成及其提升研究》，《思想政治教育研究》2018 年第 4 期。

60. 屈陆、戴钢书：《思想政治教育认知形成的基本规律》，《思想教育研究》2017 年第 1 期。

61. 王亚鹏、董奇：《基于脑的教育：神经科学研究对教育的启示》，《教育研究》2010 年第 11 期。

62. 何军峰：《试论纪念活动与大学生思想政治教育的关系》，《思想教育研究》2012 年第 6 期。

63. 卢岚：《论思想政治教育变革的空间转向》，《思想理论教育》2017 年第 3 期。

64. 邹艳辉：《论高校立德树人内外机制的构建》，《南京航空航天大学学报》（社会科学版）2018 年第 2 期。

65. 邱仁富：《"课程思政"与"思政课程"同向同行的理论阐释》，《思想教育研究》2018 年第 4 期。

66. 蔡毅强：《高校立德树人的生态环境生成与优化问题分析》，《福建医科大学学报》（社会科学版），2017 年第 2 期。

67. 宋剑、李国兴：《智育是高校思政课不可或缺的教学价值——基于1978 年以来德育与智育关系历史考察的视角》，《辽宁教育行政学院学报》2011 年第 6 期。

68. 高德毅、宗爱东：《从思政课程到课程思政：从战略高度构建高校思想政治教育课程体系》，《中国高等教育》2017 年第 1 期。

69. 谭晓爽：《课程思政的价值内涵与实践路径探析》，《思想政治工作研究》2018 年第 4 期。

70. 张东刚：《构建具有中国特色的哲学社会科学学科体系、学术体系、话语体系》，《文化软实力》2016 年第 2 期。

71. 蔡毅强：《高校思想政治教育应具有"新时代"思维》，《思想理论教育导刊》2018 年第 4 期。

72. 李世黎、徐春艳：《新媒体新技术与高校思想政治理论课融合的现状与展望——党的十九大精神"三进"教学展示及研讨会综述》，《思想理论教育导刊》2018 年第 8 期。

73. 杨增崇、曾长秋、赵晓娜：《思想政治教育的社会性参与引论》，《理论与改革》2007 年第 3 期。

74. 卜玉华：《我国当代社会发展的教育责任》，《探索与争鸣》2014 年第 5 期。

75. 宇文利、杨席宇：《马克思恩格斯"人与环境"关系论及其思想政治教育应用》，《思想教育研究》2016 年第 5 期。

76. 王敏婕：《社会分层在家校合作中的表现及其影响——美国家校合作的最新研究》，《外国中小学教育》2005 年第 1 期。

77. 张应强、蒋华林：《关于中国特色现代大学制度的理论认识》，《教育研究》2013 年第 11 期。

78. 杨青莉：《个体发展与社会调控之间的契合与完善》，《人民论坛》2014 年第 11 期。

79. 匡文波：《关于新媒体核心概念的厘清》，《新闻爱好者》2012 年第 19 期。

80. 彭兰：《社会化媒体：媒介融合的深层影响力量》，《江淮论坛》2015 年第 1 期。

81. 雷跃捷、李智：《发挥好网络意见领袖的社会政治作用》，《人民论坛》2016 年第 5 期。

82. 秦琼：《内涵、逻辑、生态：作为一个场域的"社交媒体"》，《新闻世界》2018 年第 10 期。

83. 祝华新：《"两个舆论场"的由来和融通之道》，《南方传媒研究》2012 年第 38 期。

84. 朱敏、曹杰：《基于"互联网＋"新媒体育人创新研究》，《中国高等教育》2017 年第 Z2 期。

85. 张岱年：《试论新时代的道德规范建设》，《道德与文明》1992 年第3 期。

86. 林伟连、沈通、朱玲：《我国研究型大学不同层次教育的合理定位及实现路径》，《中国高教研究》2006 年第 4 期。

87. 庞建刚、张华：《研究生教育与本科生教育的一体化培养模式研究》，《内江科技》2009 年第 1 期。

88. 唐世秀：《论马克思主义经典作家关于人的全面而自由发展思想》，《理论经纬》2010 年第 1 期。

89. 丁国卿：《浅谈马克思主义哲学中的系统论研究》，《科海故事博览（科技探索）》2013 年第 6 期。

90. 周石、王学军、楚艳红：《陕北公学创立的历史背景和意义》，《武陵学刊》2018 年第 3 期。

91. 蔡毅强：《文化自信视域下荀子教育思想的现代意蕴》，《教育评论》2017 年第 12 期。

92. 胡守敏：《新时代背景下高校"三全育人"研究》，《学校党建与思想教育》2019 年第 14 期。

93. 熊建辉：《互容互鉴互通——新中国 70 年教育国际交流与合作之路》，《神州学人》2019 年 Z1 期。

94. 王辉、陈文东：《基于"育人共同体"的全员育人探究》，《思想教育研究》2021 年第 4 期。

95. 李毅、王欣欣：《习近平新时代立德树人教育观的理论阐释》，《山西高等学校社会科学学报》2020 年第 7 期。

96. 许素菊、张艺莹、支克蓉：《新时代研究生导师立德树人评价机制的构建》，《广西教育》2021 年第 19 期。

97. 刘黄金、包文彬：《加权平均和模糊评价法在教学质量评价中的比较研究》，江苏省现场统计研究会第十次学术年会论文集，南京，2006，第 65 页。

98. 常青、韩喜平：《立德树人系统化落实的协同机制构建——基于 12

所高校调查数据的分析》,《教育研究》2019 年第 1 期。

99. 杨文、薛念文:《中国共产党培育"时代新人"的百年历程、继承发展与当代启示》,《决策与信息》2021 年第 6 期。

100. 朱卫丰:《深入推进教育评价改革 全面落实立德树人根本任务》,《江西教育》2022 年第 10 期。

101. 林梦泉等:《以立德树人为核心的中国特色人才培养成效评价初探》,《学位与研究生教育》2019 年第 4 期。

(五)学位论文

1. 潘玉腾:《论思想政治教育的马克思人学基础》,博士学位论文,福建师范大学,2008。

2. 李晓蕾:《高校思想政治教育生态系统建设研究》,博士学位论文,哈尔滨工程大学,2012。

3. 赵健:《学习共同体——关于学习的社会文化分析》,博士学位论文,华东师范大学,2014。

4. 张荣伟:《教育共同体及其生活世界改造》,博士学位论文,苏州大学,2006。

5. 李晓莉:《思想政治教育协同创新研究》,博士学位论文,兰州大学,2016。

6. 沙金:《全面发展视域中的学校体育》,博士学位论文,东北师范大学,2012。

7. 范小凤:《论新时期高校"三全育人"德育模式及其运作机制》,硕士学位论文,华东师范大学,2011。

8. 董晶:《高校人文性与科学性的立德树人模式研究》,硕士学位论文,南京财经大学,2013。

9. 徐静:《社会分层视域中家校合作的问题与对策》,硕士学位论文,湖北大学,2016。

10. 王海丹:《高校立德树人实现路径研究》,硕士学位论文,江西师范大学,2018。

（六）报纸、网络类

1. 《习近平：举旗帜聚民心育新人兴文化展形象 更好完成新形势下宣传思想工作使命任务》，《人民日报》2018年8月22日。

2. 《习近平：坚持中国特色社会主义教育发展道路 培养德智体美劳全面发展的社会主义建设者和接班人》，《人民日报》2018年9月11日。

3. 《习近平：坚持党的领导传承红色基因扎根中国大地 走出一条建设中国特色世界一流大学新路》，《人民日报》2022年4月26日。

4. 张志勇：《培根铸魂 育好时代新人——坚持把立德树人作为根本任务》，《中国教育报》2021年7月1日。

5. 张晓红、凌伟强：《冬奥会、冬残奥会志愿服务展现新时代青年形象》，《中国青年报》2022年4月14日。

6. 习近平：《在纪念五四运动100周年大会上的讲话》，《人民日报》2019年5月1日。

7. 《习近平：用新时代中国特色社会主义思想铸魂育人 贯彻党的教育方针落实立德树人根本任务》，《人民日报》2019年3月19日。

8. 《习近平：推动媒体融合向纵深发展 巩固全党全国人民共同思想基础》，《人民日报》2019年1月26日。

9. 《习近平：提高防控能力着力防范化解重大风险 保持经济持续健康发展社会大局稳定》，《人民日报》2019年1月22日。

10. 《习近平在庆祝改革开放40周年大会上的讲话》，《人民日报》2018年12月19日。

11. 《习近平：坚持中国特色社会主义教育发展道路 培养德智体美劳全面发展的社会主义建设者和接班人》，《人民日报》2018年9月11日。

12. 习近平：《在北京大学师生座谈会上的讲话》，人民出版社，2018。

13. 《习近平首次点评"95后"大学生》，《人民日报》2017年1月3日。

14. 《习近平：把思想政治工作贯穿教育教学全过程 开创我国高等教育事业发展新局面》，《人民日报》2016年12月9日。

15. 《习近平：推动全党学习和掌握历史唯物主义 更好认识规律更加能动地推进工作》，《人民日报》2013年12月5日。

16. 《江泽民关于教育问题的谈话》，《人民日报》2000年3月1日。

17. 胡锦涛：《坚持把教育摆在优先发展战略地位 办好让人民群众满意的教育》，《人民日报》2006年8月30日。

18. 《胡锦涛致中国青年群英会的信》，《人民日报》2007年5月5日。

19. 《教育改革要从家长教育开始》，《人民日报》2013年10月31日。

20. 《沿用好办法改进老办法探索新办法——三论学习贯彻习近平总书记高校思想政治工作会议讲话》，《人民日报》2016年12月11日。

21. 陈宝生：《中国教育：波澜壮阔四十年》，《人民日报》2018年12月17日。

22. 喻国明：《基于互联网逻辑的媒体发展趋势》，《人民日报》2015年4月19日。

23. 赖海榕：《中国梦需要国际话语》，《学习时报》2013年12月16日。

24. 郑传芳：《大学的社会责任和教化功能》，《福建日报》2003年5月16日。

25. 王建南：《多措并举提升高校思政课质量水平》，《中国教育报》2017年8月4日。

26. 潘玉腾、杨林香等：《福建师范大学大格局思想政治理论课协同创新探索》，《中国教育报》2018年4月19日。

27. 中共教育部党组：《深入学习贯彻习近平总书记关于青年学生成长成才重要思想》，《光明日报》2017年9月8日。

28. 中共教育部党组：《努力做中华民族"梦之队"的筑梦人》，《光明日报》2018年2月8日。

29. 李政涛、文娟：《凝聚"系统教育力"：做到全员、全过程、全方位育人》，《光明日报》2017年11月15日。

30. 熊丙奇：《理顺家校关系须从沟通机制发力》，《光明日报》2018年6月6日。

31. 任祥：《高校思想政治教育实效性评价分析》，《光明日报》2010年2月17日。

32. 吴康宁：《探索立德树人的教育规律》，《光明日报》2015年7月24日。

33. 焦扬：《始终把立德树人作为学校立身之本》，《光明日报》2017 年 8 月 24 日。

34. 金振娅：《人工智能呼唤建立一级学科》，《光明日报》2017 年 7 月 28 日。

35. 熊丙奇：《理顺家校关系须从沟通机制发力》，《光明日报》2018 年 6 月 6 日。

36. 蔡毅强、肖慧欣：《新时代公共危机意识教育不可或缺》，《光明日报》2020 年 5 月 5 日。

37. 顾海良：《高校思政课：坚持在改进中加强》，《中国教育报》2016 年 12 月 15 日。

38. 顾海良：《加快中国特色哲学社会科学教材体系建设》，《中国教育报》2017 年 5 月 11 日。

39. 倪秀：川大：《实施"探究式—小班化"教学改革》，《中国教育报》2015 年 11 月 10 日。

40. 柴葳、郑丽平：《——高扬信仰的风帆——党的十八大以来高校思想政治工作综述》，《中国教育报》2016 年 12 月 7 日。

41. 《习近平：坚持立德树人思想引领 加强改进高校党建工作》，新华网，2014 年 12 月 29 日，http：//www.xinhuanet.com/politics/2014-12/29/c_1113817752.htm? isappinstalled＝0。

42. 《习近平主持中共中央政治局第二十九次集体学习》，新华网，http：//news.xinhuanet.com/2015-12/30/c_1117631083.htm。

43. 《2016 年大学生思想政治状况滚动调查表明大学生思想主流积极健康、向上向好》，中华人民共和国教育部，2016 年 5 月 31 日，http：//www.moe.gov.cn/jyb_xwfb/gzdt_gzdt/s5987/201605/t20160531_247095.html。

44. 《着力培养担当民族复兴大任的时代新人——一年来我国高校思想政治工作创新发展综述》，央视网，2017 年 12 月 7 日，http：//news.cctv.com/2017/12/07/ARTIyrlhnwn6eFwB9Y7r2zlY171207.shtml。

45. 吴晶、胡浩、施雨岑：《风起扬帆正当时——党的十八大以来加强高校思想政治工作纪实》，新华网，2016 年 12 月 7 日，http：//www.xinhuanet.com/politics/2016-12/07/c_1120074954.htm。

46.《第 43 次〈中国互联网络发展状况统计报告〉》，中国互联网络信息中心，2019 年 2 月 28 日，http：//www. cnnic. cn/hlwfzyj/hlwxzbg/hlwtjbg/201902/t20190228_ 70645. htm。

47.《人物特别节目：潜心敬业 立德树人》，央视网选，2018 年 9 月 10 日，https：//baijiahao. baidu. com/s？ id = 1611207243524714822&wfr = spider&for = pc。

48. 蔡毅强：《数字技术助力党史学习教育智慧升级》，光明网，2022 年 1 月 29 日，https：//m. gmw. cn/baijia/2022-01/29/35483782. html。

49. 余杉芳：《曹德旺捐资 1 亿元 福建成立一所"公办民助"基础教育研究院》，人民网—福建频道，2018 年 10 月 23 日，http：//m. people. cn/n4/2018/1023/c1142-11779397. html。

50.《习近平：推动媒体融合向纵深发展》，新华社，2019 年 1 月 25 日，https：//baijiahao. baidu. com/s？ id = 1623627024428154480&wfr = spider&for = pc。

51.《新时代的中国青年》，国务院新闻办公室官网，2022 年 4 月 21 日，http：//www. scio. gov. cn/ztk/dtzt/47678/48169/index. htm。

52. 李静：《〈2022 中国大学生学习与发展白皮书〉：过半大学生欲继续深造》，经济观察网，2022 年 4 月 9 日，https：//baijiahao. baidu. com/s？ id = 1729638928983629803&wfr = spider&for = pc。

53. 钟秉林：《全面构建新时代立德树人评价制度》，《中国青年报》2020 年 10 月 19 日。

（七）外文文献

1. Ernest L. Boyer, *The Basic School：A Community for Learning*, San Francisco：Jossey-bassInc, 1995.

2. Amanda E. Lewis, Tyrone A. Forman, "Contestation or Collaboration？ A Comparative Study of Home-School Relation", *Council on Anthropology & Education Quarterly*, 2002, 33（1）：60-89.

3. He, Z., "Political Communication in Dual Discourse Universes", in L. Willant & A. Aw eds., *Political Communication in Asia*, 2009, 20（3）：134.

后　记

本书是我在博士学位论文的基础上修改与完善而成的。"古人学问无遗力，少壮工夫老始成。"这句话激励和启发我砥砺心志、求学求知。如果读博是一个人生蜕变、换喙蜕皮的历程，那么，这种换喙蜕皮的痛已成为我人生中最深的记忆，也是治学前行的动力。

"蝶生蝶死一轮回，憩罢翻卷忆青梅。"而今，写作基本完成，不禁百感交集。写作分为两个阶段，第一阶段是读博求学期，这 1000 多个日日夜夜，是我人生中难以忘怀的时日。第二阶段是博士毕业之后，回到工作岗位，我从未中断写作，一晃又三年，又是 1000 多个日日夜夜。2016 年的秋天，我有幸回到母校福建师范大学继续深造，三年的学习时光虽然短暂，但充实美好。我深爱我的母校，她不仅是我求学奋进的地方，更是我磨砺心智的地方。读博之初，我就开始思考毕业论文选题。至今仍记得从李建平校长手中接过《大学开放天地新：一位百年学府校长的思考与探索》一书时，我情不自禁地看了一下该书的前言，其中的"立德树人——大学知与行"的话语引人深思。后来，全国高校思想政治工作会议召开，习近平总书记在会上发表了重要讲话，为高校落实立德树人根本任务指明了方向。我反复认真地学习了习近平总书记的讲话内容，逐渐找到了选题的方向。与导师杨建义教授商量后，我把"高校立德树人系统化运行机制研究"作为选题方向，旨在先以马克思人学理论的主要观点来解读立德树人中"人"的本质，然后以马克思主义哲学中的系统观为理论依据，借鉴系统论理论和方法，来探索构建一套高校立德树人系统化运行机制。我因为缺乏扎实的马克思主义经典著作文本研究功底，对文献驾驭能力有限，写作越深入越感艰难，但我从未中断和放弃。得益于导师杨建义教授的悉心指导，我得以继续写下去，几易书稿后最终定稿。导师杨建义教授严谨的治学态度、开阔的研究视野、朴素淳厚的待人风格，值得我一生学习。杨老师当时说的一句话，即"心中有光，素履以往"，深深影响了我，我也以实际行动复之，"行而不辍，履践致远"。

在写作乃至求学路上，我还要感谢李建平教授、郑传芳教授、苏振芳教授、赖海榕教授、王建南教授、潘玉腾教授、陈永森教授、傅慧芳教授、杨林香教授、曾盛聪教授、陈桂蓉教授、郑又贤教授、杨立英教授、吴宏洛教授、陈志勇教授、黄晓辉教授、林旭霞教授、张莉教授、蔡华杰教授等马克思主义学院博学的老师们。他们不仅在我论文开题、中期检查和预答辩之时，对我论文写作提出了许多宝贵的、富有启发性的意见和建议；而且在平时授课时循循善诱、谆谆教诲，让我终身受益。此外，在写作中，我也参考和吸取了许多同行专家学者的研究成果，这使我的研究更加充实，我也尽可能在书中以脚注形式或在参考文献中标注，但难免会有疏漏之处；许耀桐教授、郑吉伟教授和学院老师们在答辩过程中帮我查漏补缺，在此也对他们表达我深深的敬意和谢意。

如今，书已成稿，再回首，仍感慨万千。本书能够出版，除了我个人的努力外，也离不开学校领导和同事的关心与帮助，离不开家人的理解和支持。首先要感谢闽南师范大学的领导和同事们，他们对我脱产读博给予莫大的支持，在我回到岗位时为我提供了很好的科研条件。其次要感谢我博士班上的杨晶、欧阳秀敏、肖慧欣、郑志强、李堃、陈苏珍、高雪娟等同学，感谢刘成峰、刘明、范五三等学长，杨顺昌、黄林奇等学弟，张燕平、俞茜、陈小艺、涂佳佳、黄伟媚、董丽华、左桂贞、张晓曼等朋友，他们都以不同形式给予我很多的鼓励、支持与帮助。此外，由于长期伏案写作，我患上了腰椎间盘突出症，反复发作。漳州市医院康复理疗科的石俊辉、张泽宇医生一直悉心为我理疗，使疼痛有所缓解，让我能够坚持写作。还要感谢丁国平、王景云、戴永万、沈开周等好友，他们时常约我游泳跑步，进行体育锻炼，之后我们会一起喝点小酒，舒缓心情，释放压力。在此一并表示感谢。

博士毕业后，是歇歇脚、躺平，还是"逐光而行，向阳而生"呢？耳畔经常响起毕业典礼上老师的寄语："征程正未有穷期，不待扬鞭自奋蹄。"既然认准了方向，那只有在一个领域深耕下去，才会找到人生的价值。既然想好了、认清了，哪怕"生如逆旅"，也得"一苇以航"。这就注定了在尔后这"1000多个日日夜夜"中仍是忙碌不停：不断申报各级各类课题，并从探索"运行机制"到完善"实践机制"进行深化研究。其间，在社会科学文献出版社的王绯、闫红国、崔晓璇、张建中、周浩杰等老师的帮助下，本书得以出版。最后要感谢我的父母、岳父岳母以及我的妻子林莉，他们默默的支持成为我克服万难的力量，还要感谢我两个年幼的女儿，每次写作到深夜，望着她们熟睡的小脸，我的内心感到无比欣慰与幸福。还有许多我需要感谢的人，在此以一句话来表达：感谢"生命中遇到的每一个人"。在此，摘一歌词以相赠，以表谢意："相逢是我最大的期遇，把我的祝福送给你，未来的路一起前行，期待向往更好的明天！"

"前路漫漫亦灿灿，往事堪堪亦澜澜。"本书虽已出版，但由于自己起步较迟、理论功底也不够扎实，肯定还存在着一些不足与错误，欢迎广大读者特别是专家学者、教育战线的同仁批评指正，提出宝贵的意见和建议，我会虚心听取、认真改正，并以之作为继续写作的动力。最后，掩卷而泣，学术漫道行路难，行路难，多艰难，今安在？"惟希望也，故进取"，"惟进取也，故日新"。吾将上下而求索，不忘求学初心，继续砥砺前行，唯愿"立德力行，只为育人"。

蔡毅强

2022 年 6 月 13 日凌晨于闽南师大综合楼

图书在版编目(CIP)数据

新时代高校立德树人系统化实践论 / 蔡毅强著 . --
北京：社会科学文献出版社，2022.11（2024.8 重印）
　　ISBN 978-7-5228-0989-2

　　Ⅰ.①新…　Ⅱ.①蔡…　Ⅲ.①高等学校-思想政治教
育-研究-中国　Ⅳ.①G641

　　中国版本图书馆 CIP 数据核字（2022）第 206282 号

新时代高校立德树人系统化实践论

著　　者 / 蔡毅强

出 版 人 / 冀祥德
责任编辑 / 张建中　崔晓璇
文稿编辑 / 周浩杰
责任印制 / 王京美

出　　版 / 社会科学文献出版社·马克思主义分社（010）59367126
　　　　　　地址：北京市北三环中路甲 29 号院华龙大厦　邮编：100029
　　　　　　网址：www.ssap.com.cn
发　　行 / 社会科学文献出版社（010）59367028
印　　装 / 唐山玺诚印务有限公司

规　　格 / 开 本：787mm×1092mm　1/16
　　　　　　印 张：17.5　字 数：283千字
版　　次 / 2022 年 11 月第 1 版　2024 年 8 月第 2 次印刷
书　　号 / ISBN 978-7-5228-0989-2
定　　价 / 128.00 元

读者服务电话：4008918866